DISTRIBUIÇÃO DE RENDA NO BRASIL

DISTRIBUIÇÃO DE RENDA NO BRASIL

Organização: IERJ (José Márcio Camargo - Fabio Giambiagi)

Edward Amadeo - PUC/RJ
Ricardo Paes de Barros - IPEA/RJ
Regis Bonelli - IPEA/RJ
Maria Cristina Cacciamali - FIPE/USP
José Márcio Camargo - PUC/RJ
Rodolfo Hoffmann - ESALQ/USP
Carlos Ivan Simonsen Leal - FGV/RJ
Salomão Quadros - FGV/RJ
Lauro R. A. Ramos - IPEA/RJ
José Guilherme Almeida Reis - IBGE
Maurício Romão - UFPe
João Saboia - FEA/UFRJ
Guilherme Sedlacek - IPEA/RJ
Sérgio Werlang - FGV/RJ

Prefácio: Antônio B. Castro

2ª EDIÇÃO

PAZ E TERRA

Copyright by autores

Capa Pinky Wainer
Copydesk Mário Rogério Q. Moraes
Revisão Rosa Maria Mangueira
Texto de capa Edmar Bacha

Dados de catalogação da Publicação Internacional (CPI)
(Câmara Brasileira do Livro, SP, Brasil)

Distribuição de renda no Brasil / organização IERJ (José Márcio Camargo, Fabio Giambiagi). — Rio de Janeiro : Paz e Terra

Vários colaboradores
Bibliografia

1. Brasil - Condições econômicas - 1964 - 2. Brasil - Política econômica 3. Distribuição de renda - Brasil I. Camargo, José Márcio. II. Giambiagi, Fabio.

91-0420

CDD-339.20981
-330.98108
-338.981

Índices para catálogo sistemático

1. Brasil : Condições econômicas, 1964 -330.98108
2. Brasil : Distribuição de renda : Economia 339.20981
3. Brasil : Política econômica 338.981
4. Brasil : Renda : Desigualdade na distribuição : Economia 339.20981

Direitos adquiridos pela
EDITORA PAZ E TERRA S/A
Rua do Triunfo, 177
01212 - São Paulo, SP
Tel.: (011) 223-6522

2000

Impresso no Brasil/*Printed in Brazil*

ÍNDICE

Prefácio
- Antônio Barros de Castro 9

Apresentação
- José Márcio Camargo e Fabio Giambiagi 17

1. Distribuição da renda: aspectos teóricos e o debate no Brasil
   - Lauro R. A. Ramos e José Guilherme Almeida Reis 21
2. A evolução da distribuição de renda entre 1983 e 1988
   - Regis Bonelli e Guilherme Luís Sedlacek 47
3. Desigualdade salarial: resultados de pesquisas recentes
   - José Guilherme Almeida Reis e Ricardo Paes de Barros ... 69
4. Educação e distribuição de renda
   - Carlos Ivan Simonsen Leal e Sérgio R. da Costa Werlang 83
5. Distribuição de renda, pobreza e desigualdades regionais no Brasil
   - Maurício Costa Romão 97
6. As economias informal e submersa: conceitos e distribuição de renda
   - Maria Cristina Cacciamali 121
7. Distribuição da renda na agricultura
   - Rodolfo Hoffmann 145
8. Política salarial e distribuição de renda: 25 anos de desencontros
   - João Saboia 165

9. Mercado de trabalho e dança distributiva
   - Edward J. Amadeo e José Márcio Camargo........................ 187
10. Sistema financeiro: participação na renda, funções e disfunções
    - Salomão Lipcovitch Quadros da Silva 207

PREFÁCIO

Antonio Barros de Castro

O público brasileiro vem sendo intermitentemente bombardeado com dados sobre a péssima distribuição de renda vigente no país e, não raro, sobre o seu agravamento ainda maior. Essa sucessão de cruéis notícias contribui seguramente para aumentar o seu desconforto moral e o seu desapreço pelos políticos em geral e pela política econômica em particular.

Diante de um tal quadro, é mais do que bem-vindo um sério esforço no sentido de divulgar o que há de mais avançado no terreno das investigações sobre a distribuição da renda e outros temas a ela relacionados. A obra que se segue, além desse mérito, tem ainda a qualidade de conter um amplo espectro de abordagens, seja no que toca à vasta temática da distribuição, seja no que concerne à orientação dos autores. Antes porém que se produza a falsa impressão de que nela se pode encontrar um retrato de corpo inteiro do fenômeno da repartição das rendas no Brasil, convém lembrar que esse é um terreno (além de eminentemente propício à controvérsia) repleto de dificuldades e de armadilhas. Exemplifico, apontando dois problemas.

A principal fonte de dados para o estudo da distribuição da renda consiste nas pesquisas domiciliares periodicamente realizadas no país, através de censos e minicensos anuais (PNADs). As informações individualmente colhidas mediante esse tipo de levantamento — não obstante sua imensa riqueza e abrangência — não cobrem determinados tipos de renda, como, por exemplo, os lucros retidos pelas empresas. Mais precisamente, do "total de renda declarado nos Censos Demográficos e PNADs, algo entre 85% e 90% provêm do trabalho, incluindo-se aí os salários, o rendimento dos trabalhadores por conta própria, e o *pro labore* dos empregadores".[1] Donde se infere, de saída, que esse tipo de levantamento não se presta ao estudo da repartição dita funcional da renda, que visa caracterizar a sua divisão entre as parcelas adjudicadas, respectivamente, ao trabalho e aos demais fatores da produção. A rigor, e como tem sido sugerido por diferentes especialistas, os inquéritos domiciliares *não captam* um montante de renda que pode situar-se entre 40% e 50% da renda aferida pelas Contas Nacionais. O montante omitido, aliás (e como já foi assinalado),[2] não deve distribuir-se de forma homogênea, sendo bastante plausível supor que os ricos tenham a sua renda mais subestimada que os pobres — o que implica dizer, tudo o mais constante, que a desigualdade efetivamente existente na economia seria ainda maior do que a registrada.

Dado que as rendas do trabalho, como viemos de assinalar, quase exaurem a renda auferida nas pesquisas domiciliares,[3] compreende-se que a constatação com base, por exemplo, na PNAD 1989, de um aumento da desigualdade não significa — como parece haver sido subentendido por muitos — que aumentou a discrepância entre a parcela da renda apropriada pelos *capitalistas* e a parcela tocante aos *trabalhadores*. Essencialmente, o que está sendo dito é algo bem mais trivial e constrangedor: aumentou a distância ou desigualdade entre os rendimentos derivados do trabalho.[4] Aliás, e como é fácil imaginar, os mal-entendimentos não ficam aí. Ilustro mais uma vez. Um grande número de pessoas está convencido de que, em meio ao processo inflacionário que assola esta economia, os preços correm à frente dos salários. Disto se infere, naturalmente, a ocorrência de transferências de

---

[1] José Guilherme Almeida Reis e Ricardo Paes de Barros, "Desigualdade salarial: resultados de pesquisas recentes", neste volume.

[2] Vide, a propósito, Lluch, Constantino, "Sobre medições de renda a partir dos censos e das contas nacionais no Brasil", *Pesquisa e Planejamento Econômico*, abr. 1982, e Hoffmann, Rodolfo, "A subdeclaração dos rendimentos", *São Paulo em Perspectiva*, jan.-mar. 1988.

[3] Bonelli e Sedlacek, ao apresentar dados referentes unicamente aos rendimentos do trabalho, assinalam que os resultados confirmam o que havia sido descoberto para o *total* da renda declarada, e patenteiam "a pouca importância, tanto absoluta quanto relativa, dos rendimentos da propriedade" captados pela PNAD. Em Bonelli, Regis e Sedlacek, Guilherme, "A evolução da distribuição de renda entre 1983 e 1988", neste volume.

[4] Considero particularmente estimulante, a esse propósito, o artigo de Amadeo, Edward e Camargo, José Márcio, "Mercado de trabalho e dança distributiva", neste volume. Veja-se também, João Saboia, "Política salarial e distribuição de renda, 25 anos de desencontros".

renda dos trabalhadores para as empresas e, por conseguinte, o aumento da concentração. Alta inflação e crescente desigualdade passam pois a ser vistos como faces da mesma moeda. Ocorre, porém, que — ainda quando a alta inflação efetivamente provoque esse tipo de transferência (em favor das empresas e, claro, de seus proprietários) — fenômenos dessa natureza simplesmente não são captados, ao menos diretamente, pelos levantamentos, através dos quais a distribuição da renda é periodicamente aferida.

Um outro problema inerente ao trabalho com a distribuição pessoal da renda provém do fato de que não há teorias acerca desse tipo de fenômeno. Existem, convém frisar, diversas teorias acerca da distribuição funcional da renda.[5] Estão também disponíveis hipóteses sobre o que explica a diferença entre o que ganha, suponhamos, um engenheiro e um peão, ou entre o que recebem os trabalhadores protegidos por algum tipo de segmentação do mercado de trabalho, *vis-à-vis* daqueles plenamente expostos à competição. Também existem hipóteses ou descobertas empíricas quanto ao formato ou perfil da distribuição pessoal da renda, sendo, talvez, a mais interessante e provocativa delas a que afirma que a renda apropriada pelos mais ricos —'digamos, os 40% de maior renda — aumenta ao ter início o processo de desenvolvimento, e decresce ulteriormente (curva de Kuznets).[6] Mas não existem, seguramente, teorias que expliquem a porção da renda abocanhada por indivíduos agrupados mediante um critério estatístico do tipo os 10% mais ricos, ou os 50% mais pobres. É, no entanto, exatamente esse o tipo de fenômeno que está sendo referido, quando se afirma que as mais recentes *enquêtes* revelaram, digamos, um novo aumento da concentração.

Diante desse último tipo de problema a reação do economista consiste, usualmente, em admitir que não há explicação endógena (contida no âmbito da teoria econômica por ele manejada) para o fenômeno em questão. Evidentemente, isso não o condena ao silêncio. Nem como cidadão, o que me parece óbvio, nem como estudioso do problema. Neste último caso, porém, terá ele de assumir o risco de ir além dos limites que circundam o seu terreno profissional (numa acepção rigorosa e contemporânea do termo), mediante a introdução de

---

[5] Para um breve *survey* das teorias e modelos de distribuição veja-se, neste volume, Ramos, Lauro e Almeida Reis, José Guilherme, "Distribuição de renda: aspectos teóricos e o debate no Brasil".
[6] Bacha, Edmar, *Política econômica e distribuição de renda*, Parte II, Paz e Terra, 1978.

considerações histórico-contextuais, em maior ou menor medida entremeadas de juízos de natureza política. Para tanto deverá ele, ainda, promover adaptações e extensões das teorias e modelos de sua preferência. Assim, por exemplo, no debate dos anos 70, as tentativas de explicação do aumento da desigualdade registrado entre 1960 e 1970 apontaram para a política salarial e a repressão aos sindicatos postas em práticas após o golpe de 1964, ou, alternativamente, para a insuficiência da oferta de trabalhadores altamente qualificados, frente a uma demanda em rápido crescimento e viesada no sentido das altas qualificações. Em ambos os casos, como assinalam Lauro Ramos e Almeida Reis neste volume, a elevada concentração constatada em 1970 estava, pois, sendo atribuída (em maior ou menor medida) a fatores de natureza *transitória* — quando, na realidade, o fenômeno iria persistir e mesmo agravar-se nos anos 80, não obstante o advento da democracia, o crescimento do poder sindical, o aumento da escolaridade e a cessação do crescimento.

Estas ponderações têm por objetivo, como foi anteriormente sugerido, advertir o leitor quanto ao tipo de resposta que poderá aqui encontrar para suas angústias e indagações frente à candente questão da distribuição da renda. Isto feito, cabe reafirmar que os trabalhos reunidos neste volume colocam diante do leitor um aproveitamento amplo (o Nordeste e a agricultura nele recebem especial destaque),[7] competente e atualizado do material que vem sendo utilizado na análise da questão no Brasil. Passemos, pois, ao rico cardápio de estudos aí contidos.

Distribuição da renda: aspectos teóricos e o debate no Brasil (Lauro Ramos e José Guilherme Almeida Reis). Os autores apresentam o pano de fundo teórico que serviu como referência para o debate acerca da questão distributiva travado no Brasil nas décadas de 60-70. O *survey* parte de uma breve alusão às teses ricardiana e marxista do século XIX e vai até as teorias sobre o mercado de trabalho desenvolvidas a partir dos anos 1950. Segue-se a recuperação dos traços principais do debate brasileiro acima citado, cotejando as teses de Langoni com as de outros autores como Bacha, Taylor e Fishlow. A análise isenta, facilitada pelo distanciamento em relação à época em que o debate transcorreu, leva os autores, a fazer uma leitura crítica das posições em confronto, apontan-

---

[7] Romão, Maurício Costa, "Distribuição de renda, pobreza e desigualdade regionais no Brasil", e Cacciamali, Maria Cristina, "As economias informal e submersa: conceitos e distribuição de renda", ambos neste volume.

do os supostos acertos e insuficiências de cada uma das partes em conflito. Surge dessa preocupação com o não engajamento numa corrente definida uma visão eclética, na qual destaca-se a complementaridade das contribuições de cada um dos grupos participantes da controvérsia.

A evolução da distribuição da renda entre 1983 e 1988 (Regis Bonelli e Guilherme Sedlacek). O artigo trata das alterações ocorridas na distribuição de renda no Brasil, a partir das observações *individuais* da Pesquisa Nacional por Amostra de Domicílios — PNAD, para os anos de 1983 a 1988. Foram calculados índices de Gini a partir dos dados individuais tanto para a PEA total (isto é, incluindo os indivíduos sem rendimento) quanto para a PEA com rendimento positivo —) objeto principal da análise do texto.

Conclui-se, da observação dos dados, que os índices de concentração que haviam se reduzido entre 1976 e 1981 (ver os mesmos autores em *Distribuição de renda: evolução no último quarto de século*, IPEA, 1989) voltariam a crescer ao longo da década de 80 - excetuados o ano de 1984 e, especialmente, o ano de 1986, marcado pela experiência do Plano Cruzado. Os dados também sugerem que a desigualdade teria aumentado a um ritmo crescente ao término da década, tendo o índice de Gini saltado de 0,594 em 1987 para 0,612 em 1988 e, finalmente, para 0,635 em 1989 (ver Apêndice).

Desigualdade salarial: resultados de pesquisas recentes (José Guilherme Almeida Reis e Ricardo Paes de Barros). O artigo expõe algumas das principais conclusões derivadas de várias pesquisas sobre distribuição de renda elaborada nos últimos anos, referentes às causas de desigualdade *entre os salários*. Os autores destacam o papel possivelmente desempenhado pela educação enquanto fonte de desigualdade, ressaltando, em conseqüência, a importância de se adotarem políticas de homogeneização da força de trabalho, inclusive mediante elevação dos investimentos nos níveis básicos de educação.

Ressalta-se também, por outro lado, que, segundo indicam as pesquisas, aproximadamente 50% da desigualdade salarial verificada no país decorrem de diferenças salariais entre grupos homogêneos quanto aos níveis de educação e de idade. O fato chama a atenção para o fenômeno da *segmentação*, o qual, entretanto, é atenuado pela mobilidade existente entre os diversos segmentos.

Educação e distribuição de renda (Carlos Ivan Simonsen Leal e Sérgio Werlang). Os autores discutem a relação entre educação e distribuição de renda a partir do enfoque estabelecido pela Teoria do Capital Humano e com base nos resultados empíricos gerados a partir das

PNADs. Comparando as médias de 1982-86 e 1976-81, o estudo chega a duas conclusões. A primeira é que houve um aumento dos retornos pessoais associados à educação; a segunda é que esse aumento ficou mais concentrado nas pessoas com maior nível de escolaridade. A conjugação destes dois fenômenos representaria um fator de agravamento na desigualdade distributiva do país. Os autores se valem desses resultados para sugerir mudanças substanciais da política educacional, envolvendo, fundamentalmente, a realização de um maior investimento público no ensino primário e a redução dos gastos do governo com o ensino superior gratuito.

Distribuição de renda, pobreza e desigualdades regionais (Maurício Costa Romão). Não obstante o Brasil haja experimentado intenso crescimento econômico nas últimas cinco décadas, a questão das disparidades regionais permaneceu praticamente imutável em termos de renda, tecnologia e, sobretudo, qualidade de vida. O propósito maior deste estudo é examinar um aspecto particular desse elenco de disparidades: aquele concernente à distribuição da renda pessoal e à pobreza. As informações levantadas mostram que a distribuição de renda pessoal no Brasil e nas grandes regiões revelou-se tremendamente iníqua e não associada às taxas de crescimento do produto, o que sugere seja *o padrão de crescimento econômico do país, e não suas taxas*, o fator determinante da trajetória verificada. Quanto à pobreza, as estatísticas dão conta de que, tido em conta o conjunto das últimas três décadas, não houve, virtualmente, avanço nenhum no seu combate, tendo sido detectada, ainda, uma forte associação entre a evolução da incidência da pobreza e os *ciclos econômicos*.

As economias informal e submersa: conceitos e distribuição de renda (Maria Cristina Cacciamali). O trabalho caracteriza a evolução do conceito de setor informal destacando a concepção inicial, segundo a qual o produtor direto possui os instrumentos, executa e administra os trabalhos com auxílio de seus familiares, e a acepção divulgada a fins dos anos 1970, quando o setor informal passa a ser concebido (nos países industrializados) como reunindo as atividades que fogem à regulação do Estado. O texto prossegue com uma discussão das sobreposições "parciais" entre o setor formal e a economia submersa, e o setor informal e a economia registrada. A parte final examina a evolução (de 1979 a 1988) do emprego e da desigualdade segundo posições na ocupação. Vale dizer, distinguindo entre empregados com carteira, sem carteira, trabalhadores por conta própria, empregadores e trabalhadores sem remuneração.

Distribuição da renda na agricultura (Rodolfo Hoffmann). O trabalho analisa a evolução da distribuição da renda na agricultura (que para efeito dos Censos Demográficos e PNADs compreende agropecuária, extração vegetal e pesca) realçando, inicialmente, o ocorrido na década de 70. A intensa modernização verificada nesse período foi acompanhada de vigorosa ampliação da renda média dos trabalhadores em geral e de pronunciado aumento dos índices de concentração da renda. Dentre as mudanças então ocorridas destaca-se também a queda na proporção de "pobres" (de 85% para 67%) entre as pessoas economicamente ativas na agropecuária.

O segundo período analisado estende-se de 1979 a 1987. Nessa última década é ressaltada a estabilização inicial da desigualdade — de 1979 a 1982 — período em que também se verifica que a recessão atingiu mais intensamente o setor agropecuário. Examina-se também o excepcional crescimento do rendimento real médio de setembro de 1985 a setembro de 1986. O trabalho não chega a ter em conta a fase final do decênio (em particular 1988 e 1989) dominada pela turbulência inflacionária e caracterizada pela elevação dos índices globais de concentração (Bonelli e Sedlacek, neste volume).

Política salarial e distribuição de renda, 25 anos de desencontros (João Saboia). Esse artigo examina e discute a experiência da política salarial brasileira a partir de sua implantação em meados dos anos 60. É adotado um enfoque histórico, apresentando-se as principais modificações ao longo dos últimos 25 anos. Diferentemente da posição acadêmica majoritária encontrada no país, defende-se o ponto de vista de que a política salarial possui um papel importante na evolução dos salários reais. Essa visão tem respaldo em dados da indústria, especialmente no período dos reajustes semestrais diferenciados, quando, apesar da recessão econômica, a legislação salarial contribuiu para a melhoria da distribuição de renda do Brasil.

Mercado de trabalho e dança distributiva (Edward Amadeo e José Márcio Camargo). Esse artigo examina os efeitos da segmentação dos mercados de trabalho sobre a dispersão de preços relativos e, principalmente, salários da economia brasileira. O argumento teórico baseia-se no comportamento diferenciado das empresas que operam nos setores oligopolizados e competitivos, de um lado, e dos trabalhadores mais ou menos organizados, de outro. Sugere-se que as negociações entre empresas dos setores oligopolizados e trabalhadores mais organizados envolve um jogo de soma positiva, enquanto a distribuição do produto na economia é um jogo de soma zero. Daí se infere que tem havido uma redistribuição de renda a favor dos lucros e salários dos agentes que operam nos setores oligopolizados, em detrimento dos demais agentes.

Sistema financeiro: participação na renda, funções e disfunções (Salomão Quadros). O trabalho assinala que o gigantismo do sistema financeiro nos anos 1980, aferido por sua participação no PIB a preços correntes, não é inteiramente convalidado pelos dados da contabilidade real. Adverte no entanto que, digressões metodológicas à parte, a lucratividade do setor elevou-se consideravelmente ao longo da década, mesmo na segunda metade, quando indicadores do porte de sua infra-estrutura apontam para uma modesta redução de escala. A caracterização do sistema financeiro prossegue mediante exame de seus graus de concentração, estatização, abertura ao exterior e incorporação de progressos técnicos.

Observando a estrutura das aplicações e suas formas de captação, o trabalho realça alterações que trazem implicações distributivas. A primeira delas é a crescente participação do Estado como destinatário do volume de crédito ofertado. Dentre os empréstimos ao setor privado são flagrantes: as desigualdades nos encargos dos financiamentos habitacionais, a redução acentuada nos montantes emprestados ao setor agrícola, a dependência cada vez menor das empresas em relação ao endividamento, bem como a diminuição do crédito às pessoas físicas.

APRESENTAÇÃO

A discussão econômica da década de oitenta se concentrou, em grande parte, sobre os sérios e recorrentes problemas decorrentes dos desequilíbrios macroeconômicos de curto prazo, principalmente inflação e dívida externa. Apesar da relevância dessas questões, um tema que não tem deixado de afetar a sociedade brasileira e que a cada ano se torna mais importante é o da má distribuição da renda, ao qual estão associados os elevados níveis de pobreza de uma parte significativa da população.

A preocupação quanto a essa questão tem sido manifestada por diferentes grupos sociais, empresários, sindicalistas, partidos políticos, lideranças populares, etc., e se justifica por alguns motivos importantes.

Em primeiro lugar, o sentimento de injustiça social originado pela enorme disparidade de rendas hoje vigente e que faz com que vivam lado a lado — às vezes no mesmo bairro ou na mesma rua — famílias com padrões de vida similares ao dos grupos de renda alta de muitos países desenvolvidos e famílias com níveis de renda próximos de alguns dos países mais pobres do mundo. Esse fenômeno, sem dúvida, um dos efeitos da intensa urbanização ocorrida após 1950 — e que transformou as cidades brasileiras em enormes aglomerações, totalmente despreparadas para o volume de população que abrigam —, gerou um agravamento dos problemas de alimentação, habitação, saúde, trabalho, etc., para a população mais pobre.

Em segundo lugar, além do sentimento de injustiça, o aprofundamento dos problemas sociais torna a questão do orçamento das três esferas do governo extremamente complexa, devido aos enormes custos com infraestrutura e serviços sociais daí decorrentes.

Finalmente, as grandes disparidades de renda e incidência de pobreza absoluta acabaram por criar um ambiente extremamente propício para o aumento da violência urbana, uma das principais características das grandes cidades brasileiras no final dos anos oitenta.

Apesar de tudo isso, muito pouco se tem feito, tanto por parte dos governos, quanto pela sociedade civil em geral, para reduzir a desigualdade de renda hoje vigente no Brasil. Na verdade, os artigos deste livro mostram com clareza o aumento dessa desigualdade e da incidência de pobreza no país ao longo da década. Apesar de, em termos relativos, esse aumento ser menos significativo que o que ocorreu entre 1960 e 1974, em termos de seus efeitos sobre o comportamento social, foi certamente mais perverso. Ocorre que, no início da década, os níveis de desigualdade e pobreza já eram extremamente elevados, e seu aumento apenas veio reforçar uma situação de injustiça e contraste, a cada dia mais difícil de aceitar de forma resignada.

Adicionalmente, à medida que o país se democratiza e os grupos sociais se organizam para pressionar pela solução dos problemas que mais afetam suas vidas, as questões da distribuição de renda e da pobreza absoluta começam a ganhar uma perspectiva cada vez mais política e menos ligada exclusivamente à questão do crescimento econômico, como foram tratadas no passado. Em conseqüência, os governos passam a olhar para as possíveis soluções dessas questões e direcionar maiores esforços nesse sentido.

Foi baseado nessas considerações que o IERJ (Instituto dos Economistas do Estado do Rio de Janeiro) decidiu coordenar a edição de um livro para tratar dos problemas da distribuição da renda e da pobreza no Brasil. O livro contém contribuições de quatorze dos mais conceituados especialistas no tema, de diferentes instituições de pesquisa do país, cobrindo tanto aspectos teóricos quanto empíricos. Nos artigos são discutidas as principais causas da má distribuição da renda e da grande incidência de pobreza na economia brasileira, assim como suas principais conseqüências.

O objetivo da obra é duplo. Por um lado, pretende-se incentivar a discussão técnica entre os especialistas não diretamente ligados ao assunto, mas que tanto como profissionais — de economia ou de outras áreas do conhecimento — como quanto cidadãos consideram a má distribuição da renda no Brasil um problema com o qual dificilmente poderemos conviver por muito mais tempo sem corrermos o risco da explosão de sérios conflitos sociais. De outro, busca-se "socializar" para o público leigo o conhecimento a respeito da questão, municiando a sociedade civil de informações, análises e sugestões que induzam a um tratamento adequado do problema.

Por último, em nome do IERJ, desejamos manifestar nossa satisfação pela inestimável contribuição dos pesquisadores que se dispuseram a colaborar para que este esforço acabasse coroado de êxito. Todos os trabalhos aqui apresentados foram realizados sem qualquer remuneração para os pesquisadores envolvidos, o que não impediu que o volume conseguisse atingir um elevado nível de qualidade técnica. A todos, gostaríamos de agradecer o esforço e a dedicação ao projeto e deixar registrada nossa convicção de que o livro será de grande valia para despertar a discussão sobre o assunto. Nossa esperança é de que ele contribua para gerar um ambiente mais propício para a adoção de políticas que venham a reduzir as desigualdades e a incidência de pobreza no Brasil. Acreditamos ser este, afinal, o objetivo maior de todos nós.

José Márcio Camargo
Fabio Giambiagi
Coordenadores

1

DISTRIBUIÇÃO DA RENDA:
ASPECTOS TEÓRICOS E O DEBATE NO BRASIL

Lauro R. A. Ramos
José Guilherme Almeida Reis

1. Introdução

Desde os primórdios da análise econômica, a desigualdade de renda vem sendo intensamente debatida pelos economistas. O tema é particularmente controverso, não só por sua complexidade como pela elevada carga de julgamentos éticos envolvidos na questão.

Grande parte do esforço de teorização sobre a distribuição de renda esteve, por muito tempo, voltada apenas para o que se conhece como distribuição funcional da renda, isto é, como se determinam as parcelas na renda global correspondentes aos diversos fatores de produção (terra, trabalho, capital, etc.), ou aos grupos sociais detentores desses fatores. Essa orientação, que remonta a Ricardo e Marx, vem sendo substituída nos anos mais recentes por uma preocupação crescente com a distribuição pessoal da renda, a distribuição entre os indivíduos. Neste caso, o interesse recai sobre quanto cada um ganha, independentemente da origem de seu rendimento.

Existe, é claro, uma forte inter-relação entre a distribuição funcional e a distribuição pessoal da renda. Entretanto, conhecer como a renda nacional se divide entre salários, lucros e aluguéis está longe de ser suficiente para explicar a distribuição pessoal da renda. O fato de que alguns indivíduos são (crescentemente) proprietários de mais de um fator de produção e a elevada desigualdade salarial que caracteriza as sociedades atuais apenas ilustram a necessidade de se ir além do conhecimento das parcelas dos fatores na renda.

Apesar do interesse crescente, há dificuldade considerável para se construir uma teoria da distribuição pessoal da renda que possa ser julgada satisfatória, tanto em termos de abrangência e generalidade como no que tange à capacidade de identificar com clareza os seus determinantes. Isso é em boa parte explicado pelo fato de que a distribuição da renda não é um aspecto isolado do processo econômico, mas, isto sim, o resultado da complexa mecânica de funcionamento da economia como um todo. Além disso, os países diferem consideravelmente no que diz respeito às características econômicas e institucionais de cada um deles, tornando difícil o desenvolvimento de uma teoria flexível o suficiente para poder explicar adequadamente a mecânica distributiva ao longo do espectro de estruturas sócio-econômicas.

No Brasil, a distribuição pessoal da renda foi objeto de um amplo debate durante a década de 70, tendo como ponto de partida a elevação comprovada dos índices de desigualdade entre 1960 e 1970. De um ponto de vista teórico, a controvérsia girou em torno da aplicabilidade da perspectiva de capital humano, *vis-à-vis* de análises baseadas em elementos da distribuição funcional da renda e de modelos de segmentação do mercado de trabalho para explicar a questão distributiva em economias em desenvolvimento. É importante frisar que os modelos teóricos ali desenvolvidos continuam a servir de base até hoje para análise do comportamento da desigualdade de renda no país.

São dois os objetivos deste trabalho. Em primeiro lugar, rever, de forma bastante sucinta, as principais visões teóricas a respeito da questão distributiva, tanto no que diz respeito à distribuição funcional como pessoal da renda. Em segundo lugar, apresentar uma resenha igualmente breve da controvérsia sobre a distribuição de renda no Brasil na década de 70, cujo interesse advém não só da possibilidade de ilustrar a aplicabilidade das diversas teorias como também da importância que as idéias ali desenvolvidas têm, ainda hoje, para a análise da desigualdade de renda no Brasil.

Além desta introdução, discutem-se brevemente na seção 2 os enfoques teóricos alternativos associados à distribuição funcional da renda, enquanto a seção 3 tem como tema a distribuição pessoal. A seção 4 é dedicada à discussão da aplicabilidade dessas teorias a economias em desenvolvimento com características similares às brasileiras, enquanto na seção 5 procede-se à revisão do debate acerca da evolução da distribuição pessoal da renda no Brasil entre 1960 e 1970. A seção 6 apresenta um sumário e as conclusões do trabalho.

2. Teorias sobre a distribuição funcional da renda

Ricardo foi o primeiro economista a sugerir uma teoria relativamente acabada para o processo de distribuição da renda, procurando explicitar os mecanismos a reger sua repartição entre os três principais fatores de produção, a saber: trabalho, capital e terra. Em seu modelo, o aluguel da terra ocupa um papel proeminente: no longo prazo, os salários situam-se ao nível de subsistência, enquanto a taxa de lucros é apenas alta o suficiente para a manutenção do capital. O restante da produção é apropriado pelos donos da terra a título de aluguel. Embora salário e taxa de lucros possam situar-se acima dos níveis mínimos no curto prazo, isto apenas serve para estimular a expansão da economia, com conseqüente acumulação de capital e expansão da população até os níveis de remuneração de longo prazo serem atingidos. Nessa teoria, a demanda por produtos finais não tem influência na questão distributiva.

A idéia de que os trabalhadores recebem um salário fixado ao nível de subsistência também está presente na concepção marxista do processo distributivo. Nesta, os capitalistas se apossam da mais-valia, como base para a acumulação contínua de capital e conseqüente geração de novos "empregos". Os salários não crescem devido à existência de um "exército de reserva" de trabalhadores, constantemente renovado via crescimento populacional, inovações tecnológicas poupadoras de mão-de-obra ou simples incorporação de uma parcela da mão-de-obra ocupada em atividades inferiores ao processo produtivo capitalista. Uma característica marcante nessa linha de pensamento é a visão das relações entre os fatores de produção, capital e trabalho, como sendo de antagonismo e conflito, que se transfere também para a esfera distributiva: por um lado tem-se a tentativa dos trabalhadores de melhorar suas condições de vida via obtenção de salários mais altos, e, por outro, o desejo dos capitalistas em mantê-los a níveis mínimos como forma de garantir a acumulação de capital e a expansão do sistema.

As últimas décadas do séculos XIX foram testemunhas de uma mudança radical na visão do problema redistributivo, a chamada revolução marginalista, que substituía a idéia de conflito entre os fatores de produção e classes sociais pela de harmonia e coexistência pacífica. Tanto trabalhadores quanto capitalistas se apresentam no mercado como proprietários de fatores de produção em busca de remuneração por seus serviços. Esta é ditada pela disponibilidade relativa de tais fatores e pelas características da tecnologia disponível. No âmbito desse paradigma neoclássico as firmas, na presença de concorrência perfeita, contratam mão-de-obra até o ponto em que a receita adicional gerada pela última unidade contratada seja igual ao custo desta, isto é, a taxa de salário. Desse modo, para cada salário existe uma quantidade de trabalho demandada pelas firmas — a demanda global por trabalho. Os trabalhadores, por sua vez, decidem o quanto estão dispostos a trabalhar para cada possível salário em função de suas preferências pessoais (em uma versão simplificada, cada indivíduo procura maximizar sua utilidade, derivada de lazer e consumo de produtos finais adquiridos no mercado, via alocação do seu tempo entre lazer e trabalho para geração da renda necessária à aquisição de tais produtos, o que naturalmente depende da taxa de salário), gerando assim uma oferta global de mão-de-obra. Da interação dessas duas forças resulta o salário de equilíbrio na economia. Processos similares determinam os preços dos demais fatores de produção, de modo que os preços funcionam como sinalizadores da escassez relativa dos fatores.

Assim, a renda de cada indivíduo é determinada pela soma dos pagamentos pelos fatores por ele possuídos, e as participações de cada fator na renda total são determinadas pelos preços pagos por cada um deles. Desse modo, tanto a distribuição pessoal quanto a distribuição funcional da renda são conseqüência direta das características do sistema produtivo, dos padrões de demanda e da oferta de fatores. Alterações no preço dos fatores, e conseqüentemente na distribuição da renda, dependem de mudanças nas suas disponibilidades relativas, elasticidades de substituição, mudanças nos padrões de demanda por produtos finais e inovações tecnológicas. Embora esse modelo requeira a ausência de imperfeições no funcionamento dos mercados, condição difícil de ser atendida na prática, especialmente no contexto de economias em desenvolvimento, a elegância e clareza de sua construção o tornam extremamente útil, quando pouco como um ponto de referência para discussão de questões distributivas.

Uma interessante combinação entre as idéias neoclássicas e a existência de mercados imperfeitos está contida no modelo dualista para economias em estágios preliminares de desenvolvimento proposto por Lewis. Em uma visão simplificada das idéias de Lewis, tais economias seriam caracterizadas pela coexistência de dois setores: o setor moderno — capitalista, dinâmico e competitivo — e um setor tradicional, basicamente a agricultura, estagnado e com salários ao nível de subsistência em função do excesso de mão-de-obra existente. A interligação entre os dois setores se processa através da transferência do excesso de trabalhadores do setor de subsistência para o moderno de acordo com as necessidades ditadas pela expansão deste. O setor moderno, nesta concepção, opera com tecnologia relativamente intensiva em capital e com elasticidade de substituição capital-trabalho desprezível, o que impede a expansão da demanda por mão-de-obra e mantém baixo o nível de emprego. O setor tradicional, com alta elasticidade de substituição, tecnologia primitiva e salários perfeitamente flexíveis, absorve o restante da mão-de-obra. A segmentação dos mercados está no âmago da questão, sendo a falta de comunicação entre os dois setores crucial para a continuidade da dicotomia profunda na economia.

A teoria kaleckiana também considera explicitamente as imperfeições de mercado e a existência de relações conflituosas entre capital e trabalho. Neste modelo assume-se que as firmas determinam o preço de seus produtos via aplicação de uma margem (*mark up*) em cima de seus custos variáveis, quais sejam, as despesas com salários e matérias-primas, de modo a cobrir tanto os custos variáveis quanto os fixos e gerar o lucro residualmente. Ao fixarem uma margem em cima de seus custos variáveis, as firmas acabam por neutralizar em grande parte o poder reivindicatório dos trabalhadores, na medida em que aumentos de salários são automaticamente traduzidos em aumentos de preços. Aceitando-se a hipótese de que a margem utilizada pelas firmas varia inversamente com a intensidade da competição na economia, é imediato que tanto maior será a participação dos salários na renda total quanto menor for o grau de monopólio do sistema, e, portanto, a distribuição funcional da renda é função do grau de imperfeição existente no funcionamento dos mercados.

Um último modelo a ser considerado aqui é o modelo de Kaldor, que se encaixa dentro da tradição keynesiana. De construção extremamente simples, suas implicações para fins de crescimento e desenvolvimento são surpreendentemente fortes. O modelo assume inicialmente que o nível de investimento é determinado *a priori*, como decorrência das necessidades ditadas por alguma meta de crescimento econômico preestabelecida. Partindo da pressuposição de que capitalistas e trabalhadores possuem diferentes propensões a poupar, têm-se que, para promover o equilíbrio macroeconômico entre poupança e investimento, faz-se necessária uma distribuição adequada da renda entre os fatores de produção. Assim, alterações nos níveis desejados para o investimento requerem a redistribuição dessa renda. Se, por exemplo, as metas de crescimento são revistas e os níveis desejados de investimento são elevados, e assume-se que os capitalistas apresentam uma propensão marginal a poupar maior que os trabalhadores, torna-se necessária uma apropriação maior da renda por parte dos capitalistas, o que ocorre via elevação dos preços dos produtos finais e conseqüente redução do salário real, de modo a viabilizar um aumento na taxa média de poupança para que se atinja um novo patamar de equilíbrio na economia. Assim, quanto maior a taxa de crescimento almejada, mais enviesada em direção ao capital deve tornar-se a distribuição funcional da renda. Além disso, vale notar a função eminentemente distributiva dos preços dos fatores neste modelo neokeynesiano, servindo como o canal de ajustamento para a promoção do equilíbrio entre poupança e investimento, o que se contrapõe à sua função alocativa no paradigma neoclássico.

3. Teorias sobre a distribuição pessoal da renda

Apesar de o paradigma neoclássico propiciar alguns elementos para a discussão da distribuição pessoal da renda,[1] as teorias discutidas na seção 2 estão basicamente associadas à análise da distribuição funcional. Para um melhor entendimento das questões pertinentes à distribuição do bem-estar entre os indivíduos, assim como para compreensão das causas e dimensão da pobreza em uma sociedade, faz-se necessário o estudo do processo de distribuição da renda entre os agentes econômicos a um nível bastante atomizado, em última análise ao nível de indivíduos. Ou seja, não basta saber qual a parcela do produto nacional apropriada pelo trabalho (ou pelo capital), é necessário também saber como a renda global do trabalho é dividida entre os trabalhadores. De um modo mais global, é preciso que se compreenda quais

---

[1] Tal como exposta, esta teoria é insatisfatória na medida em que não tece considerações sobre como a posse dos fatores de produção, que é a responsável direta pela repartição da renda entre os membros da economia, teria sido inicialmente distribuída.

são as variáveis e mecanismos responsáveis pela determinação da renda de um indivíduo, para que se possa então discutir a possibilidade de desenvolvimento de políticas com o propósito de interferir no processo distributivo no sentido de reduzir desigualdade e pobreza na economia.[2]

Infelizmente esse campo se revela ainda mais árido que o da distribuição funcional, e não se dispõe de um leque de teorias como naquele caso para oferecer um entendimento mais amplo da distribuição pessoal da renda. *Grosso modo*, existem duas vertentes de pensamento global nessa área. Por um lado tem-se a teoria estocástica e por outro a visão que relaciona rendas individuais diretamente a um conjunto de características que refletem a "habilidade" dos indivíduos.

Os modelos estocásticos de distribuição de renda sugerem que a assimetria desta seria o resultado de uma série de movimentos aleatórios nas rendas individuais. Uma das proposições mais tradicionais nessa linha é a "lei dos efeitos proporcionais", sugerida por Gibrat. Ou seja, a cada período as rendas dos indivíduos estariam sujeitas a variações percentuais aleatórias de igual probabilidade, independentemente do seu nível. Pode-se mostrar então que, a partir de uma distribuição inicial qualquer, tal processo estocástico convergiria para uma distribuição log-normal da renda pessoal.[3] Um inconveniente desse processo é o fato de que a renda média tende a crescer autonomamente. Isso pode ser contornado pela modificação da hipótese de independência entre o tamanho da variação da renda e o seu nível. Processos galtonianos, que assumem modificações percentuais tanto menores quanto maior for o nível da renda, garantem a convergência para uma log-normal com ausência de tendências de crescimento autônomo da renda média.

Mesmo assim, no entanto, a linha de modelos estocásticos tem muito pouco a oferecer em termos de uma melhor compreensão da mecânica distributiva. Ao ignorar a participação dos indivíduos na formação de sua renda, seja essa participação ativa (via sucessão de escolhas e decisões pessoais) ou passiva (as pessoas diferem em características inatas com diferente valor de mercado), este corpo teórico não

---

[2] Na realidade a questão da pobreza está muito mais relacionada com a distribuição de renda entre as famílias, desde que esta se constitui em um dos mais poderosos agentes redistribuidores de renda. A distribuição familiar pode, no entanto, ser obtida a partir da distribuição pessoal no mais das vezes.
[3] A importância deste ponto está ligada ao fato de, conforme demonstrado por Pareto, haver evidências empíricas de que as rendas individuais tendem a se distribuir de acordo com uma log-normal. Ver a respeito Pen [1974].

fornece nenhum subsídio para a identificação dos determinantes da desigualdade, muito menos contribui para a concepção e implementação de políticas destinadas a reduzi-la.

Alternativamente, a distribuição de renda pode ser vista como determinada pelas condições de oferta e demanda por um conjunto de características pessoais, sejam elas de natureza genética ou fruto de decisões individuais, de tal modo que o grau de desigualdade da distribuição é determinado pelas taxas de retorno a esses atributos e pela distribuição deles na economia.

Uma das teorias mais polêmicas nessa linha é a teoria do capital humano. A espinha dorsal desta teoria é a consideração de que os indivíduos não gastam consigo mesmos, em muitas situações, por mera questão de prazer presente, mas sim em busca de retornos futuros. Ao dispensar um emprego com baixa remuneração em prol da busca de melhor colocação, ao adiar a entrada no mercado de trabalho em favor da aquisição de mais educação, ao migrar de um centro para outro, ao despender em informação, o indivíduo estaria investindo no seu futuro em detrimento de seus rendimentos no presente. Assim, a aquisição de educação, o acúmulo de informação, gastos com saúde, entre outras, deveriam ser encaradas não como decisões de consumo, mas sim como decisões racionais de investimento.

No que diz respeito à questão da distribuição da renda, a teoria do capital humano tem dado ênfase especial ao papel da educação. Com base em suas preferências pessoais e nos retornos associados a diferentes níveis educacionais,[4] as pessoas decidem a quantidade de educação a ser obtida de modo a maximizar o valor presente de seu bem-estar ao longo do ciclo de vida. Assim, em uma sociedade em que prevaleçam a igualdade de oportunidades e perfeito acesso à informação, a desigualdade de renda medida em um determinado instante de tempo seria apenas o reflexo de diferenças entre as preferências de seus componentes (diferentes taxas de desconto) e o estágio do ciclo de vida em que se encontram.

Nesse contexto idealista não haveria lugar para políticas redistributivas, dado que todas as pessoas estariam maximizando o seu bem-estar ao longo do tempo. Em um cenário mais realista, todavia, onde o acesso à informação fosse imperfeito e/ou houvesse alguma forma de obstáculo (mercados de capitais imperfeitos, por exemplo)

Implícita aqui está a hipótese de que a aquisição de educação eleva a produtividade marginal dos indivíduos.

à implementação das decisões individuais, a melhor maneira de promover uma redução na desigualdade de renda, argumentam os defensores desta linha, seria através de políticas destinadas a facilitar o acesso da população ao sistema educacional, de modo a melhorar a distribuição de educação.[5] Na medida em que isso fosse ocorrendo, seriam eliminados os descompassos entre oferta e demanda por diferentes níveis educacionais (isto é, diferentes graus de qualificação dos trabalhadores), via supressão dos ganhos extraordinários ou quase-rendas propiciados pela escassez de mão-de-obra qualificada, com uma conseqüente melhora na distribuição da renda.

Uma fonte de críticas a essa teoria tem sido a chamada escola credencialista. De acordo com a teoria do capital humano, os empregadores têm preferência por empregados mais educados por estes serem mais "produtivos", na medida em que a educação contribui para aumentar sua produtividade, sem ser específica acerca de como e por que tal aumento ocorreria. A escola credencialista, ao contrário, defende que a educação formal em si não altera a produtividade das pessoas. As razões pelas quais os empregadores tenderiam a preferir trabalhadores mais educados estariam ligadas a, entre outras, maior motivação pessoal, maior confiabilidade, maior capacidade de adaptação a regras institucionais, etc. Quaisquer que sejam essas características, elas não são diretamente observáveis no instante da decisão de contratação e, então, a educação seria utilizada como variável de triagem.[6] A aquisição de educação seria, assim, uma forma de sinalização por parte dos candidatos no mercado de trabalho sem contudo interferir diretamente na sua produtividade potencial.

É interessante notar que, embora veemente, essa versão simplificada da crítica credencialista não chega a abalar a essência da teoria do capital humano: existem, por um motivo ou por outro, diferenciais de renda associados à educação, e um indivíduo pode considerá-los em uma maximização intertemporal. Para que ela se torne contundente é

---

[5] A teoria do capital humano tem sido, por vezes, criticada por "assumir igualdade de oportunidades no acesso à educação". Na realidade, trata-se de uma objeção no mínimo improcedente, haja vista que esta não é uma hipótese de trabalho daquela teoria, mas apenas um marco de referência para onde a sociedade/economia deveria se orientar para atingir objetivos igualitários.

[6] Na realidade esta é uma visão bem simplificada do pensamento credencialista, mas que mantém a sua essência e implicações inalteradas. Versões mais elaboradas incluem a hipótese de que o desempenho profissional e o progresso na carreira são analisados e decididos internamente pelas empresas (*internal labor markets*), de acordo com um plano de carreira preestabelecido.

necessária a adição de hipóteses sobre a estrutura de emprego da economia, de modo a explorar a deficiência maior da escola do capital humano, que é a ênfase exagerada à oferta *vis-à-vis* da demanda no mercado de trabalho. Os modelos de segmentação dos mercados de trabalho (*internal labor markets*), a teoria dualista, os modelos de competição por empregos e outros, exploram a idéia da existência de segmentações e imperfeições no mercado de trabalho que afetariam a estrutura de empregos, de modo a limitar consideravelmente os efeitos distributivos de uma melhor distribuição de educação.

Os modelos de segmentação nos mercados de trabalho baseiam-se na hipótese de que o desempenho profissional e o progresso na carreira são analisados e decididos internamente pelas empresas, de acordo com um plano de carreira preestabelecido, de tal sorte que o mercado de trabalho adquire uma natureza bastante compartimentalizada. Diferentes características setoriais e regionais poderiam levar firmas, ou grupos de firmas, a remunerar distintamente o conteúdo educacional dos trabalhadores, de modo que, além da distribuição de educação, a estrutura setorial e regional da economia viria a desempenhar um papel importante na distribuição pessoal de renda. Embora a importância da educação seja reconhecida, notadamente em termos de probabilidade de seleção e velocidade de ascensão na escala funcional, esta linha teórica defende que, uma vez admitidos, altos custos de rotatividade, juntamente com um grande poder de barganha por parte de associações profissionais, contribuiriam para garantir a progressão funcional dos trabalhadores.

Já o modelo de competição por empregos assume que os mercados de trabalho não operam em condições de equilíbrio como usualmente assumido, e defende que trabalhadores com mesmas qualificações gerais podem ser remunerados de modo distinto. As características do trabalho é que determinariam o salário. A produtividade marginal dos trabalhadores não é determinada pelo seu nível de educação, mas sim pelo seu aprendizado específico ao exercer sucessivas funções na escala de empregos de uma firma. Posto em outros termos, as qualificações dos trabalhadores que contribuem para o aumento de sua produtividade são específicas de sua função na firma, não sendo diretamente adquiridas por meio do sistema de educação formal. Naturalmente a seleção inicial de um ou outro indivíduo para entrada em uma firma dependeria da expectativa dos custos de treinamento para cada um deles, e aí a educação poderia ser utilizada como um mecanismo de triagem. O que é importante, no entanto, é que uma melhoria na distribuição de educação não contribuiria para uma redução na desigualdade enquanto não houvesse uma mudança na estrutura de empregos existentes.

Há, sem dúvida, uma série de outras considerações importantes a serem feitas no contexto da discussão da propriedade da teoria do capital humano que estão omitidas aqui, notadamente aquelas ligadas à influência do meio familiar, à importância da qualidade do ensino e à discussão da causalidade entre renda e educação. Uma observação final, porém, tem de ser feita, com referência ao papel da renda de propriedade na distribuição pessoal da renda.

Em última análise, a renda de um indivíduo pode ser vista como determinada por suas dotações iniciais em termos de riqueza, pelas decisões de investimento tomadas ao longo do ciclo de vida e pelas características da sociedade. Dado que a teoria do capital humano passa ao largo da questão da riqueza pessoal e dos mecanismos de transmissão intergeneracional de renda, ela pode se propor no máximo a uma explicação parcial da distribuição. Sem dúvida, uma política redistributiva teria que tecer considerações a respeito deste ponto, que tende a ser uma das maiores fontes de desigualdade em uma sociedade. Seja pelo fato de a riqueza facilitar o acesso à educação de melhor qualidade, permitir maior taxa de poupança, ou, numa linha mais pragmática, propiciar melhores contatos sociais que permitam a obtenção de melhores colocações no mercado de trabalho, o fato é que parece haver uma tendência de os ricos manterem sua riqueza e os pobres sua pobreza ao longo do tempo. Não há, no entanto, nenhum corpo teórico desenvolvido a esse respeito, além, é claro, de idéias não organizadas sobre taxação de heranças e reforma agrária.

4. Aplicabilidade aos países em desenvolvimento

Uma das características mais marcantes das economias em desenvolvimento é a existência de mercados imperfeitos, incompletos ou mesmo a inexistência de alguns deles. Há problemas notórios de acesso à informação, elevado grau de monopólio e/ou comportamento oligopolista, além de precariedade na comunicação entre seus diversos segmentos setoriais e regionais e diferenças no processo de formação de preços entre os setores, pelo menos no que diz respeito aos setores diretamente voltados ao setor externo e aqueles primordialmente ligados ao mercado interno. Além disso, a liberdade de escolha nessas economias é significativamente mais restrita do que nos países mais industrializados, tornando duvidosa a aplicabilidade irrestrita de modelos totalmente baseados no processo de decisão racional por parte dos agentes econômicos. Nesse contexto, o uso de modelos de cunho puramente neoclássico pode levar a resultados extremamente inadequados. Uma análise satisfatória da distribuição da renda nos países em desenvolvimento requer, então, que o caráter compartimentalizado de seus mercados de trabalho seja levado em consideração e que a estrutura da economia desempenhe um papel fundamental.

À luz destas considerações parece importante destacar as visões do processo distributivo que ressaltam a natureza imperfeita dos mercados de trabalho quando da discussão sobre a desigualdade nessas economias. Assim a hipótese credencialista e os modelos dualistas, de competição por trabalho e de segmentação dos mercados de trabalho, ou mesmo modelos de cunho estritamente *ad hoc* devem merecer especial atenção, pelo menos como pano de fundo para a avaliação de implicações inerentes à ótica do capital humano. Naturalmente esses modelos estão basicamente preocupados com o lado da demanda no mercado de trabalho, enquanto uma análise completa deveria considerar também o lado da oferta. Sem dúvida educação e experiência são importantes para a explicação da desigualdade, mesmo em países em desenvolvimento, e, portanto, a força de trabalho deve ser diferenciada pelo seu nível de qualificação para que se possa pretender o entendimento da distribuição de rendimentos nessas economias. Mas, para que se possa almejar alterá-la por meio de instrumentos de política econômica, há primeiro que se compreender a estrutura e funcionamento dos mercados.

Além disso, a distribuição da riqueza pessoal para fins de desigualdade parece ser mais importante para os países em desenvolvimento do que os desenvolvidos. Portanto, além de analisar a distribuição do capital humano, um estudo sobre a mecânica distributiva nessas economias deve também atentar para a distribuição de capital físico, e considerações sobre o processo de herança, poupança e padrões de posse do aparato produtivo se fazem mister, sob pena de um diagnóstico inadequado e mesmo prejudicial a propósitos redistributivos.

A evolução da distribuição da renda pessoal no Brasil entre 1960 e 1970 serviu como base para um intenso debate acerca da aplicabilidade da perspectiva do capital humano, *vis-à-vis* das visões mais estruturalistas do processo distributivo, para economias em desenvolvimento. Esse debate serve para fornecer importantes subsídios para o entendimento da distribuição da renda em economias dessa natureza, e será brevemente revisitado na próxima seção.

5. O debate no Brasil sobre a década de 60

A publicação dos dados do Censo Demográfico de 1970 revelou um aumento considerável na desigualdade de renda do Brasil na década de 60. Apesar do crescimento da renda real no período, o índice de Gini calculado para a distribuição de pessoas com rendimentos mostra elevação de 0,50 para 0,57 no período (ver Tabela 1), uma deterioração sem dúvida significativa, especialmente quando contrastada com a relativa estabilidade verificada a partir de 1970.[7]

As tentativas de explicação do aumento da desigualdade convergiram para duas visões bastante distintas. De um lado, autores como Langoni [1973a; 1973b], Senna [1976] e Castello Branco [1979] tomaram como base o modelo de capital humano e procuraram mostrar que a piora na distribuição de renda foi conseqüência do forte ritmo de crescimento econômico que caracterizou a década de 60 (o produto real *per capita* expandiu-se em 37% no período, com forte crescimento nos anos finais da década). De outro lado concentram-se análises cujos traços comuns são a ênfase não no crescimento mas sim nos efeitos provocados pela política econômica do período, mormente do período de estabilização vivido entre 1964 e 1967, e, do ponto de vista teórico, a rejeição ao modelo de capital humano. Como alternativa, os autores identificados com essa visão enfatizam elementos da distribuição funcional da renda e dos modelos de segmentação do mercado de traba-

---

[7] É importante alertar que, apesar de sua abrangência, a comparabilidade entre esses dois conjuntos de dados enfrenta problemas não desprezíveis. Em particular, a forma de obtenção da informação sobre renda no Censo de 1960, ao contrário de 1970, referia-se à classe de renda onde o indivíduo se encontrava, obrigando a realização de uma série de ajustamentos para se obter a comparabilidade entre os dois censos. Apesar dessas dificuldades, todos os estudos que trataram empiricamente do tema encontraram uma inequívoca ampliação da desigualdade de renda no período. Tendo em vista o acesso obtido por Langoni a dados mais desagregados, suas estimativas têm sido as mais utilizadas. Para a evolução da desigualdade após 1970, ver Bonelli e Sedlacek [1989].

lho, estes últimos como explicação alternativa para as mudanças na distribuição de salários. Entre os autores que se enquadram nesta posição estão Fishlow [1972, 1973], Hoffmann e Duarte [1972] e Bacha e Taylor [1980].

Apresentamos em seguida, de maneira sucinta, os elementos principais dessas diferentes explicações. Para o leitor interessado em uma visão detalhada da controvérsia, recomendamos a resenha de Bacha e Taylor [1980] e os artigos de Fishlow [1973], Malan e Wells [1975] e Langoni [1973b].

5.1. A interpretação de Langoni

O trabalho de Langoni [1973a] é, sem sombra de dúvida, o marco de referência para o debate. Todos os demais trabalhos o têm como referência, seja para contestá-lo, seja para desenvolver alguma de suas linhas de interpretação.

Langoni procurou mostrar que o aumento observado na desigualdade de renda entre 1960 e 1970 esteve associado à rápida expansão da economia, razão pela qual se torna "falaciosa a tentativa de atribuir a este aumento de concentração qualquer conotação de piora ou redução de bem-estar".[8] Ao contrário, como afirma o então ministro Delfim Netto, "o crescimento acelerado é o instrumento mais poderoso para redistribuir oportunidades".[9]

De que forma o desenvolvimento econômico conduziu a uma deterioração na distribuição de renda no Brasil? A resposta de Langoni a esta pergunta enfatiza dois mecanismos, ambos temporários. Em primeiro lugar, mudanças na composição da força de trabalho, tanto no que se refere a alguns de seus atributos observáveis, tais como sexo, idade e educação, como à sua alocação regional e setorial, teriam levado, por si sós, a um aumento na desigualdade. Em segundo lugar, desequilíbrios no mercado de trabalho decorrentes de uma expansão acelerada da demanda por mão-de-obra qualificada, na presença de uma oferta relativamente inelástica a curto prazo, teriam ampliado os diferenciais de renda entre grupos de trabalhadores, contribuindo para aumentar a desigualdade de renda.

O primeiro dos aspectos enfatizados por Langoni ficou conhecido como efeito Kuznets, autor original da idéia segundo a qual

---
[8] Ver Langoni, p. 15.
[9] Ver o prefácio do livro de Langoni, p.14.

mudanças na composição do emprego típicas de determinadas fases do desenvolvimento econômico podem conduzir a um aumento na desigualdade de renda.[10] Para Kuznets a relação entre crescimento econômico e distribuição de renda assumiria o formato de um U invertido, ou seja, a desigualdade aumentaria nas fases iniciais do desenvolvimento e se reduziria a partir de um determinado ponto.

Em seu estudo, Langoni procurou avaliar os efeitos redistributivos causados por mudanças ocorridas na composição regional e setorial da força de trabalho, bem como no perfil da força de trabalho segundo sexo, idade e educação. Apenas no caso da educação, entretanto, a análise é bastante detalhada, já que a educação se constitui, segundo o autor, na variável mais importante para explicar o aumento da concentração de renda entre 1960 e 1970. A mudança na composição educacional da força de trabalho neste período foi significativa: houve uma expressiva redução da proporção de analfabetos (39% em 1960 e 29,8% em 1970), e uma marcada expansão do ensino secundário e superior, cujas participações relativas cresceram 96 e 79%, respectivamente (ver Tabela 2).

Para avaliar como uma mudança na distribuição de educação (ou outra variável qualquer) vai afetar a distribuição de renda é útil recorrer a medidas de desigualdade decomponíveis. Dada a variável que se deseja relacionar com a renda (setores, regiões, grupos de idade, etc.), essa classe de índices permite decompor a desigualdade global em três elementos: a distribuição da variável (educação, nesse caso), as rendas médias dos grupos definidos pela variável (ou seja, as categorias educacionais) e a desigualdade interna a esses grupos. Formalmente:

(1) $\quad i = i\,(p, r(p), i_w)$

onde p é a proporção de pessoas em cada grupo, r a renda do grupo relativa a renda média e I_w a desigualdade dentro de cada grupo. Nessas condições, o efeito composição ou Kuznets é definido como as mudanças em I causadas por alterações em p, mantidas constantes as rendas médias (r) e as desigualdades internas a cada grupo (I_w).[11]

---

[10] Kuznets ilustrou com o caso das transferências de trabalhadores do setor rural para o urbano, mostrando que essa mudança tenderia a deteriorar a distribuição de renda na medida em que mais pessoas adquirissem renda mais elevada, e também em função de uma maior desigualdade no setor urbano do que na área rural.
[11] Definido dessa forma, o efeito Kuznets desconsidera os efeitos indiretos provocados em I por mudança em p através de P e/ou de Iw. Para uma discussão a respeito, ver Knight e Sabot (1983) e também Almeida Reis e Barros (1989).

Em seu trabalho, Langoni utilizou a variância dos logaritmos como medida de desigualdade.[12] A decomposição efetuada para o período 1960-1970 para a variável educação estima que 35% da variação observada neste período decorreram de mudanças na composição educacional da força de trabalho, restando 23% para as alterações nas rendas médias e 42% para o aumento da desigualdade dentro de cada grupo educacional. Em suma, a melhoria ou ascensão educacional da força de trabalho teria contribuído substancialmente para um aumento da desigualdade de renda entre 1960 e 1970.

O segundo ingrediente da explicação de Langoni diz respeito aos efeitos provocados por mudanças na composição educacional da força de trabalho sobre as rendas médias dos grupos educacionais.

O modelo competitivo do mercado de trabalho prevê que os retornos a um fator decrescem na medida em que sua oferta relativa aumente, de forma que a compressão na estrutura de rendas resultante da melhoria do nível educacional da mão-de-obra tenderia a reduzir a desigualdade. Ora, não foi isso o que aconteceu na economia brasileira entre 1960 e 1970. Como vimos, as variações nas rendas médias dos grupos educacionais contribuíram para aumentar a desigualdade. Por exemplo, o aumento de 79% na proporção de universitários no período foi acompanhado de um *aumento* de 11% em suas rendas relativas (cf. Tabela 2).

A explicação oferecida por Langoni para esse fenômeno consiste em supor a existência de um viés tecnológico no crescimento da demanda por trabalho, como conseqüência da complementaridade entre capital e maior qualificação, o que teria beneficiado os trabalhadores mais qualificados, situados no extremo superior da distribuição. O crescimento na demanda por trabalhadores qualificados teria se dado muito mais rapidamente do que o correspondente crescimento da oferta, resultando em uma ampliação dos diferenciais de renda por nível educacional.

---

[12] A variância dos logs é uma medida decomponível que atende às propriedades básicas exigidas dos índices de concentração. Ver Anand [1983]. Ela pode ser escrita como:

$$V = \sum_i w_i (\ln y_i)^2 + \sum_i w_i V_i$$

onde w_i é a proporção de indivíduos na categoria i, y_i as rendas médias (geométricas) de cada grupo sobre a renda média total e V_i a variância dos logs das rendas dentro do grupo i. O primeiro termo à direita mede a desigualdade *entre* grupos, enquanto o segundo mede a desigualdade *intra* grupos.

O ponto fundamental dessa linha de argumentação é que essa situação seria indicativa de um desequilíbrio no mercado de trabalho,[13] de forma que a continuidade da expansão da educação no país, particularmente da instrução universitária, acabaria por reduzir as quase-rendas recebidas pelos mais educados/qualificados, favorecendo eventualmente a igualdade.

Assim, na interpretação de Langoni o aumento na concentração de renda entre 1960 e 1970 teria sido duplamente transitório, sendo portanto "autocorrigível a longo prazo". O aumento do nível de renda *per capita* afastaria progressivamente o país da fase ascendente da curva de Kuznets, enquanto a tendência no sentido de se atingir um valor mais estável para a taxa de crescimento do produto se encarregaria, junto com a continuidade da expansão da educação, de corrigir o desequilíbrio no mercado de trabalho.

Já em 1973 Fishlow criticava fortemente a suposição de desequilíbrio no mercado de trabalho, mostrando que, dadas elasticidades de substituição plausíveis entre grupos de trabalhadores com distintas qualificações, o crescimento do viés tecnológico em favor dos trabalhadores mais qualificados necessário para conciliar a tese de Langoni com os dados observados teria que estar entre 6 e 12% ao ano, números muito elevados quando comparados com a taxa média de crescimento do PIB *per capita* no período, da ordem de 3% ao ano.

Visto sob o prisma de hoje, o ceticismo acerca da hipótese de desequilíbrio é reforçado. Em primeiro lugar, o aumento na concentração de renda no Brasil esteve longe de ser transitório, como atestam os dados agora relativamente abundantes. Mais importante ainda, não há evidências de que as taxas de retorno à educação tenham se reduzido nos últimos anos de forma significativa.[14] Levando-se em conta a dramática redução ocorrida no ritmo de crescimento da economia brasileira, fica difícil justificar o aumento observado nas taxas de retorno na década de 80, documentada, por exemplo, em Leal e Werlang [1989] e Almeida Reis e Barros [1989].

É claro que isso não significa que as rendas médias relativas por grupos educacionais não sejam sensíveis à oferta e demanda. Mas reforça a conclusão de Fishlow, segundo o qual explicações baseadas

---

[13] Com base em dados da chamada lei dos 2/3, levantamento anual realizado pelo Ministério do Trabalho, o estudo de Castello Branco [1979] investiga com mais detalhe a hipótese de desequilíbrio no mercado de trabalho entre 1969 e 1973.
[14] Ver Leal e Werlang, neste livro.

apenas em oferta e demanda são insuficientes para dar contå do aumento observado nos diferenciais de renda no período.

Quanto ao papel dos efeitos Kuznets, a conclusão de Bacha e Taylor e de Fishlow, reproduzida por vários outros autores, de que eles não foram importantes para a piora na distribuição de renda nos anos 60, parece-nos, pelo menos no que diz respeito às mudanças na distribuição de educação, assentada em uma base empírica precária. Fishlow decompõe a variação na desigualdade utilizando uma outra medida de concentração, o índice de Theil, e encontra que o efeito das mudanças nas rendas relativas passa a ser mais importante que a melhoria educacional. Conclui, então, que "alteramos toda a substância das conclusões de Langoni".[15] Ora, a conclusão substantiva do trabalho de Langoni depende apenas do fato de que parte importante do aumento da desigualdade decorre de mudanças na composição educacional da força de trabalho, e não de que o efeito composição tenha sido mais importante que as mudanças nas rendas relativas.

Já as evidências apresentadas por Bacha e Taylor enfrentam outros problemas. Eles recalculam a decomposição de Langoni com a mesma medida de desigualdade, a variância dos logs, mas usam as médias aritméticas dos grupos educacionais e não as médias geométricas, não publicadas por Langoni. Encontram, então, que o efeito composição representa entre 14,6 e 3,9%, dependendo dos pesos utilizados, valores muito inferiores aos 35% apontados por Langoni. O problema todo está na utilização das médias aritméticas. Ainda que esse procedimento não introduza, necessariamente, um viés sistemático, no contexto da expansão educacional brasileira observada na década de 60 ele conduz a uma subestimativa do efeito composição.[16]

Em suma, ao contrário do que concluem Bacha e Taylor e Fishlow, as mudanças na distribuição da educação parecem ter tido um papel não desprezível na explicação da piora da desigualdade entre 1960 e 1970. Por outro lado, ao contrário do que afirma Langoni, o

---

[15] Cf. Fishlow [1973b], p. 14.
[16] Para compreender esse ponto, note-se que o efeito Kuznets é dado pela soma das mudanças nas proporções entre 1960 e 1970 ponderadas pelo quadrado do logaritmo das rendas médias relativas. As médias aritméticas de rendas relativas tendem a ser menores que as correspondentes médias geométricas. Como o peso é dado pelo quadrado do log, se o valor da média relativa for menor que um, como é o caso do grupo educacional mais baixo, os analfabetos, a menor média implica aumento do peso deste grupo. Ocorre que a proporção de analfabetos foi a única a se reduzir entre 1960 e 1970, de forma que o uso da média aritmética subestima, neste caso, o efeito Kuznets, pois amplifica o peso de um número negativo e reduz os pesos de todos os demais.

aumento nas rendas relativas no período não parece ser explicado apenas pelo comportamento da oferta e da demanda de trabalhadores por níveis de qualificação. É exatamente sobre esse ponto que se concentram as análises que apresentamos em seguida.

5.2. As interpretações alternativas

As interpretações alternativas para a piora na distribuição da renda na década de 60 têm como traço comum a ênfase no impacto causado pelas políticas adotadas no período pós-1964. Em particular, essas interpretações sugerem que o período de estabilização (1964-1967), mais do que o de crescimento, teria causado o aumento da desigualdade.[17] Como se sabe, o programa de combate à inflação adotado pelo governo militar instalado no país em abril de 1964 incluiu uma série de medidas claramente desfavoráveis para a manutenção dos salários reais: a criação de uma política salarial baseada em parte na inflação prevista, persistentemente subestimada entre 1965 e 1967, a intervenção nos sindicatos trabalhistas e a concomitante inflação corretiva gerada a partir dos reajustes de tarifas e eliminação de subsídios são as medidas mais citadas nesse sentido. Como resultado, o salário mínimo real reduziu-se em cerca de 20% entre 1965 e 1967.

Essas medidas teriam gerado, em primeiro lugar, uma alteração na distribuição funcional da renda, privilegiando lucros e rendas de propriedade em geral em detrimento dos salários. Esta alteração teria contribuído decisivamente para o aumento na desigualdade na distribuição pessoal da renda, uma vez que os recebedores de rendas de propriedade tendem a se situar no topo dessa distribuição.

Fishlow [1973] foi quem procurou desenvolver mais detalhadamente esse ponto, ampliando o modelo de Langoni de forma a tentar captar o efeito de mudanças na distribuição da riqueza, aproximado pela variável posição na ocupação. Seus resultados confirmam a importância da posse da riqueza na explicação do aumento da desigualdade

---

[17] Para alguns autores, esse processo de concentração da renda era necessário para viabilizar o chamado "modelo brasileiro", ao gerar um perfil de consumo compatível com o processo de industrialização via substituição de importações. Neste sentido, a concentração de renda teria redundado de uma política deliberada do governo após 1964 para permitir a retomada do crescimento econômico. Tal como nota Fishlow [1973, p. 56], essa interpretação erroneamente converte "um resultado *ex post* numa meta *ex ante*".

e apontam para um papel menos proeminente para a variável educação do que o encontrado por Langoni. Existem, entretanto, problemas não desprezíveis na inclusão da *proxy* para riqueza que tornam aparentemente pouco robustos os resultados de Fishlow.[18]

Para vários desses autores, no entanto, a restrição salarial teria provocado também uma elevação na desigualdade no interior da distribuição de salários. A hipótese implícita é de que a política salarial restrita atuou de forma mais efetiva para os salários dos trabalhadores situados na base da distribuição de salários, pelo menos no caso do setor urbano. Um papel importante teria sido desempenhado pelo salário mínimo, cuja queda em termos reais teria restringido a renda dos trabalhadores urbanos não qualificados. Estes estariam situados nos decis intermediários da distribuição, justamente os que obtiveram menor crescimento da renda real entre 1960 e 1970 (cf. Tabela 1). Já os trabalhadores situados em níveis mais elevados da hierarquia salarial teriam suas rendas determinadas com muito menor rigidez. Em particular, os trabalhadores mais ligados à administração das empresas teriam seus ganhos determinados em boa medida pelo montante de lucros das empresas, cuja expansão foi favorecida pelo crescimento da economia iniciado no final da década de 60.[19] Como esses trabalhadores são os mais qualificados/educados, explica-se o aumento encontrado por Langoni nos diferenciais de renda por grupos educacionais.

Uma das deficiências dessa explicação, como amplamente apontado, está na ênfase excessiva atribuída ao salário mínimo. No debate que se seguiu,[20] a hipótese de que a queda real do mínimo tenha conduzido a uma queda comparável nos salários dos trabalhadores não qualificados foi duramente criticada, com base em dois argumentos principais: primeiro, existe um amplo setor do mercado de trabalho que vive às margens da legislação trabalhista — assalariados sem carteira assinada e trabalhadores por conta própria —, cujas

---

[18] Em particular, os resultados de Fishlow são extremamente sensíveis à inclusão de trabalhadores familiares não remunerados como uma posição ocupacional: a percentagem da variância total explicada pela ocupação passa de 3,9 para 19,5% quando se considera este tipo de trabalhadores (ver as Tabelas 6 e 7, pp. 33 e 36 de Fishlow [1973]). Note-se que como, por definição, esses trabalhadores não têm renda, Fishlow imputou um valor com base em uma proporção dos rendimentos do chefe da família, de forma que suas conclusões dependem em boa medida desta imputação, naturalmente arbitrária.
[19] Essa hipótese foi analisada empiricamente em um detalhado estudo desenvolvido por Bacha [1975].
[20] Há inúmeras referências. Ver Wells e Drobny [1982] e Velloso [1988] para uma visão mais abrangente da "controvérsia sobre o salário mínimo".

rendas são apenas indiretamente afetadas pelo salário mínimo, se tanto; segundo, o fato de o salário mínimo real estar caindo em um contexto de crescimento do emprego sugere a possibilidade de *drifts* dos salários observados em relação ao mínimo. Testes empíricos dessa hipótese tendem a corroborá-la.[21] Ademais, a Tabela 1 deixa claro que todos os decis da distribuição obtiveram aumento de renda real entre 1960 e 1970, reforçando a conclusão de que o "papel da política brasileira de salário mínimo foi superestimado no debate sobre as causas da piora da distribuição de renda no Brasil nos anos 60".[22]

De qualquer modo, isso não significa negar validade à tese de que fatores institucionais, seja a política salarial restritiva, seja a ausência de atuação sindical, tenham desempenhado um papel importante na explicação da deterioração da desigualdade de renda no Brasil entre 60 e 70. Apenas ressalta sua limitação para dar conta das complexas mudanças ocorridas na economia brasileira naquele período, sugerindo que pode desempenhar um papel *complementar* na explicação do fenômeno. Essa complementaridade é reforçada, a nosso ver, pela insuficiência da explicação de Langoni para a abertura do leque salarial na década de 60.

6. Sumário

Este trabalho teve como objetivos apresentar de forma sucinta as diversas teorias sobre a distribuição de renda e rever em linhas gerais o debate sobre o tema levado a cabo no Brasil durante a década de 70.

No que diz respeito aos aspectos teóricos, dois pontos merecem ser enfatizados: em primeiro lugar, o contraste existente entre a abundância de teorias relativas à distribuição funcional da renda e a escassez relativa de modelos que expliquem a distribuição pessoal da renda. Enquanto no primeiro caso existe um amplo conjunto de alternativas à teoria neoclássica, no caso da distribuição pessoal a perspectiva de capital humano reina sozinha enquanto visão global, dado o caráter fragmentado das alternativas existentes.

O segundo ponto refere-se exatamente à aplicabilidade da teoria do capital humano em economias em desenvolvimento, nas quais as

---

[21] Ver Bacha e Taylor [1980] e Velloso [1988].
[22] Cf. Macedo [1981], 43.

chamadas imperfeições de mercado são a tônica. Parece-nos claro que a visão da desigualdade determinada pela diferenciação dos atributos produtivos dos indivíduos deve ser no mínimo complementada por modelos alternativos que procurem dar conta da distribuição da riqueza e do papel das imperfeições de mercado.

O debate no Brasil em torno do aumento da desigualdade na renda pessoal nos anos 60 colocou frente a frente aplicações destas visões: de um lado, a aplicação do modelo de capital humano apresentada por Langoni; de outro, a tentativa de Fishlow, Bacha e Taylor e outros de oferecer uma visão alternativa combinando aspectos da distribuição funcional da renda com elementos de modelos de segmentação do mercado de trabalho.

Na revisão desse debate, nossa intenção foi simplesmente destacar os principais elementos de cada uma das visões ali apresentadas, apontando as críticas mais importantes a elas formuladas e reavaliando-as à luz das evidências empíricas mais recentes. De maneira consistente com a argumentação desenvolvida na revisão teórica, procuramos ressaltar a complementaridade das diversas visões ali apresentadas.

TABELA 1
COMPARAÇÃO DA DISTRIBUIÇÃO DA RENDA 1960-1970

Percentil	Porcentagem da renda			Renda média (em Cr$ de 1970)		
	1960	1970	1960-70 (em %)	1960	1970	1960-70 (em %)
10 -	1,17	1,11	-5,13	25,00	32,00	+28,00
10	2,32	2,05	-11,64	48,00	58,00	+20,83
10	3,42	2,97	-13,16	71,00	84,00	+18,31
10	4,65	3,88	-16,55	96,00	110,00	+14,58
10	6,15	4,9	-20,32	127,00	139,00	+9,45
10	7,66	5,91	-22,75	158,00	168,00	+9,45
10	9,41	7,37	-21,68	195,00	210,00	+6,33
10	10,85	9,57	-11,8	225,00	272,00	+7,69
10	14,69	14,45	-1,64	305,00	411,00	+20,89
10+	39,66	47,79	20,5	815,00	1360,00	+66,87
5 +	27,69	34,86	+25,90	1131,00	1984,00	+75,42
1 +	12,11	14,57	+20,32	2389,00	4174,00	+73,59
Total	100,00	100,00	-	206,00	282,00	+36,89

Fonte: Langoni [1973], p. 64.

TABELA 2
MUDANÇA NAS PROPORÇÕES, NAS RENDAS RELATIVAS E NAS DESIGUALDADES DOS GRUPOS EDUCACIONAIS

Educação	Participação na PEA (em %) 1960	1970	1960-70 (em %)	Renda relativa 1960	1970	1960-70 (em %)	Variância dos logs 1960	1970	1960-70 (em %)
Analfabeto	39,05	29,75	-23,81	0,5415	0,3972	-26,65	0,4755	0,5304	+11,55
Primário	51,71	54,47	+5,34	1,0293	0,8511	-17,31	0,6262	0,7282	+16,29
Ginasial	5,16	8,03	+55,62	2,1468	1,7092	-20,37	0,6084	0,8525	+40,12
Colegial	2,67	5,24	+96,25	2,6145	2,4397	-6,69	0,5167	0,7406	+43,33
Superior	1,4	2,51	+79,28	5,4780	6,0496	+10,43	0,5916	0,8572	+44,90

Fonte: Langoni [1973], p. 86.

Bibliografia

Almeida Reis, J. G e Barros, R. P. [1989]. *Distribuição de educação e desigualdade salarial,* IPEA/INPES, TDI nº 178.
Anand, S. [1983]. *Inequality and poverty in Malaysia.*
Bacha, E. [1975]. "Hierarquia e remuneração gerencial", *in* Tolipan e Tinelli (orgs.), *A controvérsia sobre a distribuição de renda e desenvolvimento,* Zahar.
Bacha, E. e Taylor, L. [1980]. "Brazilian income distribution in the 1960s: 'facts', model results and the controversy", in Taylor *et alii* (orgs.), *Models of growth and distribution for Brazil.*
Belluzzo, L. G. [1975]. "Distribuição de renda: uma visão da controvérsia", *in* Tolipan e Tinelli, *op. cit.*
Blinder, A. [1974]. *Towards an economic theory of income distribution,* Cambridge, Massachusetts.
Bonelli, R. e Sedlacek, G. [1989]. "Distribuição de renda: evolução no último quarto de século", *in* Sedlacek e Barros (orgs.), *Mercado de trabalho e distribuição de renda: uma coletânea,* IPEA/INPES, Monografia 35.
Castello Branco, R. [1979]. *Crescimento acelerado e o mercado de trabalho: a experiência brasileira,* Rio de Janeiro, Editora da Fundação Getúlio Vargas.
Fishlow, A. [1972]. "Brasilian size distribution of income", *American Economic Review,* vol. 2, nº 62.
——————— [1973]. "Distribuição de renda no Brasil — um novo exame", *Dados,* nº 11.
Hoffmann, R. e Duarte, J. C. [1972]. "A distribuição de renda no Brasil", *Revista de Administração de Empresas,* 12.
Knight, F. e Sabot, [1983]. "Educacional expansion and the Kuznets effect", *American Economic Review,* vol. 73, nº 5.
Langoni, C. G. [1973a]. *Distribuição de renda e desenvolvimento econômico no Brasil,* Rio de Janeiro, Ed. Expressão e Cultura.
——————— [1973b]. "A distribuição da renda no Brasil: resumo da evidência", *Dados,* nº 11.
Leal, C. I. S. e Werlang, S. [1989]. *Retornos em educação no Brasil: 1976-86,* EPGE, Rio de Janeiro, mimeo.
Macedo, R. B. [1981]. "Salário mínimo e distribuição da renda no Brasil", *Estudos Econômicos,* vol. 11, nº 1.

Malan, P. e Wells, J. [1975]. "Distribuição de renda e desenvolvimento econômico do Brasil", in Tolipan e Tinelli, op. cit.

Pen, J. [1974]. *Income distribution*, Penguin Books.

Senna, J. J. [1976]. "Escolaridade, experiência no trabalho e salários no Brasil", *Revista Brasileira de Economia*, vol. 30, n° 2, abr.-jun.

Velloso, R. C. [1988]. *Salário mínimo e taxa de salários: o caso brasileiro*, Rio de Janeiro, UFRJ.

Wells, J. e Drobny. A. [1982]. "A distribuição de renda e o salário mínimo no Brasil: uma revisão crítica da literatura existente", *Pesquisa e Planejamento Econômico*, 12, n° 3.

2

A EVOLUÇÃO DA DISTRIBUIÇÃO DE RENDA ENTRE 1983 E 1988

Regis Bonelli*
Guilherme Luís Sedlacek*

1. Introdução

A evolução da distribuição de renda no Brasil tem sido objeto de debate intermitente ao longo das últimas duas décadas. A farta evidência empírica fornecida pelos dados dos Censos Demográficos de 1960, 1970 e 1980 permitiu que a discussão passasse dos aspectos de *mensuração* do fenômeno da concentração para a *interpretação* desse processo. Sem embargo, os avanços analíticos nessa segunda fase não têm resultado em respostas inteiramente conclusivas. Essa constatação, longe de representar o fracasso do esforço interpretativo, tem crescentemente estimulado a imaginação e sofisticação analítica dos grupos de pesquisadores atualmente engajados nessa área de estudo. O papel jogado por variáveis cruciais na determinação da renda — tais como a educação, variáveis relacionadas à família, mobilidade social, setor e região da atividade econômica, bem como outras variáveis demográficas — tem sido investigado em profundidade, particularmente nas análises voltadas para mudanças no longo prazo. Além dessas variáveis, outra linha de estudos tem procurado avaliar a influência da política econômica e flutuações de prazo mais curto sobre a distribuição da renda pessoal. A base empírica de ambos os tipos de pesquisa — mas especialmente do segundo — é fornecida pelas pesquisas domiciliares do IBGE: as PNADs e a PME. O acesso a tabulações especiais dessas

---

* Do INPES/IPEA.

pesquisas permite aprofundar a análise, pelo uso de dados individuais, e manter a abrangência dos resultados e conclusões. Trata-se, particularmente no caso das PNADs (anuais), de matéria-prima estatística de alto valor para estudos sobre a distribuição de renda ao longo do ciclo econômico. Aqui também, como no caso das mudanças seculares na distribuição de renda, é possível distinguir a mensuração do fenômeno e sua interpretação.

Nosso propósito neste artigo é precisamente o de medir as mudanças recentes na distribuição da renda pessoal no Brasil. Embora reconhecendo que alterações significativas e duradouras nessa distribuição só se verificam a longo prazo, tem-se também o objetivo secundário de relacionar as mudanças observadas ao desempenho da economia e à política econômica.

O período escolhido cobre os anos de 1983 a 1988, indo desde o ponto em que a atividade econômica esteve mais deprimida nos anos 80 até o último ano para o qual se dispõe de informações, após passar por uma relativamente longa fase ascendente de produção e emprego.

A seção seguinte deste artigo descreve brevemente a base de informações, metodologia para o deflacionamento dos dados e critérios para verificar os efeitos de incorreções no registro das informações originais da amostra. A seção 3 apresenta e analisa os resultados, ao passo que a seção 4 conclui o texto com alguns comentários.

2. Base de dados

Os dados de rendimento analisados cobrem os anos de 1983 a 1988, e foram obtidos das Pesquisas Nacionais por Amostra de Domicílios cuja coleta é feita no mês de setembro. Os índices e demais características da distribuição de rendimentos foram obtidos a partir das observações individuais. Prescindiu-se, portanto, dos ajustes estatísticos e aproximações que seriam necessários caso dispuséssemos apenas das informações por grandes intervalos de renda (como nos volumes impressos das PNADs).

As principais tabelas deste texto referem-se aos rendimentos, de todas as fontes, dos membros da População Economicamente Ativa com rendimento não-nulo. Em apêndice apresentam-se também resultados considerando-se apenas a remuneração do trabalho. Para efeito de comparação acrescentamos o índice de Gini para a distribuição incluin-

TABELA 1
TAMANHO DA AMOSTRA, 1983-1988

Ano	Trabalhadores ocupados		Ocupados com renda	
	Observações	Amostra expandida	Observações	Amostra expandida
1983	176 696	45 593 601	163 300	41 266 762
1984	180 061	47 251 647	165 647	42 703 040
1985	189 820	50 566 145	174 769	45 756 637
1986	104 394	52 090 178	97 582	48 081 210
1987	109 325	53 821 171	102 020	49 546 190
1988	108 899	54 884 384	101 758	50 710 908

Fonte: IBGE, tabulações dos autores.

do-se os membros da PEA sem rendimento em cada um dos anos. Essa comparação tem interesse devido à recente (e gradual) redução na proporção de indivíduos sem rendimento no total da PEA: de 12,9% em 1984 para 10,6% em 1988. Apesar do interesse que esse tema desperta, podendo refletir tanto alterações na PEA quanto a busca por ocupações remuneradas, optamos por não tratá-lo no âmbito do presente artigo.

Com a finalidade de fazer comparações de rendimentos médios reais ao longo do tempo, transformamos os dados originais em salários mínimos de um determinado ano — no caso, 1984. Isso se justifica porque, como é apresentado na Tabela 2, o valor real do salário mínimo alterou-se no tempo. A primeira coluna da tabela mostra o valor do salário mínimo em cruzados correntes no mês de setembro de cada ano, ao passo que a segunda apresenta o deflator selecionado (INPC, do IBGE). Portanto, os valores reais das tabelas estão referidos a setembro de 1984 — isto é, estão expressos em salários mínimos de setembro de 1984. A terceira coluna apresenta o índice construído para deflacionar os dados de cada ano, com base em setembro de 1984. A última coluna da Tabela 2 revela que, à exceção de 1986, o salário mínimo (em setembro de cada ano) seguiu de perto a evolução dos preços ao consumidor conforme aferida pelo INPC. A exceção de 1986, contudo, é notável ao mostrar que se alcançou cerca de 27% de ganho real do mínimo em relação a 1984 (e 17% em relação a 1985).[1] *En passant*, os

---

[1] Hoffmann (1989), trabalhando com um índice de preços ao consumidor do DIEESE, chega a resultados semelhantes porém um pouco menores.

dados para os anos extremos revelam uma pequena deterioração do mínimo real: cerca de 2%.

Finalmente, mas não menos importante, ao longo desta análise detectamos erros de codificação para a variável renda. Esses erros podem ser devidos ao fato de o digitador ter "entrado" um número errado de noves quando a variável assume o valor *missing*. Para 1986 e anos subseqüentes a variável renda deveria ser codificada em "999999999" (nove noves) quando *missing*. No entanto, números um pouco menores de noves são observados. Como esses valores representam rendas extremamente altas — e, em geral associados com indivíduos cujas características ocupacionais não correspondem à renda observada —, optamos por omitir os dados. Como conseqüência dessas observações adotamos os seguintes critérios de seleção:

— em 1985, excluímos três indivíduos com renda do trabalho igual a "99999999" (oito noves);

— em 1987, excluímos um indivíduo com renda do trabalho igual a "99999999" (oito noves);

— em 1988, excluímos um indivíduo com renda do trabalho igual a "99999999" (oito noves) e quatro indivíduos com renda do trabalho igual a "9999999" (sete noves).

Adicionalmente, sabe-se que em 1984 o número de dígitos disponíveis para codificar a variável renda (sete dígitos) não foi suficiente para os maiores salários potencialmente observáveis. Para o caso de rendas maiores do que "9999999" (sete noves) foi codificado o valor "9999998". Observamos 26 indivíduos na amostra não expandida neste caso. Conseqüentemente, a distribuição de renda para o ano de 1984 está truncada, e inferências a respeito desse ano devem ser feitas com cautela.

Devido a esses problemas com relação à coleta e/ou digitação da variável renda, e também devido a uma menor precisão com respeito às estimativas da cauda superior da distribuição de renda, computamos e analisamos a evolução da distribuição de renda no período 1983-1988 com base numa amostra alternativa que exclui a fração de 2/10 000 (0,0002) da cauda superior da distribuição de renda. Esses resultados estão denotados "TRUNCADOS" nas tabelas do restante do trabalho e representam um teste de robustez dos resultados empíricos previamente analisados.

TABELA 2

	Salário mínimo/ piso nacional de salário Setembro (Cr$)	INPC Deflator utilizado Setembro (março 1986 = 100)	Salário mínimo de set. 1984 monetariamente atualizado pelo INPC	Razão coluna (1) pela coluna (3)
1983	34,78	5,5821	33,33	1,043453
1984	97,18	16,2420	97,18	1,000000
1985	333,12	51,4230	307,66	1,082739
1986	804,00	105,7500	632,70	1,270738
1987	2400,00	406,2400	2430,54	0,987436
1988	18960,00	3093,6100	18509,09	1,024362

Fonte: IBGE.

3. Resultados

Os principais resultados para o total da PEA com rendimento estão nas Tabelas 3 e 4. A Tabela 3 apresenta o percentual da renda e a renda real segundo decis, para os 5% superiores e para o percentil superior, bem como os índices de Gini para os anos 1983-1988. A primeira observação de interesse a extrair da tabela refere-se ao índice de Gini, cuja média no período (0,5955) é ainda extremamente elevada para padrões internacionais, confirmando persistir uma forte concentração da renda no Brasil. Além disso, a tendência dos valores individuais em relação a essa média não é nítida: os desvios percentuais anuais são respectivamente de -0,63%, -1,42%, +0,58%, -1,20%, -0,16% e +2,84%. Em outras palavras, 1984 foi o ano em que foi menor a concentração[2] (menos ainda do que em 1986, ano do Plano Cruzado), e 1988 o ano em que foi maior. Em particular, a curva de Lorenz referente aos dados deste último ano envolve completamente a de 1983, mostrando inequivocamente que todos os grupos, exceto os mais ricos, pioraram de posição relativa entre 1983 e 1988: o percentual da renda apropriado por cada um dos nove primeiros decis diminui quando se comparam 1983 e 1988, sendo que para a soma deles a diferença chega a aproximadamente 2% da renda total (52,74% em 1983 para 50,48% em 1988).

[2] Notar, no entanto, que a distribuição está truncada no extremo superior, pelas razões descritas na seção anterior.

TABELA 3
DISTRIBUIÇÃO DO RENDIMENTO REAL MENSAL DA POPULAÇÃO ECONOMICAMENTE ATIVA COM RENDIMENTO[1] SEGUNDO AS CLASSES DE PERCENTUAIS

Cortes percentuais	1983 % do rendimento Da classe percentual	1983 % do rendimento Das classes acumuladas	1983 Rendimento real mensal[2] Da classe percentual	1983 Rendimento real mensal[2] Das classes acumuladas	1984 % do rendimento Da classe percentual	1984 % do rendimento Das classes acumuladas	1984 Rendimento real mensal[2] Da classe percentual	1984 Rendimento real mensal[2] Das classes acumuladas	1985 % do rendimento Da classe percentual	1985 % do rendimento Das classes acumuladas	1985 Rendimento real mensal[2] Da classe percentual	1985 Rendimento real mensal[2] Das classes acumuladas
10-	0,92	0,92	0,2850	0,2850	0,83	0,83	0,2530	0,2530	0,73	0,73	0,2580	0,2580
10	1,73	2,66	0,5360	0,4105	1,79	2,62	0,5450	0,3990	1,72	2,45	0,6070	0,4325
10	2,70	5,36	0,8340	0,5517	2,82	5,44	0,8580	0,5520	2,70	5,15	0,9510	0,6053
10	3,39	8,75	1,0480	0,6757	3,38	8,82	1,0290	0,6713	3,26	8,41	1,1500	0,7415
10	4,24	12,99	1,3100	0,8026	4,28	13,10	1,3020	0,7974	4,14	12,55	1,4600	0,8852
10	5,50	18,49	1,7010	0,9523	5,66	18,77	1,7230	0,9517	5,48	18,03	1,9330	1,0598
10	7,31	25,80	2,2580	1,1389	7,45	26,22	2,2680	1,1397	7,28	25,31	2,5690	1,2754
10	10,26	36,06	3,1700	1,3927	10,40	36,62	3,1640	1,3927	10,26	35,56	3,6180	1,5683
10+	16,41	52,47	5,0720	1,8016	16,28	52,90	4,9520	1,7882	16,35	51,92	5,7690	2,0350
5+	33,85		14,6860		33,43		14,4320		34,36		16,9620	
1+	13,55	100,00	20,9190	1,8016	12,82	100,00	20,3450		13,69	100,00	24,2440	
			41,8780	3,0900			38,9970	3,0426			48,2850	3,5277
Gini	0,5917				0,5870				0,5989			
Gini (inclusive indivíduos sem rendimento)	0,6305				0,6273				0,6371			

	1986			1987			1988	
10-	0,95	0,4645	0,4645	0,78	0,2956	0,2956	0,64	0,2274	0,2274
10	2,04	0,9969	0,7807	1,81	0,6845	0,4900	1,56	0,5517	0,3895
10	2,63	1,2840	0,9151	2,57	0,9721	0,6507	2,55	0,9099	0,5610
10	3,34	1,6849	1,0951	3,26	1,2299	0,7955	3,11	1,1026	0,6964
10	4,33	2,1145	1,2990	4,31	1,6281	0,9620	4,08	1,4473	0,8466
10	5,65	2,7608	1,5426	5,65	2,1352	1,1576	5,30	1,8802	1,0189
10	7,34	3,5893	1,8350	7,43	2,8066	1,3931	7,06	2,5031	1,2309
10	10,21	4,9924	2,2297	10,31	3,8945	1,7058	10,06	3,5667	1,5229
10	15,72	7,6854	2,8359	16,37	6,1867	2,2037	16,11	5,7107	1,9882
10+	47,80	23,3665	4,8889	47,51	17,9520	3,7785	49,52	17,5551	3,5449
5+	34,44	33,6762		34,06	25,7420		35,54	25,1967	
1+	14,39	70,3355		13,99	52,8750		13,90	49,2661	
Gini		0,5883			0,5945			0,6124	
Gini (inclusive indivíduos sem rendimento)		0,6200			0,6237			0,6453	

[1] Rendimento de todas as fontes.
[2] Em salários mínimos de setembro de 1984.

A evolução da concentração quando se incluem na distribuição da PEA os indivíduos sem rendimentos segue a mesma direção. Os índices anuais oscilam em torno da média de 0,6303 sem nenhuma tendência nítida de aumento ou redução. Sem embargo, o índice em 1988 é maior do que o de 1983. O aumento relativo nesse índice ao longo do período é menor do que no caso da PEA com rendimento devido ao fenômeno, já apontado, de perda de importância dos "sem rendimento" no total da PEA no período sob consideração. Isso reflete a redução do desemprego no período, bem como os efeitos da migração rural-urbana e conseqüente monetização de renda auferida.

A análise da evolução do rendimento real revela outro conjunto interessante de resultados. Inicialmente, observa-se que o rendimento médio da PEA aumentou 14,72% entre 1983 e 1988 (2,78% ao ano), mas com amplas flutuações na comparação entre anos consecutivos. Assim é que, partindo dos níveis extremamente deprimidos de 1983, a renda média diminui ainda mais em 1984 (em cerca de 1,5%) fenômeno esse que caracteriza seja decis inferiores, seja decis superiores da distribuição de renda (há ganhos apenas no 2º, 3º, 6º e 7º decis): até mesmo o percentil superior, que raramente experimenta perdas de renda, teve sua renda média reduzida em cerca de 7%. A recuperação da renda em 1985 foi notável: 15,94%. Todos os estratos experimentaram aumento do rendimento médio, especialmente os superiores — o percentil superior teve aumento de aproximadamente 24%.

A Tabela 4 ilustra o processo de concentração entre 1983 e 1988 ao agrupar os percentuais em três grandes grupos: 30% inferiores (cuja renda média é, exceto em 1986, da ordem de 0,5 a 0,6 do salário mínimo), 40% seguintes (idem, 1,6 a 1,9) e 30% superiores (idem, 7,5 a 9,0 salários mínimos). Com efeito, à medida que se passa das classes mais pobres para as mais ricas têm-se ganhos de renda real que vão de 10% a 15%.

O ano de 1986 caracterizou-se, como é bem sabido, por substanciais ganhos de renda real para todos os segmentos da PEA. Os ganhos para os mais pobres, no entanto, foram um pouco maiores do que os dos mais ricos. Assim é que os 30% mais pobres tiveram aumento de 51%, os 40% seguintes de 42%, e os 30% superiores de 37% (note-se, por outro lado, que para o percentil superior o aumento real chegou a 46%!). O coeficiente de Gini, por sua vez, diminuiu, apenas 1,1 pontos de percentagem (59,9% para 58,8%).

Quase todo o ganho obtido em 1986 seria anulado no ano seguinte: o rendimento médio mensal para a totalidade da PEA caiu

TABELA 4
DISTRIBUIÇÃO DO RENDIMENTO REAL MENSAL DA POPULAÇÃO ECONOMICAMENTE ATIVA COM RENDIMENTO SEGUNDO AS CLASSES DE PERCENTUAIS

(em salários mínimos)

Cortes percentuais	Rendimentos médios							Mudanças percentuais nos rendimentos médios (%)			
	1983	1984	1985	1986	1987	1988	1985/83	1987/85	1988/87	1988/85	1988/83
30% inferiores	0,552	0,552	0,605	0,915	0,651	0,561	9,73	7,50	-13,79	-7,32	1,69
40% seguintes	1,579	1,581	1,778	2,525	1,950	1,733	12,59	9,67	-11,11	-2,51	9,75
30% superiores	7,643	7,483	8,783	12,015	9,344	8,944	14,92	6,39	-4,28	1,83	17,03
Total	3,090	3,043	3,528	4,889	3,779	3,545	14,17	7,11	-6,18	0,49	14,72
5% superiores	20,919	20,345	24,244	33,676	25,742	25,197	15,89	6,18	-2,12	3,93	20,45
1% superiores	41,878	38,997	48,285	70,335	52,875	49,266	15,30	9,51	-6,83	2,03	17,64
Gini	0,592	0,587	0,599	0,588	0,595	0,612					

cerca de 23% em termos reais,[3] queda essa que foi relativamente maior para os mais pobres. Os 30% inferiores da distribuição tiveram uma perda de 29%, os 40% seguintes de 23% e os 30% superiores experimentavam redução de 22%. Como conseqüência, os índices de Gini retornaram praticamente aos mesmos níveis de 1985.

A comparação de 1987 com 1983 é interessante. Embora os índices de concentração (excluindo e incluindo os membros da PEA sem rendimento) sejam muito semelhantes, os rendimentos médios aumentaram cerca de 22% no período como um todo. Para os 30% mais pobres o ganho foi de 18%. Para os 40% seguintes o ganho chegou a quase 24%. Para os 30% superiores o aumento foi de 22%, sendo que para o percentil superior chegou-se a 26%.

O ano de 1988, por sua vez, registra o pior desempenho dentre os analisados: o Gini aumenta quase dois pontos de percentagem em relação ao ano anterior, atingindo o pico histórico de 61,2%; a renda real caiu em todos os percentis — fruto da forte aceleração inflacionária — mas especialmente nos inferiores. Como resultado, o rendimento médio dos 30% inferiores da distribuição de rendimentos era em 1988 da mesma ordem de grandeza do de 1983.

A robustez desses resultados é confirmada pela Tabela 5, que apresenta informações referentes à distribuição "truncada" pelo critério descrito na seção anterior. Os índices de Gini diminuem ligeiramente, como seria de se esperar, bem como os rendimentos dos percentis superiores. A média dos índices da PEA com rendimento, que era de 0,5955, cai para 0,5914. Como no caso da distribuição original, não se observa nenhuma tendência clara de elevação ou redução, embora, comparando-se os anos extremos, observe-se aumento de 2,12 pontos de percentagem.

As tabelas do Apêndice, finalmente, apresentam a distribuição de rendimentos *do trabalho* tanto para o total da PEA (Tabela A.1) quanto em relação à distribuição truncada (Tabela A.2) para os anos de 1983 a 1987. Os resultados confirmam aqueles apresentados acima, permitindo também concluir que a PNAD capta essencialmente a renda do trabalho. A evolução da distribuição de renda, portanto, relaciona-se direta e intimamente às condições do mercado de trabalho. A pouca importância, tanto absoluta quanto relativa, dos rendimentos da propriedade limita o alcance e abrangência da análise no que diz respeito a conclusões definitivas em relação ao que efetivamente vem ocorrendo

---

[3] É oportuno lembrar que os dados referem-se a um único mês do ano.

com a distribuição de renda no Brasil. No entanto, a melhor evidência parcial é a que foi apresentada neste artigo.

4. Conclusão

Quando analisadas a partir das informações censitárias sobre os rendimentos da População Economicamente Ativa (PEA), as décadas de 60 e 70 caracterizaram-se por uma contínua deterioração na distribuição de renda. O índice de concentração de Gini para os indivíduos com rendimento passa de 0,497 em 1960 para 0,565 em 1970 e para 0,590 em 1980.

A evidência mais completa das modificações observadas na distribuição de rendimentos no final da década de 70 e início da de 80 é dada pela comparação dos resultados das PNADs de 1976, 1979 e 1981: o índice de Gini diminui de 0,589 em 1976 para 0,574 em 1979 e, finalmente, 0,562 em 1981. Essa tendência de queda do índice de Gini parecia marcar uma descontinuidade no processo de piora nos índices de concentração previamente observados. Porém, como vimos aqui, a evidência dos anos 80 não nos permite chegar a uma conclusão tão claramente otimista.

O índice de Gini apresenta, no início da década de 80, uma tendência levemente crescente, indicando um aumento no grau de desigualdade na recessão (de 0,562 em 1981 para 0,582 em 1983).[4] Assim, em um primeiro momento, até 1981, o impacto do processo recessivo teria sido o de reduzir os níveis de concentração de renda. Não deixa de ser surpreendente constatar que, com o aprofundamento da recessão, embora com efeitos amenizados pela política salarial de 1983, piorou a concentração de renda. Considerando-se o período entre 1979 e 1983 a renda média real dos 30% inferiores da PEA caiu 16,3%, a dos 40% seguintes caiu 13,8%, enquanto que a dos 30% superiores caiu 10,9%. Esse processo de perda absoluta e relativa de renda pelas classes médias e baixas resultou no observado aumento dos índices de concentração (de 0,574 em 1979 para 0,582 em 1983).

---

[4] Estes dados, obtidos de Bonelli e Sedlacek (1989) diferem dos da Tabela 3 por estarem calculados a partir da distribuição decílica. O uso de dados individuais eleva ligeiramente o coeficiente de Gini.

TABELA 5
DISTRIBUIÇÃO DO RENDIMENTO REAL MENSAL DA POPULAÇÃO ECONOMICAMENTE ATIVA COM RENDIMENTO¹ SEGUNDO AS CLASSES DE PERCENTUAIS TRUNCADA

Cortes percentuais	1983 % do rendimento Da classe percentual	1983 % do rendimento Das classes acumuladas	1983 Rendimento real mensal² Da classe percentual	1983 Rendimento real mensal² Das classes acumuladas	1984 % do rendimento Da classe percentual	1984 % do rendimento Das classes acumuladas	1984 Rendimento real mensal² Da classe percentual	1984 Rendimento real mensal² Das classes acumuladas	1985 % do rendimento Da classe percentual	1985 % do rendimento Das classes acumuladas	1985 Rendimento real mensal² Da classe percentual	1985 Rendimento real mensal² Das classes acumuladas
10-	0,93	0,93	0,2852	0,2852	0,84	0,84	0,2599	0,2599	0,74	0,74	0,2580	0,2580
10	1,75	2,69	0,5360	0,4106	1,80	2,64	0,5454	0,3997	1,74	2,48	0,6070	0,4325
10	2,73	5,42	0,8348	0,5520	2,84	5,48	0,8582	0,5525	2,72	5,20	0,9510	0,6053
10	3,43	8,85	1,0486	0,6762	3,40	8,88	1,0298	0,6718	3,29	8,48	1,1490	0,7412
10	4,28	13,13	1,3097	0,8029	4,31	13,19	1,3023	0,7979	4,18	12,66	1,4600	0,8850
10	5,56	18,69	1,7006	0,9525	5,70	18,89	1,7234	0,9522	5,53	18,19	1,9920	1,0595
10	7,38	26,08	2,2574	1,1989	7,50	26,38	2,2681	1,1402	7,35	25,54	2,5690	1,2751
10	10,37	36,44	3,1689	1,9927	10,46	36,84	3,1629	1,3930	10,35	35,89	3,6160	1,5677
10	16,58	53,02	5,0679	1,8010	16,36	53,20	4,9480	1,7880	16,49	52,38	5,7640	2,0340
10+	46,98	100,00	14,3612	3,0570	46,81	100,00	14,1586	3,0251	47,62	100,00	16,6410	3,4947
5+	33,18		20,2837		33,08		20,0132		33,79		23,6180	
1+	12,75		38,9799		12,44		37,6240		13,01		45,4710	
Gini		0,5876				0,5853				0,5954		
Gini (inclusive indivíduos sem rendimento)		0,6264				0,6250				0,6386		

58

	1986				1987				1988	
10-	0,97	0,97	0,4645	0,4645	0,79	0,79	0,2957	0,2957	0,65	0,65	0,2270	0,2270
10	2,07	3,04	0,9967	0,7306	1,83	2,63	0,6844	0,4900	1,57	2,22	0,5520	0,3895
10	2,67	5,71	1,2839	0,9150	2,60	5,23	0,9720	0,6507	2,58	4,80	0,9040	0,5610
10	3,40	9,11	1,6343	1,0949	3,29	8,52	1,2296	0,7954	3,14	7,93	1,1020	0,6963
10	4,40	13,51	2,1142	1,2987	4,36	12,89	1,6278	0,9619	4,12	12,06	1,4470	0,8464
10	5,74	19,26	2,7604	1,5423	5,72	18,60	2,1345	1,1573	4,12	17,41	1,8800	1,0187
10	7,46	26,72	3,5874	1,8345	7,52	26,12	2,8054	1,3928	5,36	24,54	2,5020	1,2206
10	10,38	37,10	4,9894	2,2288	10,43	36,55	3,8918	1,7051	7,13	34,70	3,5640	1,5223
10	15,98	53,08	7,6789	2,8344	16,56	53,11	6,1805	2,2024	10,15	50,95	5,7040	1,9869
10+	46,92	100,00	22,5501	4,8060	46,89	100,00	17,5037	3,7325	16,25	100,00	17,2170	3,5099
5+	33,36		32,0679		33,31		24,8629		49,05		24,5420	
1+	13,06		62,7532		13,09		48,8498		34,96		46,3470	
									13,20			
Gini		0,5815				0,5898				0,6088		
Gini (inclusive indivíduos sem rendimento)		0,6135				0,6220				0,6399		

[1] Rendimento de todas as fontes.
[2] Em salários mínimos de setembro de 1984.

TABELA A.1
DISTRIBUIÇÃO DO RENDIMENTO (DO TRABALHO DE TODOS OS EMPREGOS) REAL MENSAL DA POPULAÇÃO ECONOMICAMENTE ATIVA COM RENDIMENTO SEGUNDO AS CLASSES DE PERCENTUAIS

Cortes percentuais	1983 % do rendimento Da classe percentual	1983 % do rendimento Das classes acumuladas	1983 Rendimento real mensal[1] Da classe percentual	1983 Rendimento real mensal[1] Das classes acumuladas	1984 % do rendimento Da classe percentual	1984 % do rendimento Das classes acumuladas	1984 Rendimento real mensal[1] Da classe percentual	1984 Rendimento real mensal[1] Das classes acumuladas
10-	0,95	0,95	0,2766	0,2766	0,86	0,86	0,2472	0,2472
10	1,78	2,73	0,5206	0,9986	1,81	2,66	0,5225	0,3848
10	2,75	5,48	0,8047	1,5540	2,83	5,49	0,8177	0,5291
10	3,49	8,97	1,0197	1,6554	3,49	8,98	1,0091	0,6491
10	4,30	13,27	1,2570	1,7757	4,25	13,23	1,2285	0,7650
10	5,64	18,91	1,6476	1,9210	5,70	18,93	1,6468	0,9120
10	7,44	26,35	2,1728	1,0998	7,53	26,47	2,1773	1,0927
10	10,41	36,76	3,0415	1,3426	10,46	36,92	3,0226	1,3340
10	16,59	53,35	4,8463	1,7319	16,32	53,25	4,7177	1,7099
10+	46,65	100,00	13,6307	2,9217	46,75	100,00	13,5122	2,8902
5+	33,05		19,3148		33,15		19,1648	
1+	13,09		38,2553		12,84		37,1186	
Gini		0,5848				0,5847		
Gini (inclusive indivíduos sem rendimento)		0,6257				0,6259		

Cortes percentuais	1985 % do rendimento Da classe percentual	1985 % do rendimento Das classes acumuladas	1985 Rendimento real mensal¹ Da classe percentual	1985 Rendimento real mensal¹ Das classes acumuladas	1986 % do rendimento Da classe percentual	1986 % do rendimento Das classes acumuladas	1986 Rendimento real mensal¹ Da classe percentual	1986 Rendimento real mensal¹ Das classes acumuladas	1987 % do rendimento Da classe percentual	1987 % do rendimento Das classes acumuladas	1987 Rendimento real mensal¹ Da classe percentual	1987 Rendimento real mensal¹ Das classes acumuladas
10-	0,75	0,75	0,2500	0,2500	0,95	0,95	0,4420	0,4420	0,78	0,78	0,2782	0,2782
10	1,72	2,47	0,5760	0,4130	2,05	3,00	0,9525	0,6973	1,83	2,61	0,6586	0,4659
10	2,73	5,20	0,9150	0,5803	2,73	5,73	1,2687	0,8877	2,63	5,25	0,9379	0,6232
10	3,30	8,50	1,1050	0,7115	3,32	9,05	1,5412	1,0511	3,30	8,55	1,1765	0,7616
10	4,18	12,68	1,3990	0,8490	4,40	13,45	2,0424	1,2494	4,36	12,91	1,5596	0,9200
10	5,51	18,19	1,8440	1,0148	5,71	19,16	2,6534	1,4834	5,74	18,65	2,0458	1,1076
10	7,36	25,54	2,4640	1,2219	7,46	26,62	3,4671	1,7668	7,58	26,23	2,7001	1,3351
10	10,34	35,88	3,4620	1,5019	10,30	36,93	4,7844	2,1440	10,51	36,74	3,7447	1,6363
10	16,49	52,37	5,5210	1,9484	15,91	52,84	7,3924	2,7271	16,50	53,23	5,8779	2,1076
10+	47,63	100,00	15,9470	3,3483	47,16	100,00	21,9055	4,6450	46,77	100,00	16,6647	3,5633
5+	33,90		22,7010		33,74		31,3482		33,19		23,6566	
1+	13,30		44,5380		13,87		64,4058		13,36		47,6168	
Gini	0,5955				0,5887				0,5888			
Gini (inclusive indivíduos sem rendimentos)	0,6353				0,6165				0,6226			

¹ Em salários mínimos de setembro de 1984.

TABELA A.2
DISTRIBUIÇÃO DO RENDIMENTO (DO TRABALHO DE TODOS OS EMPREGOS) REAL MENSAL DA POPULAÇÃO ECONOMICAMENTE ATIVA COM RENDIMENTO SEGUNDO AS CLASSES DE PERCENTUAIS TRUNCADA

Cortes percentuais	1983 % do rendimento Da classe percentual	1983 % do rendimento Das classes acumuladas	1983 Rendimento real mensal[1] Da classe percentual	1983 Rendimento real mensal[1] Das classes acumuladas	1984 % do rendimento Da classe percentual	1984 % do rendimento Das classes acumuladas	1984 Rendimento real mensal[1] Da classe percentual	1984 Rendimento real mensal[1] Das classes acumuladas
10-	0,96	0,96	0,2766	0,2766	0,86	0,86	0,2472	0,2472
10	1,80	2,76	0,5205	0,3985	1,82	2,68	0,5225	0,3848
10	2,79	5,55	0,8045	0,5339	2,85	5,53	0,8175	0,5291
10	3,53	9,08	1,0196	0,6553	3,51	9,04	1,0090	0,6490
10	4,35	13,43	1,2567	0,7756	4,28	13,32	1,2282	0,7649
10	5,70	19,13	1,6472	0,9209	5,73	19,06	1,6463	0,9118
10	7,52	26,65	2,1719	1,0996	7,58	26,64	2,1764	1,0924
10	10,53	37,18	3,0398	1,3421	10,52	37,16	3,0210	1,3335
10	16,77	53,95	4,8419	1,7310	16,42	53,58	4,7135	1,7091
10+	46,06	100,00	13,3004	2,8879	46,42	100,00	13,3278	2,8709
5+	32,32		18,6698		32,76		18,8113	
1+	12,23		35,3088		12,40		35,6134	
Gini	0,5802				0,5821			
Gini (inclusive indivíduos sem rendimento)	0,6212				0,6434			

Cortes percentuais	1985 % do rendimento Da classe percentual	1985 % do rendimento Das classes acumuladas	1985 Rendimento real mensal¹ Da classe percentual	1985 Rendimento real mensal¹ Das classes acumuladas	1986 % do rendimento Da classe percentual	1986 % do rendimento Das classes acumuladas	1986 Rendimento real mensal¹ Da classe percentual	1986 Rendimento real mensal¹ Das classes acumuladas	1987 % do rendimento Da classe percentual	1987 % do rendimento Das classes acumuladas	1987 Rendimento real mensal¹ Da classe percentual	1987 Rendimento real mensal¹ Das classes acumuladas
10-	0,75	0,75	0,2490	0,2490	0,97	0,97	0,4420	0,4420	0,79	0,79	0,2781	0,2781
10	1,74	2,49	0,5760	0,4125	2,08	3,04	0,9523	0,6972	1,86	2,65	0,6535	0,4658
10	2,76	5,25	0,9150	0,5800	2,77	5,81	1,2685	0,8876	2,66	5,31	0,9379	0,6232
10	3,33	8,58	1,1050	0,7112	3,36	9,18	1,5408	1,0509	3,34	8,65	1,1763	0,7614
10	4,22	12,80	1,3990	0,8488	4,46	13,64	2,0420	1,2491	4,41	13,07	1,5531	0,9198
10	5,56	18,35	1,8430	1,0145	5,79	19,43	2,6529	1,4831	5,81	18,88	2,0452	1,1074
10	7,43	25,78	2,4630	1,2214	7,57	27,00	3,4655	1,7663	7,67	26,54	2,6987	1,3347
10	10,43	36,21	3,4590	1,5011	10,44	37,44	4,7826	2,1433	10,64	37,18	3,7437	1,6358
10	16,63	52,84	5,5170	1,9473	16,13	53,57	7,3849	2,7257	16,68	53,85	5,8701	2,1063
10+	47,16	100,00	15,6430	3,3169	46,44	100,00	21,2654	4,5797	46,15	100,00	16,2433	3,5200
5+	33,33		22,1080		32,85		30,0870		32,43		22,8290	
1+	12,63		41,8780		12,79		58,5828		12,45		43,8299	
Gini	0,5919				0,5780				0,5839			
Gini (inclusive indivíduos sem rendimentos)	0,6318				0,6110				0,6180			

¹ Em salários mínimos de setembro de 1984.

A análise do período pós-1983 foi feita a partir dos dados das PNADs, de 1983, 1984, 1985, 1986, 1987 e 1988. Analisando-se a distribuição pessoal de renda dos indivíduos com rendimento positivo observa-se que os índices de concentração, cuja tendência era crescente no início da década, mantêm essa tendência no período de análise, considerados os anos extremos. O índice de Gini passa de 0,592 em 1983, para 0,587 em 1984, para 0,599 em 1985, para 0,588 em 1986, para 0,595 em 1987 e, finalmente, para 0,612 em 1988 (ver Tabela 3).

A mudança importante observada entre 1985 e 1986 indica uma redução no nível de desigualdade associada ao modesto redistributivismo do período do Plano Cruzado. A evidência indica a não persistência desses resultados no período pós-Cruzado. A comparação dos resultados de 1985 com os de 1987, e destes com os de 1988, mostra que os ganhos obtidos em 1986 foram perdidos.

Nota-se um comportamento similar, porém menos acentuado, quando incluímos os indivíduos sem rendimento na análise. O Gini evolui de 0,6305 em 1983, para 0,6273 em 1984, para 0,6371 em 1985, para 0,6200 em 1986, para 0,6237 em 1987 e para 0,6433 em 1988. Neste caso, o índice de Gini de 1987 cresce ligeiramente em relação a 1986 — porém ainda se mantém abaixo do de 1985. O índice de 1988 mostra um novo agravamento na distribuição de renda.

As evidências apresentadas indicam portanto que, passado o período recessivo, os índices de Gini aumentaram em alguns anos da retomada do crescimento econômico, tendo retornado aos níveis prevalecentes dez anos antes: o índice de 1987 é praticamente igual de 1976. Conclui-se também que o impacto do Plano Cruzado, um retorno aos níveis de desigualdade de 1979, foi transitório. Finalmente, observamos que um aspecto da crise econômica e reaceleração inflacionária de 1988 foi um agravamento da desigualdade de renda no país para índices nunca antes alcançados.

É possível portanto especular no sentido de que notamos neste texto, novamente, evidências de ruptura na relação histórica entre crescimento econômico e concentração de renda no Brasil. Assim é que no primeiro período (entre 1983 e 1985) caracterizado por recuperação do crescimento econômico e condições favoráveis no mercado de trabalho, observa-se crescimento da renda média de todos os grupos, porém com crescimento mais acelerado para os mais ricos. Isso está de acordo com a evidência histórica de crescimento econômico e concentração de renda negativamente correlacionados no modelo brasileiro de desenvolvimento, a exemplo do que ocorreu nas décadas de 60 e 70, quando observadas de seus extremos. Uma importante qualificação em relação aos anos 70, no entanto, é a de que até 1976 aumentou a concentração da renda pessoal e, daí até 1979, diminuiu a concentração. No segundo subperíodo dos anos 80 (1985 a 1988), porém, observamos que a renda média de todos os trabalhadores permaneceu quase que estável (cresceu somente 0,49%) tendo, no entanto, os grupos mais pobres sofrido uma redução real tanto maior quanto mais pobre foi o grupo. As dificuldades econômicas e a aceleração inflacionária deste período (à exceção de 1986) tiveram como uma de suas características principais o fato de os mais ricos terem conseguido se proteger de forma mais adequada.

Post-scriptum

Nosso artigo já estava pronto, em fase de impressão, quando vieram a público os resultados da PNAD referentes a 1989. Apesar do pouco tempo disponível para análises mais aprofundadas, optamos por apresentar um complemento ao artigo com a finalidade principal de colocar algumas tabulações referentes à distribuição de renda à disposição do leitor interessado. Adicionalmente, e dada a natureza e importância dos resultados, apresentaremos um par de comentários em complemento à análise do texto.

À primeira vista, o que mais chama atenção na tabela a seguir é a forte elevação no coeficiente de Gini em 1989. Após alcançar 0,612 em 1988, esse índice chega a inéditos 0,635 em 1989, computados na estimativa os indivíduos na PEA com rendimento não-nulo. O aumento relativo e absoluto no Gini em 1989 é, inclusive, superior ao de 1988 em relação a 1987.

Uma segunda conclusão surpreendente é que todos os decis, à exceção do superior, perderam participação na renda total, sendo que os dois inferiores praticamente mantiveram sua parcela relativa no todo. Um exame mais detalhado, no entanto, revela que apenas o percentil superior beneficiou-se. De fato o ganho de renda do decil superior foi de 2,71% da renda total, mas o do 1% superior chegou a + 2,91%. Em outras palavras, os 9% seguintes ao percentil superior da distribuição de renda mal conseguiram manter participação no total, de 35,6% em 1988 para 35,4% em 1989.

Uma conclusão a extrair desses comentários é a de que, como apontado ao final do texto do artigo, apesar das dificuldades econômicas e aceleração inflacionária do final dos anos 80, os estratos mais ricos da pirâmide distributiva conseguiram se proteger melhor do que os demais.

Embora essencialmente correta, essa conclusão não leva em devida conta um interessantíssimo aspecto da comparação dos resultados de 1988 e 1989: o fato de que a renda média real auferida em salários mínimos de 1984 (corrigidos pelo INPC do IBGE) aumentou cerca de 25%! Este ganho só é inferior ao de 1986, quando atingiu-se quase 39%. Como seria de se esperar — dado o aumento no coeficiente de Gini em 1989 — os ganhos de renda real não foram uniformes para toda a distribuição. Eles passam de taxas da ordem de 27% nos dois decis inferiores para cerca de 10% no quarto decil. A partir daí os ganhos médios reais aumentam monotonicamente à medida que passamos para os decis superiores, chegando a 32% para o mais elevado. No percentil superior o crescimento do rendimento médio real alcançou 51% em um único ano, ganho este superior ao do ano do Plano Cruzado.

Sem pretender entrar em uma análise mais profunda, é possível especular quanto ao efeito da aceleração inflacionária observada no segundo semestre de 1989 sobre esses resultados (comparativamente à do final de 1988). Como a inflação em setembro de 1989 foi maior do que a de setembro de 1988, essa aceleração teria, tudo o mais constante, o efeito de *diminuir* a renda real entre os dois anos — e não o de aumentar.

Segue-se que forças econômicas mais poderosas estiveram em ação para justificar os resultados alcançados. Obviamente, uma vez que o INPC é centrado no meio do mês, ao passo que uma boa parte dos rendimentos é auferida no final ou começo do mês seguinte, torna-se difícil fazer comparações de bem-estar a partir dos resultados apresentados. Sem embargo, o mínimo que se pode dizer é que a *concentração* da renda alcançou ao fim dos anos 80 níveis sem precedentes no Brasil, conclusão a que se chega a partir do exame de bases de dados estritamente comparáveis.

DISTRIBUIÇÃO DO RENDIMENTO REAL MENSAL DA PEA COM RENDIMENTO[1]
SEGUNDO DECIS E CLASSES PERCENTUAIS SELECIONADAS - 1989

Classes percentuais	% renda Da classe	Acumulada	Renda real[2] Da classe	Acumulada	% Variação renda Real 1988-1889
10 -	0,650	0,650	0,288	0,288	26,9
10	1,577	2,227	0,699	0,493	26,6
10	2,283	4,509	1,012	0,666	12,0
10	2,743	7,253	1,216	0,804	10,2
10	3,691	10,943	1,636	0,970	13,1
10	4,916	15,859	2,179	1,172	15,9
10	6,616	22,475	2,933	1,423	17,2
10	9,504	31,979	4,213	1,772	18,1
10	15,787	47,766	6,998	2,353	22,5
10 +	52,234	100,000	23,155	4,433	31,9
5 +	38,450		34,089		35,3
1 +	16,810		74,516		51,3

Fonte: PNAD 1989 (tabulações dos autores).
[1] Rendimento de todas as fontes.
[2] Em salários mínimos de setembro de 1984.

Bibliografia

Bonelli, R. e Sedlacek, G. L. (1989). "Distribuição de renda: evolução no último quarto de século", *in* Sedlacek, G. L. e Paes de Barros, R. (orgs.), *Mercado de trabalho e distribuição de renda: uma coletânea*, IPEA/INPES, Monografia 35.

Hoffmann, R. (1989). "Evolução da distribuição da renda no Brasil, entre pessoas e entre famílias, 1970/86", *in* Sedlacek e Paes de Barros (orgs.), *op. cit.*

3
DESIGUALDADE SALARIAL: RESULTADOS DE PESQUISAS RECENTES

José Guilherme Almeida Reis
Ricardo Paes de Barros

1. Introdução

Um dos traços marcantes apresentados pela economia brasileira é o elevado grau de desigualdade na repartição da renda. O índice de Gini para a população economicamente ativa com rendimento tem permanecido em níveis pouco inferiores a 0,60 desde 1970. Evidências recentes provenientes das PNADs mostram que ao longo da década de 80 essa desigualdade não se reduziu.[1]

A concentração de renda no Brasil tem sido medida através das pesquisas domiciliares do IBGE. Essas estimativas podem subestimar a verdadeira concentração, tendo em vista a subdeclaração de rendas provenientes de outras fontes que não o trabalho, as quais se supõe serem mais concentradas. Do total da renda declarada tanto nos Censos Demográficos como nas PNADs, algo entre 85 e 90% provém do trabalho, incluindo-se aí os salários, o rendimento dos trabalhadores por conta própria e o *pro labore* dos empregadores. Esses números mostram que os índices de Gini acima referidos são determinados, em larga medida, pela desigualdade prevalecente no interior do conjunto formado pelas rendas do trabalho. A renda do trabalho, por sua vez, pode ser obtida a partir do rendimento médio por hora trabalhada, doravante intitulado salário, e pela extensão da jornada de trabalho.

---

[1] Para uma descrição da evolução da distribuição pessoal de renda no Brasil desde 1960, ver Bonelli e Sedlacek (1988) em Barros e Sedlacek (1988).

69

No Brasil, a desigualdade salarial é mais elevada do que a desigualdade dos rendimentos do trabalho, uma vez que a extensão da jornada de trabalho tende a ser maior entre os trabalhadores com menores salários. Por exemplo, o índice de Gini calculado com base apenas nos salários oscilou, na década de 80, entre 0,52 e 0,55, considerando-se a média das regiões metropolitanas brasileiras.[2]

Resulta dessa evidência que a análise da desigualdade de renda no Brasil não pode prescindir de um exame profundo acerca do elevado grau de diferenciação de salários existente. Consoante com esta premissa, parte substancial do esforço de pesquisa na área, tem se voltado para a análise da desigualdade de salários, buscando identificar os elementos que explicam essa desigualdade. A seguir, identificamos os elementos da desigualdade salarial e sumarizamos a evidência empírica a esse respeito.

2. As duas fontes de desigualdade salarial

Em uma visão estilizada do comportamento do mercado de trabalho podemos considerar que: 1. os trabalhadores possuem dotações de um conjunto de atributos, uns considerados "produtivos", outros não, enquanto que: 2. as firmas remuneram os trabalhadores na razão direta em que valoram tais atributos. Se todos os trabalhadores possuíssem dotações idênticas e se todas as firmas os valorassem igualmente, então não haveria desigualdade salarial. Para que esta exista, é necessário que ou os trabalhadores sejam distintos, ou as firmas valorem de forma distinta os atributos, ou ambos.

Na próxima seção analisamos a natureza e a evidência a respeito das diferenças salariais decorrentes da heterogeneidade dos trabalhadores quanto à dotação de atributos produtivos. Na seção subseqüente procuramos avaliar a importância de diferenças de salários entre trabalhadores identicamente produtivos, introduzindo uma distinção entre diferenciais devidos à discriminação — decorrente da valorização de atributos não produtivos —, e à segmentação — fruto do fato de as firmas valorizarem de forma diferenciada determinados atributos.

[2] Ver Almeida Reis e Barros (1989).

3. Heterogeneidade dos trabalhadores

A relação entre heterogeneidade dos trabalhadores quanto à dotação de atributos produtivos e desigualdade salarial envolve quatro questões, a saber: em primeiro lugar, em que extensão a elevada desigualdade salarial existente no Brasil é reflexo dessa heterogeneidade da força de trabalho, *vis-à-vis* da heterogeneidade das firmas ou da discriminação; segundo, que atributos produtivos são os principais determinantes da desigualdade salarial; terceiro, em que medida a contribuição de um atributo para a desigualdade decorre de sua má distribuição na população ou do fato de pequenas diferenças no atributo estarem sendo altamente valorizadas pelas firmas. Por fim, resta saber, para efeitos de políticas redistributivas, até que ponto a valorização dada a esses atributos é sensível a alterações na distribuição dos atributos.

Embora diversos atributos possam, em princípio, ser responsáveis pela heterogeneidade dos trabalhadores, a atenção da literatura tem se concentrado sobre apenas dois deles: a educação e a experiência no mercado de trabalho. A literatura brasileira sobre o tema é rica em qualidade e quantidade.[3] Dois fatores parecem explicar a concentração de estudos nesses dois atributos: 1. a disponibilidade de dados individuais com informações sobre salários ou rendimentos do trabalho, educação e idade; 2. a "moda" da teoria do capital humano (e a onda de críticas a ela), que confere uma racionalidade para o crescimento dos salários com a educação e a idade, esta última usada como *proxy* para a experiência no mercado de trabalho.

De forma a avaliar a importância da heterogeneidade dos trabalhadores sobre a desigualdade salarial, é comum na literatura decompor a desigualdade global em dois componentes: um associado à desigualdade *entre* as médias salariais de grupos homogêneos com respeito a um conjunto de atributos observáveis, e o outro associado à desigualdade *dentro* desses grupos homogêneos. Os estudos mencionados mostram que, no Brasil, as diferenças salariais entre grupos homogêneos com respeito a educação e idade respondem por cerca de 50% da desigualdade salarial total. Ao contrário do observado em países mais desenvolvidos, no Brasil os diferenciais salariais por grupos educacionais são mais importantes para a desigualdade global do

[3] Entre os trabalhos mais conhecidos estão os de Langoni (1973) e Castello Branco (1979). Entre os trabalhos recentes mencione-se Lam e Levison (1987), Wajnman (1989) e Almeida Reis e Barros, (1989).

que os diferenciais por grupos etários. A eliminação dos primeiros reduziria a desigualdade global em cerca de 40%, enquanto a eliminação dos diferenciais por grupos etários reduziria a desigualdade em algo entre 10 e 15%, aproximadamente.

A contribuição de um dado atributo para a desigualdade salarial é determinada pela interação de dois fatores: sua distribuição na população e a magnitude dos diferenciais entre os salários médios dos grupos. Quanto mais desigualmente distribuído estiver um atributo e quanto maiores forem os diferenciais entre salários médios de grupos homogêneos, maior será sua contribuição para a desigualdade.

No caso do Brasil, sabe-se que a elevada contribuição da educação deve-se tanto à má distribuição da educação na força de trabalho como à forte inclinação do perfil de salários médios por grupos educacionais. Lam e Levison mostram que a desigualdade na distribuição de educação é cerca de quatro vezes maior no Brasil do que nos Estados Unidos, quando medida pelo coeficiente de variação dos anos de estudo. Já os salários crescem cerca de 15% por ano de estudo, crescimento este bem maior do que se observa internacionalmente, mesmo em países em estágio de desenvolvimento semelhante ao do Brasil.

Quanto à menor contribuição das diferenças etárias para a desigualdade salarial, isso se deve a um perfil etário para os salários muito pouco inclinado em comparação com outros países, indicando que a experiência no mercado de trabalho brasileiro é relativamente menos importante.

O fato de a contribuição da educação ser maior que a da idade tem implicações importantes. A primeira é que a heterogeneidade entre trabalhadores no Brasil é mais importante do ponto de vista do bem-estar, uma vez que, ao contrário da idade, a educação é um atributo que diferencia de forma permanente os indivíduos. Mesmo quando os salários variam significativamente por faixa etária — portanto, mesmo quando a distribuição etária da população contribui decisivamente para a diferenciação salarial —, cada indivíduo percorrerá durante seu ciclo de vida todo o espectro salarial, de forma que, de um ponto de vista dinâmico, essas desigualdades salariais não existem. Em função disso, alguns autores consideram mesmo que a diferenciação salarial decorrente de diferenças etárias entre trabalhadores deveriam ser desconsideradas na análise da desigualdade salarial, quando analisada sob o prisma do bem-estar.

A segunda implicação importante diz respeito à possibilidade de ação de política. Do que foi exposto anteriormente, há indicações claras de que políticas de homogeneização da população economicamente ativa com respeito à educação levarão a consideráveis reduções na desigualdade salarial. Tendo em vista que parcela considerável dos investimentos feitos em educação é controlada diretamente pelo governo, tem-se aí um importante mecanismo através do qual o governo pode atuar no sentido de reduzir a desigualdade salarial.

Entretanto, é importante ter em mente que o tipo de política educacional adotada pode ter impactos extremamente diferenciados sobre a desigualdade a curto prazo. Caso, por exemplo, se tente reduzir a desigualdade educacional via crescimento da proporção da força de trabalho com instrução superior, haverá, a curto prazo, uma elevação da desigualdade salarial, em virtude do inchamento da cauda superior da distribuição de salários. É de se esperar que, numa segunda etapa, a oferta adicional de trabalhadores com nível superior conduza a uma redução do salário deste grupo em relação aos demais, levando então à redução na desigualdade salarial. Por outro lado, mudanças na distribuição de educação através da redução do analfabetismo levariam, de imediato, a uma redução na cauda inferior da distribuição de salários e, por conseguinte, a uma redução na desigualdade salarial. Neste caso, a possível mudança no perfil salarial que ocorreria em um momento subseqüente reforçaria a redução na desigualdade.

Dessa forma, do ponto de vista distributivo, a escolha entre uma ou outra política de investimentos em educação fica condicionada ao formato apresentado pelo perfil salarial por grupos educacionais e sua sensibilidade à oferta relativa de trabalhadores qualificados e não qualificados. Se a principal causa da desigualdade salarial são os elevados salários recebidos pela parcela da população detentora de altos níveis educacionais, então a redução da desigualdade requer a eliminação destes diferenciais, o que é possível via ampliação da oferta relativa de trabalhadores com níveis elevados de educação. Se, por outro lado, os desníveis salariais entre grupos educacionais são modestos ou relativamente insensíveis à oferta relativa de trabalhadores qualificados, então o caminho para a redução da desigualdade salarial passa por investimentos em níveis básicos de educação.

É essencial, portanto, determinar a sensibilidade dos diferenciais de salário por grupos educacionais a mudanças na distribuição de educação. A esse respeito, cabe registrar que, em trabalho já mencionado,[4] mostramos que os perfis salariais das regiões metropolitanas onde a força de trabalho é mais educada tendem a ser menos inclinados, o que

---

[4] Ver Almeida Reis e Barros (1989).

pode ser tomado como uma evidência da sensibilidade desses perfis a mudanças na distribuição de educação. Outra evidência é o próprio fato de o perfil de salários por grupos educacionais ser mais inclinado no Brasil do que em outros países onde o nível educacional da força de trabalho é mais elevado. Por outro lado, a estabilidade observada quando se compara a evolução deste perfil ao longo dos últimos dez anos no Brasil sugere que a mencionada sensibilidade a mudanças na distribuição de educação tende a operar em um prazo mais longo do tempo.

Finalmente, cabe registrar que permanece desconhecido se a forte inclinação do perfil salário-educação se deve a uma insuficiente oferta de mão-de-obra qualificada ou ao próprio funcionamento do mercado de trabalho ou à intervenção do governo no mercado. O conhecimento das causas dessa forte inclinação poderia também muito contribuir para avaliar sua sensibilidade a mudanças na distribuição de educação.

4. Diferenciais de salários entre trabalhadores homogêneos

A diferenciação salarial entre trabalhadores igualmente produtivos assume duas formas: em primeiro lugar, há os casos em que postos de trabalho idênticos pagam salários distintos para trabalhadores igualmente produtivos. Referimo-nos a esse tipo de diferenciação como discriminação, uma vez que os trabalhadores estão sendo diferenciados com base em atributos não produtivos. Segundo, existem as situações nas quais a diferenciação salarial decorre do fato de que trabalhadores idênticos ocupam postos de trabalho que valorizam seus atributos de forma distinta. Dizemos, neste caso, que o mercado de trabalho encontra-se segmentado.

4.1. Discriminação

A caracterização empírica da discriminação salarial é dificultada pela necessidade de garantir que os trabalhadores e os postos de trabalho envolvidos na comparação sejam, de fato, igualmente produtivos. Em geral, a metodologia utilizada consiste em verificar a permanência de diferenciais de salários entre grupos de trabalhadores mesmo depois de controlar por diferenças em atributos produtivos, tais como educação e idade, e características dos postos de trabalho. Dois trabalhos relativamente recentes que analisaram a discriminação no mercado de trabalho brasileiro foram os de Camargo e Serrano e de Lovell.[5] Os primeiros analisaram os diferenciais de salários por sexo, enquanto a segunda concentrou-se nos diferenciais por cor. Em ambos os casos os resultados obtidos mostram não só que após controlar por uma variedade de características observáveis os diferenciais persistem, como também que os atributos são remunerados de forma distinta, sugerindo que critérios distintos são utilizados na determinação de salários, baseados em sexo e cor. Trata-se de uma evidência, em suma, compatível com a existência de discriminação no mercado de trabalho brasileiro.

4.2. Segmentação

O segundo motivo para a existência de diferenciação de salários entre trabalhadores homogêneos é a segmentação no mercado de trabalho. Duas são as razões mais comumente alegadas para a segmentação: aspectos institucionais, aí incluídos a ação dos sindicatos e os efeitos da legislação trabalhista, e a heterogeneidade das firmas, que engloba fatores tão diversos como tecnologia, tamanho, origem do capital, etc. Esses fatores encontram-se, em geral, altamente correlacionados, dificultando a identificação dos determinantes efetivos da segmentação.

Recentemente, vários trabalhos de natureza empírica procuraram testar a hipótese de segmentação no mercado de trabalho na economia brasileira. As análises têm procurado testar tanto a segmentação institucional, avaliando-se os diferenciais de salários entre trabalhadores com e sem carteira de trabalho assinada, por exemplo, como outras formas de segmentação, identificadas através de setores de atividade, propriedade do capital pública *versus* privada, e regiões.

Entre os indicadores de segmentação, um dos mais analisados tem sido a posse de carteira de trabalho, uma forma específica de segmentação institucional. Supõe-se que nos postos com carteira de trabalho os trabalhadores têm acesso a uma série de vantagens pecuniárias e não pecuniárias que não obteriam sem esse vínculo legal. É

---

[5] Cf. Camargo e Serrano (1983) e Lovell (1989).

importante mencionar que os postos de trabalho sem carteira constituem-se em uma expressiva fonte de absorção de mão-de-obra, tendo mesmo crescido, nos últimos anos, em termos relativos.

Barros e Varandas[6] constataram que o grupo de trabalhadores com carteira recebe salários em média bem mais elevados do que aqueles sem carteira. Esses diferenciais poderiam ser explicados pelo maior nível educacional e maior experiência dos trabalhadores com carteira, o que os tornaria mais produtivos. Contudo, Barros, Rodriguez e Almeida Reis[7] mostram, para vários anos, que persiste um diferencial, da ordem de 15 a 20%, mesmo quando diversos atributos observáveis são controlados. Ainda que diferenças nas dotações de atributos não observáveis possam explicar esse diferencial, sua persistência ao longo do tempo tende a corroborar a hipótese de alguma segmentação associada à posse da carteira.

Testes de segmentação decorrente da heterogeneidade dos postos de trabalho devida a diferenças tecnológicas entre as firmas são mais esparsos e menos conclusivos, até a presente data. Em estudo ainda em andamento, Almeida Reis, Barros e Ramos constatam que os salários médios dos setores de crédito, administração pública e indústria pesada situam-se significativamente acima de setores mais tradicionais, tais como construção civil, indústria leve e serviços. Esse resultado não leva em conta a imposição de controles para atributos observáveis, mas o universo analisado — homens moradores nas regiões metropolitanas com idade entre 25 e 50 anos e com até onze anos de estudo — é bastante homogêneo. Além disso, Gatica, Mizala e Romaguera, usando dados da RAIS de 1987, mostram que mesmo quando se comparam trabalhadores com características pessoais similares persistem diferenciais de salários interindustriais.[8]

Já Macedo[9] analisou, também com base em dados da RAIS, os diferenciais de salários entre trabalhadores de empresas estatais e privadas. O estudo se restringe à comparação de salários de trabalhadores de uma empresa de cada tipo, em apenas um setor de atividade não especificado, o que limita, segundo o próprio autor, as possibilidades de generalização dos resultados. Ainda assim, os resultados são expressivos: mesmo após controlar o efeito dos atributos sexo, idade e educação, persistem diferenciais expressivos de salários em favor da empresa

[6] Cf. Barros e Varandas (1987).
[7] Cf. Barros, Rodriguez e Almeida Reis (1989).
[8] Ver Gatica, Mizala e Romaguera (1990).
[9] Ver Macedo (1985).

estatal (cerca de 20% do salário médio pago na empresa estatal). Posteriormente, com base em uma amostra ampliada, Macedo generalizou essas conclusões.[10]

Por fim, Savedoff[11] revela a persistência de significativos diferenciais de salários entre as regiões metropolitanas do país, mesmo após controlar por diferenças de custo de vida, por características pessoais e pela estrutura setorial e de ocupações. A interpretação do autor para esses diferenciais é que eles refletem o fato de que a proporção de bons e maus empregos é diferenciada entre as regiões, fato que não é captado pelas variáveis setoriais utilizadas.

Em suma, as evidências obtidas parecem indicar a existência de diferenciais significativos de salários entre trabalhadores homogêneos ocupados em empregos distintos. Em outras palavras, a segmentação parece ser um elemento importante para explicar a elevada desigualdade salarial observada no Brasil.

É fundamental observar, no entanto, que as implicações a longo prazo dos diferenciais devidos à segmentação dependem crucialmente do nível de mobilidade entre os diversos segmentos do mercado de trabalho. Por exemplo, o fato de trabalhadores em dado setor receberem menos que em outro setor tem implicações radicalmente distintas do ponto de vista do bem-estar dos trabalhadores dependendo da mobilidade existente. Se a mobilidade é zero — ou seja, se são sempre os mesmos trabalhadores que se encontram no setor privilegiado —, os diferenciais de salários expressam um efetivo diferencial de bem-estar. Já se a rotatividade entre os dois setores é alta — no limite, pode-se imaginar uma mobilidade perfeita de tal forma que cada trabalhador ocupe um posto em um setor durante uma mesma fração de seu ciclo de vida produtivo —, o impacto sobre a distribuição de bem-estar da sociedade pode ser bem reduzido.

No Brasil, a quantificação da mobilidade entre os diversos segmentos do mercado de trabalho é dificultada pela ausência de informações longitudinais ou retrospectivas. Com base em dados da PME para São Paulo, no entanto, Sedlacek, Barros e Varandas[12] mostraram que a mobilidade entre empregos com e sem carteira de trabalho assinada é alta, sendo relativamente curta a permanência de trabalhadores na condição de empregado sem carteira. A conclusão dos autores é de que há evidência de que os diferenciais de salário entre empregos com e

[10] Cf. Macedo (1986).
[11] Savedoff (1988).
[12] Ver Sedlacek, Barros e Varandas (1989).

sem carteira têm, no longo prazo, conseqüências desprezíveis sobre a distribuição de bem-estar.

Essas evidências são importantes, uma vez que relativizam o impacto da segmentação com base em um atributo considerado tão forte quanto a carteira de trabalho. Não são, entretanto, generalizáveis, tendo em vista a natureza diversa das outras formas de segmentação. Um exemplo de segmentação onde a mobilidade deve ser muito reduzida é aquela entre empresas públicas e privadas.

5. Sumário e conclusões

Parte significativa da elevada desigualdade de renda que caracteriza a economia brasileira decorre da desigualdade de salários. Nos últimos anos, tem havido considerável esforço de pesquisa voltado para a identificação dos elementos que explicam a desigualdade salarial no mercado de trabalho brasileiro. Nesta nota procuramos sintetizar as regularidades empíricas observadas nestes trabalhos.

Existem duas fontes de desigualdade salarial: em primeiro lugar os trabalhadores podem ser heterogêneos com respeito a atributos produtivos; segundo, trabalhadores igualmente produtivos podem ser remunerados pelo mercado de forma distinta, seja porque alguns trabalhadores são discriminados, seja porque o mercado de trabalho é segmentado.

No primeiro caso, a desigualdade de salários decorre do fato de os trabalhadores terem produtividade distinta. A preocupação com a desigualdade, neste caso, decorre da possível existência de barreiras pré-mercado de trabalho, que impedem que certos segmentos da população adquiram atributos produtivos.

As pesquisas realizadas mostram que cerca de 50% da desigualdade salarial observada no Brasil são explicadas por diferenças salariais entre grupos homogêneos com respeito a educação e idade. A educação, em particular, parece se constituir na mais importante fonte de desigualdade de salários. Este fato se reveste de especial importância para a política econômica, uma vez que grande parte dos investimentos em educação é diretamente controlada pelo governo.

Políticas de homogeneização da força de trabalho com respeito à educação, portanto, constituem-se em importante mecanismo através do qual o governo pode atuar para reduzir as disparidades de salários. Diferentes tipos de política educacional podem gerar impactos diferenciados sobre a desigualdade a curto prazo, ficando a escolha condicionada à ainda controversa sensibilidade dos perfis salariais a mudanças na distribuição de educação. No atual estágio de conhecimento, a ampliação dos investimentos em níveis básicos de educação parece ser a forma mais segura, ainda que possa não ser a mais eficiente, para reduzir a desigualdade salarial.

Existem também evidências de que parte da desigualdade de salários observada no Brasil decorre do fato de trabalhadores igualmente produtivos receberem remunerações distintas, tanto porque atributos não produtivos são valorados pelas firmas — caso que identificamos como discriminação —, como porque as firmas valorizam de forma diferenciada determinados atributos, caso que definimos como segmentação.

Diversas evidências de segmentação têm sido geradas pela literatura. Tem sido demonstrado que a remuneração de trabalhadores com idênticos atributos observáveis varia por setor de atividade, região metropolitana, entre postos com e sem carteira e entre empresas públicas e privadas. É preciso cautela, no entanto, na interpretação desses resultados como evidência de segmentação, uma vez que esses diferenciais podem apenas indicar a remuneração a atributos não observáveis ou a compensação pecuniária por diferenças não pecuniárias entre postos de trabalho.

Ainda que os diferenciais indiquem segmentação, suas implicações para o bem-estar serão atenuadas pela mobilidade entre os segmentos, que como se viu é considerável entre postos com e sem carteira de trabalho.

Por fim, mesmo que haja segmentação e que a mobilidade seja reduzida, ou seja, quando grupos de trabalhadores idênticos estiverem sendo remunerados de forma persistentemente diferenciada, a definição de políticas capazes de reduzir esses diferenciais depende da natureza da segmentação, cuja identificação é mais difícil do que a constatação da segmentação. A diferença de salários entre os segmentos pode decorrer de reais diferenças nos postos de trabalho (de natureza tecnológica ou de intensidade de capital), que levam a que trabalhadores idênticos acabem por ter produtividades distintas, ou, alternativamente, a produtividade pode ser idêntica nos segmentos mas, devido a um poder de barganha diferenciado, as relações entre salários e produtividade serem distintas nos segmentos. Enquanto no primeiro caso seria claramente benéfico o crescimento do segmento com maiores salários e produtividade, no segundo caso isso não é necessariamente verdadeiro.

Bibliografia

Almeida Reis, J. G. e Barros, P. B. (1989). "Desigualdade salarial e distribuição de educação", texto para discussão interna nº 178, INPES/IPEA.
Barros, R. P. e Varandas, S. (1987). "A carteira de trabalho e as condições de trabalho e remuneração dos chefes de família no Brasil", em *Revista da ANPEC*, ano X, nº 12, dez.
Barros, R. P. e Sedlacek, G. (1988) (orgs.). *Mercado de trabalho e distribuição de renda: uma coletânea*, Série Monográfica, nº 35, INPES/IPEA.
Barros, R. P., Rodriguez, J. e Almeida Reis, J. G. (1989). "Segmentação no mercado de trabalho: a carteira de trabalho na construção civil", INPES/IPEA, mimeo.
Bonelli, R. e Sedlacek, G. L. (1988). "Distribuição de renda: evolução no último quarto do século", *in* Barros R. P. e Sedlacek, G., *op. cit.*
Camargo, J. M. e Serrano, F. (1983). "Os dois mercados: homens e mulheres na indústria brasileira", *Revista Brasileira de Economia*, Rio de Janeiro.
Castello Branco, R. (1979). *Crescimento acelerado e mercado de trabalho: a experiência brasileira.*
Gatica, J., Mizala, A. e Romaguera, P. (1990). "Estrutura salarial y diferenciales de salario en la industria de transformación Brasileña", Projeto PNUD/DIT/BRA, mimeo.
Lam, D. e Levison, D. (1987). *Age, experience and schooling: decomposing earnings inequality in the U.S. and Brazil*, Population Studies Center, University of Michigan.
Langoni, C. G. (1973). *Distribuição de renda e desenvolvimento econômico do Brasil*.
Lovell, P. (1989). "Racial inequality and the brazilian labor market", tese de Doutorado, University of Flórida, mimeo.
Macedo, R. (1985). "Os salários nas empresas estatais", ed. Nobel.
―――― (1986). "Diferenciais de salários entre empresas estatais e privadas: novos resultados, *Estudos Econômicos*, vol. 16.

Savedoff, W. (1988). "The stability of regional wage differentials in Brazil", texto para discussão nº 176, INPES/IPEA.

Sedlacek, G., Barros, R. P. e Varandas, S. (1989). "Segmentação e mobilidade no mercado de trabalho brasileiro: uma análise da área metropolitana de São Paulo", texto para discussão interna nº 173, INPES/IPEA.

Wajnman, S. (1989). "Estrutura demográfica da população economicamente ativa e distribuição de renda: Brasil - 1970/80", dissertação de mestrado, CEDEPLAR.

4

EDUCAÇÃO E DISTRIBUIÇÃO DE RENDA

Carlos Ivan Simonsen Leal*
Sérgio Ribeiro da Costa Werlang*

1. A relação entre a renda e a educação

Por que um indivíduo estuda? Se esta pergunta fosse feita a diferentes pessoas, várias respostas alternativas surgiriam: porque assim podem entender melhor a sociedade em que vivem, porque é uma maneira de aprender uma profissão, porque o estudo é indispensável para a sobrevivência, já que todos estudam, etc. No fundo, todas as respostas baseiam-se em que uma pessoa instruída receba um salário maior que uma não instruída. E que o salário, via de regra, é tão mais alto quanto maior o nível de instrução da pessoa.

Há inúmeras razões para que a renda de um indivíduo aumente com seu grau de instrução. Pense-se, por exemplo, em quantas informações indispensáveis ao dia-a-dia são de difícil acesso a um analfabeto: os seus direitos básicos, a taxa que lhe cobram em um crediário, os padrões de higiene e alimentação considerados adequados, e assim por diante. O mesmo raciocínio poderia ser aplicado a todos os graus da educação formal (isto é, primário, secundário e superior): um ano a mais de estudo propicia informações adicionais que tornam a pessoa mão-de-obra mais valiosa. Esta é a teoria do capital humano. Um indivíduo pode ser visto como se fosse um acumulador de informações, obtidas, principalmente, por meio de instrução formal.

Ocorre que para adquirir conhecimento uma pessoa precisa de tempo. Durante esse tempo, a pessoa poderia ter-se decidido a

* Professores da EPGE/FGV.

trabalhar, em vez de se instruir. É por esse motivo que diferentes indivíduos escolhem completar diferentes graus de ensino formal. Embora saibam que, normalmente, um ano a mais de estudo aumente sua renda, podem preferir sacrificar essa maior renda futura em prol de uma renda auferida de imediato. É claro que a escolha leva em consideração vários fatores. Pode ser que uma pessoa quisesse continuar estudando, mas por necessidade financeira imediata, precise trabalhar. Ou pode ser que simplesmente prefira parar de estudar porque ache o estudo muito enfadonho. Do ponto de vista econômico não há distinção: é a escolha do indivíduo que determina seu grau de instrução. E o grau de instrução é um dos principais fatores determinantes de sua renda.

2. A decisão de investir em educação

A decisão que um indivíduo faz de estudar um ano a mais, ou de começar a trabalhar imediatamente, tem muita relação com a decisão que um empresário toma ao investir em um projeto.

Quando um empresário investe em algum projeto, geralmente leva em consideração três aspectos fundamentais: 1. o fluxo esperado dos seus desembolsos; 2. o fluxo esperado das suas receitas; 3. o risco associado à execução do projeto. No caso do Brasil de hoje em dia, qualquer investimento que renda menos que a variação do IPC mais juros de 6% ao ano deve ser imediatamente descartado, pois o investidor pode aplicar o seu dinheiro com maior rentabilidade e risco praticamente nulo em uma caderneta de poupança.

Existem vários critérios que devem ser utilizados para saber se um projeto deve ou não ser levado a cabo. Um deles é comparar a taxa de retorno do projeto com a taxa de juros que se poderia obter aplicando no mercado financeiro. Se a primeira for superior à segunda, então o investimento deve ser feito.

A decisão do indivíduo, de estudar um ano a mais ou não, é feita nos mesmos moldes. O indivíduo deve levar em consideração a taxa de retorno pessoal da decisão de estudar um ano a mais. Do lado dos custos o componente mais importante é o salário que seria ganho caso entrasse imediatamente no mercado de trabalho. A esse custo deve-se adicionar o valor pago pelo ano extra de estudos. Em geral este item do custo é bem mais baixo que o anterior, uma vez que boa parte do ensino é pública, e mesmo o ensino privado não tem custo muito elevado, já que há muitos subsídios governamentais e controles de preço. Dessa forma, é comum desprezar-se esse custo adicional.

Do lado dos benefícios está a renda que o indivíduo aufere após um ano adicional de estudo. Ele decide então parar de estudar, ou continuar, dependendo da taxa de retorno do fluxo de pagamentos e recebimentos acima descrito. Neste caso, é fácil calcular a taxa de retorno. Basta que se olhe para o acréscimo percentual de renda que um ano a mais de estudo propicia. O indivíduo compara essa taxa com sua taxa alternativa, e toma a decisão: pára de estudar se a taxa de retorno pessoal for inferior à taxa alternativa. Muitos fatores podem tornar essa taxa alternativa proibitivamente elevada. Dentre estes encontra-se a necessidade imediata de sustento, durante o ano adicional de estudo. Se a família puder sustentá-lo, a taxa alternativa é baixa. Caso contrário, pode ser proibitivamente elevada, fazendo com que o indivíduo abandone os estudos mais cedo do que se fosse possível a ele o acesso aos mercados de crédito pessoal. Essa é, por sinal, a justificativa para a existência de um programa de crédito educativo (obviamente diferente do que foi implantado no Brasil, em passado recente).

3. A necessidade de alguma intervenção governamental

Tendo sido visto que a educação altera a renda dos indivíduos, e além disto, os fatores que determinam como eles escolhem quantos anos de estudo terão, faz-se necessário um pequeno interlúdio, para que seja discutido o papel do governo no sistema educacional.

Tudo o que é gasto pelo setor público tem que ser financiado pela sociedade: ou o setor público cobra impostos, ou gera dívida pública, ou inflação. É importante saber se há necessidade dessa intervenção, uma vez que há escolas privadas que poderiam a princípio prover os mesmos tipos de serviço.

A provisão pública de algum tipo de serviço só é justificada quando o setor privado, por si só, não poderia fazê-lo de forma eficiente. Um exemplo claro é a polícia. Se toda a polícia fosse privada, financiada por pessoas que escolhessem livremente se quereriam ou não pagar, haveria muita gente desinteressada em contribuir: se o vizinho pagasse para ter uma força policial, não haveria por que eu ter que pagar, posto que desfrutaria dos benefícios da mesma maneira que ele. Assim, haveria poucos que contribuiriam livremente para a força policial, inviabilizando sua existência. Portanto, neste caso, o setor privado mostra-se ineficiente, justificando a intervenção governamental: o Estado força o indivíduo a contribuir para a formação, entre outros, do serviço policial. O mesmo raciocínio aplica-se a vários serviços públicos, como por exemplo iluminação e forças armadas.

No caso da educação já foi visto que o mercado privado não está disposto a fornecer crédito pessoal para financiamento educacional, causando a saída prematura do ensino formal, notadamente das pessoas que não podem contar com a família para o sustento próprio. Isso seria o suficiente para justificar a existência de um programa de crédito educativo, patrocinado pelo governo. Mas não é uma boa razão para que a provisão pública de ensino dê-se em níveis observados não só no Brasil, como no mundo.

Essencialmente, o problema reside no fato de haver em educação o que se chama de externalidade positiva. Uma externalidade ocorre quando a ação de um indivíduo causa um impacto no bem-estar dos outros. Diz-se positiva, se este for para melhor, e negativa se para pior. Um indivíduo instruído não só utiliza seu "estoque" de conhecimento em benefício próprio, mas também transfere parte do que aprendeu para as pessoas que com ele convivem, de modo que estas são beneficiárias de seu nível de instrução. Isso faz com que o valor de um ano adicional de ensino para a sociedade seja muito maior do que o valor do acréscimo de renda de um único indivíduo.

Esse efeito de externalidade positiva torna ineficiente a solução pelo setor privado do problema de provisão de educação. Com efeito, um indivíduo não estará disposto a pagar para instruir-se mais do que o valor do acréscimo de sua renda que resultará desta instrução adicional. Por outro lado, o proprietário de uma escola não estará disposto a prover ao indivíduo mais educação do que o indivíduo pagou para obter, a menos que isso não lhe fosse oneroso, o que não é o caso. Assim, ocorre que o setor privado por si só ofereceria menos instrução para a sociedade do que seria desejável. Logo, há espaço para alguma intervenção governamental: ou o setor público recolhe impostos para subsidiar o setor privado, ou, equivalentemente, para prover serviços educacionais adicionais ao do setor privado.

4. Retornos privados da educação no Brasil: 1976-1986

Para que seja analisada a situação da educação no Brasil, é necessário que se estimem os retornos pessoais (ou privados) em educação, como definido anteriormente. Em trabalho recente, Leal e Werlang (1989a) estimaram os retornos da educação no país utilizando os dados das PNADs — Pesquisa Nacional por Amostra Domiciliar.[1] As PNADs são minicensos, realizados pelo IBGE anualmente desde 1976, com exceção do ano de 1980, por conta do censo desse ano. Foi escolhida uma população de chefes de família, homens, entre 25 e 50 anos de idade, das regiões metropolitanas de Belém, Fortaleza, Salvador, Recife, Belo Horizonte, Rio de Janeiro, São Paulo, Curitiba, Porto Alegre e Brasília.

Dentre os dados coletados pelas PNADs estão a renda do indivíduo, o número de horas trabalhadas por semana e o número de anos de estudo formal completos. Como variável renda foi utilizado o número de salários mínimos, ajustados para a jornada padrão de oito horas por dia. O método de tratamento dos dados pode ser visto em detalhe em Almeida Reis e Paes de Barros (1989).

As PNADs apresentam o número exato de anos de estudo completos de cada indivíduo, caso este tenha oito anos de instrução formal, ou seja, caso tenha feito o primeiro grau completo. Os níveis de segundo grau e superior não são fornecidos de maneira tão desagregada. As únicas informações disponíveis nas PNADs são: 1. se o indivíduo possui entre nove e onze anos completos de estudo (ou seja, algum ano completo de segundo grau); 2. se o indivíduo possui doze ou mais anos completos de estudo (isto é, algum ano completo de estudo superior). Por essa razão, decidiu-se dividir os graus de ensino formal em cinco categorias:

1. *analfabeto*: menos de 1 ano comleto de estudo;
2. *primário 1*: de 1 a 4 anos completos de estudo (o antigo primário);
3. *primário 2*: de 5 a 8 anos completos de estudo (o antigo ginásio);
4. *secundário*: de 9 a 11 anos completos de estudo;
5. *superior*: mais de 12 anos completos de estudo.

[1] A base dos dados foi cedida por José Guilherme Almeida Reis e Ricardo Paes de Barros, do INPES/IPEA.

Os resultados obtidos da estimação de Leal e Werlang (1989a) podem ser vistos na Tabela 1. Os valores das taxas de retorno são dados em percentagem por ano adicional de estudo. Nota-se que há grande oscilação dos valores dos retornos pessoais, em especial nos anos de 1976 a 1979. Entende-se que isso reflete o fato de as PNADs terem sido dirigidas a problemas específicos neste período. Desde a PNAD de 1981 isto não mais ocorre. Optou-se, então, por calcular as médias dos retornos, ponderados pelo tamanho da amostra, entre 1976-1981 e 1982-1986. A Tabela 2 indica essas médias.

TABELA 1
RETORNOS PESSOAIS DA EDUCAÇÃO NO BRASIL
(% POR ANO DE ESTUDO)

Anos	1976	1977	1978	1979	1981	1982	1983	1984	1985	1986
Primário 1/ analfabeto	16,50	19,28	4,22	21,10	13,41	14,85	19,23	16,06	13,52	15,18
Primário 2/ primário 1	12,60	7,58	3,35	11,68	13,95	14,57	16,38	10,20	10,72	7,77
Secundário/ primário 2	9,75	15,51	8,20	19,23	8,25	16,72	12,33	24,18	16,45	13,11
Superior/ secundário	11,54	10,22	6,33	8,55	14,11	13,79	13,81	15,23	16,13	15,03
Amostra	5 828	9 575	10 064	7 175	10 553	1 363	11 537	11 746	11 773	15 507

Fonte: Leal e Werlang (1989a).
Obs.: chefes de família homens, regiões metropolitanas, entre 25 e 50 anos. Dados das PNADs.

TABELA 2
RETORNOS PESSOAIS DA EDUCAÇÃO NO BRASIL
MÉDIAS PONDERADAS (% POR ANO DE ESTUDO)

Média	76-81	82-86	Variação
Primário 1/analfabeto	14,24	15,73	1,49
Primário 2/primário 1	9,51	11,64	2,13
Secundário/primário 2	11,87	16,36	4,49
Superior/secundário	10,16	14,82	4,66

Fonte: Leal e Werlang (1989a).

5. Crescimento dos retornos pessoais e aumento da desigualdade

A Tabela 2 permite que sejam tiradas várias conclusões. A mais surpreendente de todas é o aumento do retorno pessoal em educação no período. Um aumento do retorno pessoal em educação, em geral, significa um aumento na desigualdade da distribuição de renda. Vejamos um exemplo. Comparemos dois indivíduos: um indivíduo analfabeto que ganhe um salário mínimo e um com o primário 1 completo. No período 1976-1981 o mais instruído teria na média 1,1424[4] vezes o salário do analfabeto, isto é, 1,7032 salários mínimos. Já esse mesmo indivíduo no período seguinte teria a renda média de 1,1573[4] vezes a renda do analfabeto, isto é, 1,7938 salários mínimos. Portanto a desigualdade entre os dois aumentou cerca de 5% (=(1,7938-1,7032)/ 1,7032) nesse período! E observe-se que o aumento mais expressivo ocorreu justamente nos níveis secundário e superior, os que estão associados a maiores rendas.

Para comprovar que houve aumento da desigualdade de renda nos dois períodos, a Tabela 3 mostra o valor de vários índices de desigualdade de renda, calculados por Almeida Reis e Paes de Barros (1989). Pode-se observar que há uma queda nos índices de desigualdade entre 1976 e 1981, e um aumento dos mesmos no período 1982-1986 (com exceção de dois índices no ano de 1986, o do Plano Cruzado). Esses dados corroboram a nossa observação.

Além disso, é possível que se determine que parcela da desigualdade da distribuição da renda é devida à educação. De novo, Almeida Reis e Paes de Barros (1989) estimam em cerca de 50%. Isto é, se não

TABELA 3
ÍNDICES DE DESIGUALDADE DE RENDA

Índice	1976	1977	1978	1979	1981	1982	1983	1984	1985	1986
Theil-L	0,553	0,511	0,511	0,495	0,470	0,479	0,494	0,507	0,538	0,525
Theil-T	0,622	0,559	0,559	0,545	0,521	0,531	0,553	0,556	0,589	0,616
Gini	0,560	0,543	0,533	0,522	0,528	0,534	0,539	0,539	0,553	0,547
Coeficiente de variação	1,729	1,496	1,443	1,410	1,350	1,369	1,491	1,388	1,475	1,822

Fonte: Almeida Reis e Paes de Barros (1989).

houvesse distinção de renda de acordo com o nível de instrução formal dos indivíduos, a desigualdade na distribuição de renda seria 50% menor. De modo que não só o aumento dos retornos pessoais em educação indica um aumento da desigualdade, que realmente aconteceu, mas também tudo indica que seja o principal responsável pelo aumento da desigualdade. É, portanto, fundamental que se entenda por que razão houve esse aumento. É o que se faz adiante.

6. Por que houve aumento dos retornos pessoais em educação?

Os retornos pessoais representam a remuneração da educação. O preço de um bem eleva-se, se este se torna mais escasso relativamente à sua demanda. Foi o que aconteceu com a educação no período acima. Para que possa constatar isso, Almeida Reis e Paes de Barros (1989) construíram um índice de quantidade média de educação, ponderando-se a percentagem da população possuidora de determinado número de anos de estudo por seu acréscimo de renda, utilizando-se como padrão de remuneração a cidade do Rio de Janeiro no ano de 1986. Os resultados podem ser vistos abaixo, e ilustram com clareza que o nível médio de educação no Brasil cresceu apenas 5,4% no período em questão (1976-1986). Isso levando-se em consideração que, neste período, a população brasileira envelheceu e a renda *per capita* aumentou.

Resta, contudo, a pergunta: por que a educação tornou-se um bem relativamente escasso? Duas são as razões básicas. Em primeiro lugar, o setor público diminuiu seu investimento em educação. Esse fato pode ser visto como um reflexo da diminuição da poupança governamental, isto é, do total dos impostos arrecadados que não são gastos em consumo corrente (impostos diretos + impostos indiretos -

TABELA 4
ÍNDICE DE NÍVEL EDUCACIONAL BRASILEIRO

Ano	1976	1977	1978	1979	1981	1982	1983	1984	1985	1986
Nível de educação	0,33	0,33	0,33	0,32	0,33	0,33	0,33	0,34	0,34	0,35

Fonte: Almeida Reis e Paes de Barros (1989).

transferências - juros externos + outras receitas - despesas correntes do governo), como a Tabela 5, tirada de Simonsen (1989), ilustra (poupança do governo em percentagem do PIB).

Outro modo de se confirmar que o governo deixou de gastar em educação neste período pode ser notado no fato de que a proporção dos gastos em educação e cultura da União nos gastos totais do Tesouro Nacional cai de 22,72% na média dos anos 1979-1981, para 15,26% nos anos 1982-1984 (dados do Serviço de Estatística da Educação e Cultura, Informe Estatístico nº 02).

Em segundo lugar, o setor privado não pôde compensar este decréscimo de atuação do setor público. Há duas razões básicas para tal. Primeiro, o governo desestimula empreendimentos privados, impondo controles ao aumento das mensalidades escolares. Ao fim do ano de 1989, incríveis absurdos foram observados. Escolas particulares fecharam porque foram incapazes de conciliar uma taxa de aumento das mensalidades, imposta pelo governo, com o reajuste de seus custos, principalmente os de salários dos professores. Também ficou famoso o caso do dono de escola que foi preso por aumentar suas mensalidades acima dos percentuais que foram estipulados. Segundo, o governo impede o livre acesso de empresários ao setor educacional, em especial interferindo na livre formação de cursos universitários e secundários. Com efeito, para sua formação é necessária prévia autorização do Conselho Federal de Educação (para o ensino superior) e dos Conselhos Estaduais de Educação (para o ensino secundário). E tal aprovação é lenta, quando não impossível de ser obtida. Os retornos observados na Tabela 2 evidenciam tal fato: houve aumento substancialmente maior nos níveis mais elevados de instrução. Em 1980 o setor público gastava cerca de 8,4% de seus recursos para educação em ensino secundário, enquanto que a média deste percentual para os países latino-americanos era de 25,6% (dados do Banco Mundial). Além disso, em 1987 somente 37% da população brasileira entre 16 e 18 anos cursavam algum ano do secundário, enquanto que a média da percentagem da

TABELA 5
POUPANÇA DO GOVERNO

Ano	1976	1977	1978	1979	1980	1981	1982	1983	1984	1985	1986
Poupança	5,22	5,37	4,01	3,83	2,24	2,27	1,82	0,63	0,62	0,29	1,93

Fonte: Simonsen (1989).

população que cursa o secundário em relação à população total em idade de cursar o secundário é de 59%, para países de PIB *per capita* entre 1.810 e 7.410 dólares em 1986 (dados do Banco Mundial). Desse modo, o Brasil precisa aumentar a sua população estudantil no nível secundário de 60% (percentagem obtida da igualdade 59/37 = 1,6). A situação do ensino superior também é crítica. Em 1980 havia 1 362 206 estudantes de nível superior no Brasil (incluindo pós-graduações, dados do censo de 1980), enquanto que em 1986 este valor era de 1 418 189 (sem incluir pós-graduações, dados do Ministério da Educação — o total de alunos de pós-graduação é muito baixo, cerca de 38mil), apenas 4% superior àquele. Ora, ocorre que a população brasileira não só cresceu cerca de 2% ao ano, como também envelheceu neste período. Assim, observa-se, claramente, a grande escassez de instrução secundária e universitária que o Brasil sofreu no período.

7. Outras conclusões da tabela de retornos pessoais

O retorno pessoal do investimento em educação é dos mais rentáveis: cerca de 15% reais ao ano. Isso implica em retornos sociais (isto é, que levam em consideração o custo da educação) de pelo menos 14% ao ano (ver Leal e Werlang (1989a)). Desta forma, investimentos em estradas, ferrovias, barragens, exploração de petróleo, etc., devem render pelo menos 14% ao ano reais para que sejam preferidos a investimentos no setor educacional.

O ensino primário 1 deve certamente concentrar maior atenções do setor público, tendo em vista seu menor custo relativamente aos outros (ver, por exemplo, Leal e Werlang (1989b)) e seu elevado retorno.

O ensino primário 2 é o que mostra menores taxas de retorno pessoal. Isso é um possível reflexo de seu currículo generalista, com pouco retorno direto.

O ensino secundário é o que apresenta maiores taxas de retorno, que refletem sua grande escassez relativa. Portanto, deve ser alvo de grandes investimentos públicos.

O ensino superior ainda mostra elevada taxas de retorno pessoal, porém inferiores tanto às do secundário, quando às do primário 1. Isso ilustra que, embora rentável, o ensino superior não deve ser prioritário.

Os níveis secundário e primário 1 devem ter primazia no uso das verbas públicas.

8. Diminuindo a desigualdade: o ensino superior pago

O custo por aluno por ano é um fator de grande importância na determinação da estrutura dos gastos governamentais. Leal e Werlang (1989b) obtêm as estimativas (em dólares de junho de 1988) demonstradas na Tabela 6.

Ou seja, *grosso modo* tem-se que um aluno no curso superior custa 7 no secundário, 12 no primário 2 e 30 no primário 1. Com base nesses dados, pode-se inferir que, além de ter alto retorno, o curso primário 1 tem custos por aluno substancialmente menores. De acordo com o censo de 1980, nesse ano havia cerca de 5,8 milhões de crianças entre 7 e 14 anos sem terem completado um ano de estudo formal e sem estarem matriculados na 1ª série. Ao mesmo tempo, a população estudantil na rede superior pública era de cerca de 450 mil (Faro e Mello e Souza (1984)). Em outras palavras, o setor público tem favorecido uns poucos, e dado a estes educação gratuita, enquanto que um contingente imenso de brasileiros sequer tem acesso ao ensino básico. Essa situação é altamente desigual, mesmo que não se leve em consideração o fato agravante do acesso às escolas superiores públicas ser obtida principalmente por indivíduos cujas famílias têm renda de modo que podem educá-los em escolas melhores e assim terem boas classificações nos vestibulares.

Uma solução para esse problema é a introdução do ensino superior pago. As universidades públicas teriam subvenção apenas parcial do governo. Algumas, situadas em regiões remotas e de baixa relação

TABELA 6

Nível de instrução	Custo anual por aluno matriculado (US$)
Primário 1	109
Primário 2	269
Secundário	448
Superior	3.219

Fonte: Leal e Werlang (1986b).

candidato/vaga deveriam ter os subsídios governamentais reestudados. À guisa de exemplo, se 190 mil dos estudantes da rede superior pública pagassem o real custo pelos seus estudos, os 5,8 milhões de crianças acima poderiam ser colocadas em escolas primárias. Além disso, tendo em vista a tremenda necessidade do aumento dos gastos em ensino secundário, que deveria ter seu contingente estudantil aumentado em pelo menos 60% para atingir a média dos países de renda *per capita* média, como o total de estudantes no secundário em 1980 era de cerca de 3 milhões, dever-se-ia esperar que houvesse 1,8 milhão de vagas extras. Daí, 260 mil estudantes do ensino superior pagando pelos custos de seu ensino o governo poderia prover todas as novas vagas necessárias do ensino secundário gratuitamente. É claro, no caso do ensino secundário poderia haver também algum pagamento parcial do custo por parte dos estudantes, porém em níveis inferiores aos que seriam efetuados pelos alunos do nível superior.

A ilustração vista nesta seção mostra a desigualdade causada pela ênfase no ensino superior gratuito. O governo tem que diminuir sobremaneira seus gastos neste nível, para atender a uma faixa muito maior dos cidadãos, que precisam de ensino primário e secundário. Além de tudo, a tabela de retornos pessoais mostra que esses dois níveis exibem maior rentabilidade que o superior. Os alunos de alto potencial poderiam candidatar-se a bolsas de estudo. Um programa de crédito educativo, que fosse autofinanciável, poderia ser implantado. A esse respeito, veja-se Leal e Werlang (1989b).

9. Diminuindo a desigualdade: limitando a intervenção governamental

Como foi visto anteriormente, não só o setor público tem gasto de maneira desigual e estimulante da deterioração da distribuição de renda, mas também tem causado transtornos ao setor privado. Nesse aspecto há duas medidas que poderiam ser tomadas.

Em primeiro lugar, o governo deve liberar e eliminar as barreiras à entrada de empresários no setor educacional, acabando com as restrições impostas pelos Conselhos Federal e Estaduais de Educação. Dessa maneira, o setor privado poderia prover muito mais ensino do que o fez ultimamente.

Em segundo lugar, mesmo que não haja proibições à formação de novas escolas particulares, o governo precisa parar de intrometer-se na fixação dos reajustes de mensalidades escolares privadas. De outro modo, a empresa-escola pode-se tornar um empreendimento de alto risco, ou mesmo inviável.

Há duas outras medidas de caráter complementar a essas que merecem ser implantadas. Primeiro, os Conselhos de Educação devem continuar fiscalizando o nível do ensino, mas somente nos estabelecimentos públicos. Segundo, poderia ser criada uma classificação das escolas, inclusive privadas. É claro que uma escola poderia recusar-se a ser julgada, mas anualmente seria publicada uma lista das instituições que foram classificadas, assim como a sua classificação e um histórico de cada escola.

10. Propostas para a política educacional brasileira

No decorrer da análise desenvolvida acima, várias propostas foram apresentadas, com o objetivo de melhorar a distribuição da renda através da maior racionalidade dos gastos e das políticas públicas em relação à educação. Em resumo, este trabalho procurou mostrar a estreita relação entre a distribuição de renda e o nível e distribuição de educação. A partir da estimativa dos retornos pessoais em educação, fez-se um diagnóstico da situação educacional brasileira. As principais conclusões foram: 1. há urgente necessidade de aumentos do investimento público no primário 1 (entre 1ª e 4ª séries) e secundário, o que deveria ser feito pela introdução do ensino superior pago; 2. o governo deve deixar de intervir no setor educacional privado, liberando a abertura de novas escolas privadas em todos os níveis e não interferindo na fixação dos reajustes das mensalidades; 3. o currículo do primário 2 (entre a 5ª e 8ª séries) tem que ser revisto com urgência, para que se torne menos generalista; 4. o governo poderia, concomitantemente a essas medidas, instituir um programa de bolsas de estudo e um outro de crédito educativo, este último autofinanciável; 5. os organismos que hoje fiscalizam e dificultam a abertura de novas escolas, os Conselhos Federal e Estaduais de Educação, deveriam exercer a fiscalização nas escolas que recebessem subvenção parcial do governo, e deveriam estabelecer uma classificação voluntária de todas as escolas; 6. os investimentos públicos que tenham taxa de retorno inferior a 14% devem ser postergados, e os recursos que seriam gastos aí deveriam ser canalizados para o setor educativo; 7. o resultado dessas políticas poderia ser acompanhado ano a ano, através da estimação dos retornos pessoais em educação de acordo com a metodologia utilizada em Leal e Werlang (1989a).

Bibliografia

Almeida Reis, José Guilherme e Ricardo Paes de Barros (1989). "Income inequality and the distribution of education: a study of the evolution of brazilian regional differences in inequality", Yale University e INPES/IPEA, mimeo.

Faro, Clovis de e Alberto de Mello e Souza (1984). "O crédito educativo: a modalidade das prestações proporcionais à renda", *Estudos Econômicos*, 14, pp. 355-364.

Leal, Carlos Ivan Simonsen e Sérgio Ribeiro da Costa Werlang (1989a). "Retornos em educação no Brasil: 1976-1986", *Ensaios Econômicos da EPGE*, nº 148, EPGE/FGV.

———————— (1989b). "Política Educacional do Brasil", EPGE/FGV, mimeo.

Simonsen, Mario Henrique (1989). "A conta corrente do governo", *Ensaios Econômicos da EPGE*, nº 136, EPGE/FGV.

5
DISTRIBUIÇÃO DE RENDA, POBREZA E DESIGUALDADES REGIONAIS NO BRASIL*

Maurício Costa Romão**

1. Introdução

Apesar do intenso ritmo de crescimento econômico, transformações estruturais e modernização experimentado pela economia brasileira nas últimas cinco décadas, a questão dos desequilíbrios regionais permaneceu praticamente inalterada. O corolário dessa inércia traduziu-se pela persistência, no país, de profunda diferenciação espacial, quantitativa e qualitativa, em termos de produção, de tecnologia e, sobretudo, de qualidade de vida.

O propósito primordial deste estudo é examinar um aspecto particular desse elenco de disparidades engendrado pelo estilo excludente de desenvolvimento econômico e social adotado historicamente pelo país: aquele concernente à distribuição da renda pessoal e à pobreza. Para tanto, compôs-se o trabalho em cinco seções, incluindo esta breve introdução. Na segunda seção, procura-se pontificar alguns traços marcantes da existência de desequilíbrios regionais no país, enfatizando-se o eventual processo em curso de desconcentração econômica territorial. A terceira seção, por sua vez, resume e analisa dados sobre a evolução da distribuição de renda pessoal no Brasil como um todo e nas grandes regiões, no período 1960-1988. Já a quarta seção procura

* O autor agradece ao mestrando do PIMES/UFPE Romanul de Souza Bispo pelo auxílio nos trabalhos estatísticos e computacionais.
** Professor do Programa de Pós-Graduação em Economia (PIMES), do Departamento de Economia da Universidade Federal de Pernambuco.

97

quantificar a dimensão da pobreza absoluta no Brasil e nas grandes regiões, também para o período 1960-1988. Por fim, a quinta seção sintetiza os achados mais importantes.

É sabido que as significativas diferenciações mencionadas no início deste intróito constituem manifestações de processos históricos de natureza singularmente complexa. Compreender o caráter e as conseqüências desses processos foge ao âmbito deste estudo, cujo desiderato é bem modesto: busca tão-somente sistematizar informações para análise comparativa de alguns resultados significativos emergidos em passado recente.

2. Os desequilíbrios regionais

É natural — e até mesmo inevitável — que certos países exibam distintas gradações espaciais de progresso econômico, notadamente aqueles de grandes extensões de área.[1] Há um conjunto de fatores que explicam a origem e continuação de tais disparidades de desenvolvimento entre regiões de um mesmo país, fatores esses normalmente relacionados com as diferentes dotações de recursos físicos, naturais e humanos e, evidentemente, com as formas de utilização desses recursos.

No Brasil, a desigualdade espacial de renda e de crescimento tem acompanhado a evolução histórica do país desde os tempos coloniais. Por exemplo, os ciclos de exportação de produtos primários, que tanto marcaram a economia brasileira, beneficiaram diferentes regiões em épocas distintas: "O ciclo do açúcar dos séculos XVI e XVII favoreceu o Nordeste; o ciclo de exportação de ouro dos séculos XVII e XVIII mudou o dinamismo da economia para a área do atual Estado de Minas Gerais e para as regiões que o abastecem, no Sudeste do Brasil; o impulso na exportação de café no século XIX favoreceu as terras na circunvizinhança do Rio de Janeiro e, mais tarde, do Estado de São Paulo. No século XX, entretanto, tais mudanças históricas que beneficiavam determinadas regiões cessaram. O Sudeste, que já era a região exportadora dinâmica do país quando se iniciou o processo de indus-

---

[1] Merece qualificação, entretanto, o fato de que, independentemente do tamanho, as desigualdades econômicas são em geral muito mais pronunciadas nas nações atrasadas do que naquelas industrializadas.

trialização, tornou-se também o centro de produção industrial. Desde os anos 30, quando a indústria passou a ser o mais importante setor da economia brasileira, o Sudeste do país tem sido o principal beneficiário do crescimento econômico e tem incrementado substancialmente seu quinhão no produto interno bruto" [Baer (1989, p. 316)].

Pode-se até dizer, como o fazem vários estudiosos da problemática espacial brasileira, entre eles Guimarães Neto (1989), que a história econômica recente das regiões brasileiras se confunde com a história da industrialização do país e da constituição e consolidação do seu mercado interno. O certo é que um esquema de industrialização que se sucede de um padrão regional tão assimétrico de incorporação e difusão do progresso técnico, como o que se fez notar no Brasil, gera, no seu bojo, perfis bem distintos de distribuição de produto e de renda inter-regionais.

Se bem que o Estado brasileiro haja empreendido, no início dos anos 60, uma decidida estratégia que concebia a diminuição das disparidades regionais através de uma extensa política de industrialização à base de generosos incentivos fiscais, financeiros e creditícios, a verdade é que o resultado de tal iniciativa não se mostrou condizente com as expectativas que foram geradas, conforme se depreenderá a seguir.

O ponto de partida convencional para se analisar a questão dos desequilíbrios regionais é através da ótica da distribuição inter-regional do Produto Interno Bruto (PIB), total e *per capita*. Não obstante suas conhecidas limitações como espelho de bem-estar econômico e social, tais indicadores guardam estreita associação com níveis de produção e de consumo e, portanto, podem ser usadas como uma primeira aproximação ao grau de desenvolvimento econômico e de qualidade de vida entre as regiões.

A Tabela 1 desfila alguns números bastante expressivos referentes à década de 70, números esses que atestam a permanência da histórica desigualdade produtiva inter-regional no Brasil.

Com efeito, salta à vista, de início, a desproporção do PIB do Sudeste relativamente ao das demais regiões. Na década de 70 a região Sudeste era responsável por mais de 60% de todo o PIB nacional, o que reflete bem o diferencial de desempenho produtivo entre as regiões do Brasil.[2]

---

[2] Em vez de se referir ao "PIB nacional", o correto é usar a denominação de "PIB total regionalizado", já que os totais da Tabela 1, em cada ano, são o somatório dos produtos regionais. Andrade (1988, p. 7) calcula que o PIB regionalizado é menor do que o PIB nacional em cerca de 17,3% e 2,8%, respectivamente, nos anos de 1970 e 1980.

TABELA 1
GRANDES REGIÕES: PRODUTO INTERNO BRUTO (PIB) A CUSTO DE FATORES 1970 E
1980 (EM MILHÕES DE CRUZADOS DE 1980)

Grandes regiões	PIB regional		PIB regional como % do PIB nacional	
	1970	1980	1970	1980
Centro-Oeste	177,9	677,4	3,87	5,52
Norte	99,3	379,3	2,16	3,09
Nordeste	537,7	1.471,4	11,71	11,98
Sudeste	3.011,2	7.666,3	65,55	62,42
Sul	767,7	2.087,6	16,71	17,00
Total*	4.593,7	12.282,0	100,00	100,00

Fonte: adaptado de Andrade (1988, p. 11). Os dados originais são do Centro de Contas Nacionais da FGV.
* O total da tabela é a soma dos valores de cada região e não do PIB do Brasil.

Torna-se oportuno contrastar ligeiramente os desníveis espaciais de produção com alguns dados demográficos arrolados na Tabela 2. As últimas informações censitárias apontam para uma distribuição populacional do território brasileiro bastante irregular, com os vazios das regiões Centro-Oeste e Norte em antítese às concentrações do Sudeste e Nordeste. Quando projetadas para os anos inicial e final da presente década, as informações do Censo de 1980 mostram uma certa inércia na distribuição espacial de médio prazo da população brasileira. "... nem políticas rigorosas de migrações internas nem transformações radicais no sistema político-econômico resultariam em mudanças significativas no perfil da distribuição espacial futura, a nível das grandes regiões." [Martine et alii (1989, p. 55)][3]

De qualquer forma, quando se cotejam os números populacionais com aqueles concernentes aos de produção, em 1980, desponta o fato de que o Nordeste, concentrando pouco menos de 30% da população brasileira, responde por apenas 12% do produto total, caracterizando um acentuado desequilíbrio econômico e social.

[3] Registre-se que essa inércia esconde o fato de que, ao final do século, 52% da população urbana brasileira estarão localizados na região Sudeste e 48% da população rural serão encontrados na região Nordeste, com agravamento das disparidades regionais, já que se terá um Sudeste cada vez mais moderno e urbanizado e um Nordeste ainda mais ruralizado [Martine et alii (1989, p. 55)].

É interessante observar, contudo, que os dados da Tabela 1 mostram, embora em escala reduzida, que a participação do Sudeste no PIB total declinou ao longo do período analisado, ao passo que a das demais regiões aumentou. Em termos globais, por conseguinte, pode-se inferir que houve uma ligeira desconcentração da produção inter-regional no Brasil e, sob esse prisma, verificou-se uma diminuição das desigualdades regionais. Quando visto sob o ângulo do PIB *per capita*, observa-se, primeiramente, que o crescimento desse indicador foi bastante expressivo no decênio passado, tanto para o Brasil como um todo, quanto para as grandes regiões (Tabela 3). O que chama a atenção, entretanto, é o grande desnível de magnitude entre o PIB *per capita* nordestino e o das demais regiões, particularmente o do Sudeste. Nota-se, ademais, a ocorrência de ligeira desconcentração do produto, em termos *per capita*, com a perda de participação do Sudeste e o conseqüente aumento das demais regiões. Andrade (1988, pp. 6-8) chama a atenção para o fato de que na década de 70 as regiões menos desenvolvidas do país apresentaram um crescimento econômico superior às regiões mais desenvolvidas, o que explicaria a sua crescente participação no PIB total e o correspondente decréscimo do Sudeste, ocasionando a possível diminuição nas desigualdades regionais.

O fenômeno acima descrito, qual seja, o de menor crescimento relativo do pólo dinâmico da economia nacional — o Sudeste — comparativamente ao crescimento das regiões periféricas, em particular das áreas menos industrializadas do país — o Norte e o Centro-Oeste —

TABELA 2
BRASIL E GRANDES REGIÕES:
DISTRIBUIÇÃO DA POPULAÇÃO PRESENTE E ESPERADA 1980, 1990 E 2000

Brasil e grandes regiões	População (em milhares hab.)			Distribuição relativa (%)		
	1980	1990	2000	1980	1990	2000
Centro-Oeste	7 545	9 558	11 319	6,3	6,7	6,7
Norte	5 880	8 128	10 552	5,0	5,7	6,2
Nordeste	34 812	41 158	46 718	29,2	28,7	27,7
Sudeste	51 734	62 292	75 112	43,5	43,4	44,5
Sul	19 031	22 276	25 242	16,0	15,5	14,9
Brasil	119 002	143 413	168 912	100,0	100,0	100,0

Fonte: adaptado das Tabelas 1 e 2 (anexo estatístico) de Martine *et alii* (1989, pp. 67-68).

TABELA 3
BRASIL E GRANDES REGIÕES:
PIB *PER CAPITA* 1970 E 1980 (EM CRUZADOS DE 1980)

Grandes regiões	PIB *per capita* regional		PIB *per capita* regional como % do nacional	
	1970	1980	1970	1980
Centro-Oeste	35	90	71,3	87,2
Norte	28	65	56,2	62,7
Nordeste	19	42	38,8	40,9
Sudeste	76	149	153,2	146,6
Sul	47	110	94,2	106,1
Total	50	104	100,0	100,0

Fonte: adaptado de Andrade (1988, p. 11). Os dados originais são do Centro de Contas Nacionais da FGV.

tem sido recentemente apontado por vários autores na literatura especializada [Diniz (1988), Martine *et alii* (1989), Andrade (1988), Guimarães Neto (1989), Buarque (1988)] e está em consonância com o que tem sido chamado de "reversão da polarização" nas atividades produtivas do espaço regional do Brasil [Azzoni (1986)], processo esse que possivelmente já se tenha iniciado nos anos 50 [Pimes (1984)].[4]

Por limitação de espaço não é possível, no presente estudo, enveredar pelas discussões das causas determinantes do comportamento recente dessa tendência à reversibilidade do grau de concentração do produto regional, bastando destacar, ainda que muito sumariamente, que esse processo é, como já se disse, fruto basicamente de rebatimentos regionais decorrentes da ação governamental, seja na estratégia adotada na forma de inserção do país na economia internacional, seja no que concerne à política de incentivos fiscais e financeiros. Mas, a julgar pelos números apresentados para a década de 70 nas Tabelas 1 e 3, os avanços conseguidos pela intervenção estatal na política regional foram muito pouco expressivos.

[4] A referida desconcentração da atividade econômica do Sudeste, especialmente a partir da Grande São Paulo, carece ser contrastada com achados que apontam para a permanência das desigualdades nos diferenciais de salários inter-regionais [Savedoff (1989, 1989a), Almeida dos Reis e Paes de Barros (1989)], para evidências de crescente metropolização dominadora do Centro-Sul, com nítidos padrões de concentração demográfica [Martine (1989)] e para a possível ocorrência de não-reversão da polarização espacial presente e futura [Haddad (1989)].

No que tange à década de 80, não se dispõe ainda de estatísticas de produto regional, porém é possível abordar a questão dos desequilíbrios espaciais pelo ângulo dos rendimentos médios da população (informações do Censo Demográfico e da Pesquisa Nacional por Amostra de Domicílios - PNAD), ressaltando-se, contudo, que a utilização desses rendimentos como *proxy* para a renda ou produto regionais deve ser levada a efeito com a devida cautela.

Atentando-se agora para os dados da Tabela 4, na qual se cotejam as rendas médias regionais como proporção da renda média nacional, vislumbra-se, na década de 80, representada aqui pelo período 1980-1988, a mesma tendência verificada no decênio anterior, qual seja, a de ligeira desconcentração da renda inter-regional.

3. A distribuição de renda

Se existe algum aspecto sobre o qual há consenso entre os analistas da economia brasileira, é o de que nela prepondera uma das distribuições de renda mais desiguais do mundo ocidental, senão a mais desigual. Com efeito, os conhecidos relatórios anuais do Banco Mundial fornecem algumas estatísticas básicas sobre 129 países-membros, afora aqueles com população inferior a um milhão de habitantes. Pois bem, na sua última versão, o relatório apresenta informações de distri-

TABELA 4
BRASIL E GRANDES REGIÕES:
RENDA MÉDIA REGIONAL COMO PROPORÇÃO DA RENDA MÉDIA NACIONAL
(ANOS SELECIONADOS)

Brasil e grandes regiões	1960	1970	1980	1983	1986	1987	1988
Brasil	100,0	100,0	100,0	100,0	100,0	100,0	100,0
Centro-Oeste	105,9	85,2	100,3	105,1	121,3	111,2	107,5
Norte	89,5	81,0	86,3	111,3	100,1	106,0	100,1
Nordeste	57,3	55,6	56,7	59,0	58,0	57,9	61,4
Sudeste	122,8	128,5	122,1	121,9	117,9	120,0	121,1
Sul	110,5	96,9	99,8	103,5	101,7	100,7	99,8

Fonte: Censos Demográficos de 1960, 1970 e 1980 e PNADs de 1983, 1986, 1987 e 1988.

buição de renda para 46 países e entre estes o Brasil é o que aparece com o perfil mais iníquo [Banco Mundial (1988, pp. 306-307)].

Tal compleição repartitiva de renda tem, evidentemente, raízes estruturais e resulta da inserção histórica da economia brasileira no processo de expansão do capitalismo industrial, em particular, da forma diferenciada pela qual a apropriação de tecnologia se processou entre os diversos setores da economia [Tavares e Serra (1972)]. Daí decorreu, naturalmente, uma estrutura bastante heterogênea do aparato produtivo nacional e, em conseqüência, do esquema distributivo de renda [Pinto (1982); Infante (1981)].

Não cabe no escopo desta seção analisar mais pormenorizadamente esse tipo de interpretação nem descrever pensamentos alternativos sobre os fatores determinantes da concentração de renda no Brasil.[5] O desiderato é, ao contrário, bem mais modesto e consiste simplesmente em organizar certo conjunto de informações, visando comparar diferentes perfis repartitivos ao longo do tempo.

Antes de tecer alguns comentários às informações contidas nas tabelas constantes desta seção, é conveniente fazer uma breve apreciação sobre os dados e a metodologia envolvendo sua utilização.

Os dados básicos sobre a evolução da distribuição de renda no Brasil e nas grandes regiões foram todos extraídos dos Censos Demográficos dos anos 60, 70 e 80 e da Pesquisa Nacional por Amostra de Domicílio (PNAD) referentes aos anos de 83, 86, 87 e 88. Embora haja pequenas divergências metodológicas entre essas duas fontes, pode-se confiar, todavia, que tais diferenças não alteram significativamente a ordem de grandeza dos resultados e que, portanto, as comparações evolutivas sobre o fenômeno repartitivo da renda podem ser levadas a efeito sem maiores impedimentos.

As informações de rendimentos referem-se à população em idade de trabalhar (PIT), isto é, às pessoas de dez anos ou mais, com rendas positivas. Esse contingente é composto pela população economicamente ativa e não ativa (pessoas que exercem tarefas domésticas, estudam, vivem de rendimentos da aposentadoria, etc.). Registre-se que nos rendimentos das pessoas componentes da PIT não está computado o valor da produção para autoconsumo ou quaisquer outras formas de renda não monetária (doações, transferências, aluguel imputado, caça, pesca,

---

[5] Os trabalhos de Bacha e Taylor (1978), Camargo (1986), e Bonelli e Sedlacek (1988) propiciam uma excelente visão panorâmica da evolução dos debates em torno do fenômeno distributivo de renda no Brasil.

etc.). Isso tende a superestimar as medidas de desigualdade e é particularmente prejudicial à identificação das reais situações de pobreza, em essencial na área rural.

Extraindo da distribuição de rendimentos da PIT apenas os grupos dos 40% mais pobres e dos 10% mais ricos, tem-se a oportunidade de observar os desníveis relativos existentes no Brasil por um ângulo bastante expressivo: até 1987 reduz-se a porcentagem da renda apropriada pelos 40% mais pobres e aumenta aquela correspondente à camada mais abastada (Tabelas 5 e 6), caracterizando um persistente aumento na concentração de renda do país, o que pode ser confirmado também pelo incremento do coeficiente de Gini — medida global de desigualdade, variando de zero (nenhuma desigualdade) a um (máxima desigualdade) — que evoluiu de 0,496 em 1960 para 0,616 em 1987 [(Romão (1990)]. Note-se que o sopro distributivo do Plano Cruzado chegou a ter uma pequena influência na participação dos pobres na renda pessoal, malgrado o fato de que não haja conseguido reverter a tendência de maior apropriação por parte dos mais ricos. Esses resultados dão guarida a algumas opiniões segundo as quais a redistribuição de renda havida durante o mencionado plano de estabilização teve ponderável significado sobre as rendas médias, não obstante se tenha mostrado impotente para influenciar o quadro relativo [Bonelli e Sedlacek (1988)]. Em 1988, os dados apontam para uma desconcentração de renda, com os pobres aumentando e os ricos diminuindo seus respectivos percentuais de apropriação da renda pessoal.

TABELA 5
BRASIL E GRANDES REGIÕES:
PERCENTUAL DE RENDA APROPRIADO PELOS 40% MAIS POBRES DA POPULAÇÃO
(ANOS SELECIONADOS)

Brasil e grandes regiões	1960	1970	1980	1983	1986	1987	1988
Brasil	15,8	13,3	10,4	9,9	9,9	9,1	10,0
Centro-Oeste	14,8	13,0	9,1	9,6	9,0	8,8	8,7
Norte	18,8	15,9	11,6	10,5	10,5	9,6	9,9
Nordeste	15,9	13,5	10,6	9,3	10,5	8,7	12,5
Sudeste	12,3	10,7	10,0	9,5	9,3	8,7	9,0
Sul	17,0	13,2	10,7	10,4	10,1	9,5	10,1

Fonte: Censos Demográficos de 1960, 1970 e 1980 e PNADs de 1983, 1986, 1987 e 1988.

TABELA 6
BRASIL E GRANDES REGIÕES: PERCENTUAL
DE RENDA APROPRIADO PELOS 10% MAIS RICOS DA POPULAÇÃO
(ANOS SELECIONADOS)

Brasil e grandes regiões	1960	1970	1980	1983	1986	1987	1988
Brasil	34,6	42,3	46,7	46,2	47,3	48,5	46,3
Centro-Oeste	36,4	44,1	49,6	47,0	49,9	49,6	48,4
Norte	30,5	39,3	43,2	42,9	42,4	43,7	44,4
Nordeste	37,6	44,9	49,6	50,3	48,3	51,3	48,0
Sudeste	36,3	42,3	44,5	44,3	46,6	47,8	45,5
Sul	32,1	40,7	45,6	44,3	45,0	46,0	44,2

Fonte: Censos Demográficos de 1960, 1970 e 1980 e PNADs de 1983, 1986, 1987 e 1988.

Deve-se registrar que a distribuição de renda apresentou comportamento errático em relação ao crescimento econômico: piorou ou se manteve inalterada nas fases de crescimento acelerado (1960-1980 e 1983-1986, respectivamente) e também piorou na crise recessiva de 1980-1983.[6] Esse fato, que pode causar estranheza à primeira vista, está consonante com a ampla evidência apresentada por Fields (1989, pp. 170-173), que aponta para a inexistência de qualquer tendência da desigualdade de renda de aumentar ou diminuir sistematicamente com o crescimento econômico, ou mesmo de a desigualdade ter mais possibilidade de aumentar, quanto mais rápido for o crescimento econômico, ao contrário do que esperavam, por exemplo, Bonelli e Sedlacek (1988). O corolário dessa evidência sugere que os fatores determinantes das variações na desigualdade de renda devem ser localizados no *estilo* de crescimento econômico e não na sua taxa de incremento.

Finalmente, os percentuais de renda apropriados pelos contingentes mais e menos pobres da população, mostrados nas Tabelas 5 e 6, atestam um agravamento do fosso distributivo intra-regional, com uma nítida tendência a que os mais pobres percam participação e os mais ricos abocanhem um quinhão maior da renda pessoal em cada região. A deterioração desse quadro relativo é mais visível no decorrer das décadas de 60 e 70. Por outro lado, o ano de 1988 mostra, no geral,

---

[6] Entre 1960 e 1980 e entre 1983 e 1986 o país experimentou uma taxa real média anual de crescimento do PIB de 7,8% e 7,5%, respectivamente, enquanto que registrou um crescimento médio anual negativo da ordem de 1,4% entre 1980 e 1983.

maior apropriação de renda por parte dos mais pobres e, exceção feita à região Norte, menor participação dos mais ricos. Em síntese, pois, deduz-se que, tanto a nível nacional quanto regional, o perfil distributivo de renda continua sendo perversamente regressivo.

4. A pobreza

Num sentido geral, pode-se considerar que a mensuração da pobreza consiste em duas operações distintas [Sen (1976, 1978,)]: 1. identificação (quem são os pobres?); 2. agregação (como combinar as características de pobreza de diferentes pessoas numa medida agregada?).

O processo de identificação — que logicamente precede o de agregação — resume-se em separar os pobres dos não-pobres, o que pode ser feito de várias maneiras, cada uma das quais constituindo uma diferente interpretação do fenômeno. Já o exercício agregativo busca expressar as características de pobreza de distintas pessoas ou grupos em um único indicador ou índice.[7]

Os critérios usados para identificar os pobres podem ser de caráter *objetivo* ou *subjetivo*. Os do primeiro tipo são aqueles que se baseiam em certos aspectos objetivos relacionados com a situação dos indivíduos, tais como renda, tamanho da família, situação ocupacional, habitação, etc. Já os do segundo tipo, aqueles de natureza subjetiva, dizem respeito a opiniões ou sentimentos das pessoas sobre quais deveriam ser os padrões mínimos de satisfação das necessidades dos indivíduos.[8]

O critério objetivo envolve, pelo menos, duas variantes operacionais importantes, de resto já consagradas na literatura: a que enfoca a pobreza do ponto de vista *relativo* e a que a considera apenas do ângulo *absoluto*.

A conceituação da pobreza sob o prisma relativo enfatiza a idéia de comparação situacional do indivíduo em termos da posição que ocupa na sociedade com respeito a seus semelhantes. Nota-se que a percepção da pobreza como conceito relativo se aproxima bastante da

---

[7] Obviamente o procedimento de expressar de forma unidimensional a enorme gama de características que permeia a noção da pobreza implica um reducionismo naturalmente forte, mas inevitável, se pretendermos obter resultados quantitativos.

[8] A assertiva de Orshansky (1969, p. 37) expressa bem os juízos de valor que circundam a noção subjetiva: "A pobreza, como a beleza, está no olhar de quem a vê".

desigualdade na distribuição de renda. A pobreza é interpretada em relação ao padrão de vida vigente na sociedade: os pobres são os que se situam na camada inferior da distribuição de renda em comparação com os membros melhor aquinhoados da sociedade nessa distribuição. Parece óbvio, portanto, que qualquer estudo da pobreza deva ter algum conteúdo relativo, pois a carência é indubitavelmente a resultante das forças que definem o contexto sócio-econômico em que ela ocorre e tem de ser julgada em termos comparativos dentro dos padrões sociais contemporâneos. A posição relativa da pessoa determina se ela deve ser considerada pobre ou não-pobre.

Por outro lado, a abordagem da pobreza relativa põe de manifesto a existência na sociedade de desigualdades dotacionais de recursos ou de diferentes capacidades de consumo entre as pessoas. Parte, portanto, de uma base normativa que se refere ao estilo de vida predominante na sociedade. Sob esse aspecto, é um conceito dinâmico, já que as necessidades mudam historicamente. E, talvez mais importante, o seu conteúdo conceitual é específico de cada sociedade, posto que em cada qual subsistem situações econômicas, políticas e sociais bastante distintas.

Daí por que o uso do conceito relativo é mais indicado e normalmente defendido e usado nas sociedades afluentes, onde o problema da sobrevivência física praticamente não existe [de la Piedra (1983, p. 7)]. Com efeito, quanto maior a base de recursos produtivos e maior o nível de renda da sociedade, menor a prevalência de situações críticas de satisfação das necessidades básicas e, por conseguinte, tanto mais importante é o conceito relativo. Já em sociedades como a brasileira, em que os requisitos mínimos não estão sendo satisfeitos por um elevado contingente humano, a par da já crônica desigualdade ou privação relativa, esse enfoque perde muito da sua relevância.

Já a percepção da pobreza como um conceito absoluto implica o estabelecimento de padrões mínimos de necessidades, ou níveis de subsistência, abaixo dos quais as pessoas são consideradas pobres. Esse padrão de vida mínimo (em termos de requisitos nutricionais, moradia, vestuário, etc.) em geral é avaliado a preços de mercado e a renda necessária para custeá-lo é calculada.

O simples fato de a conceituação da pobreza em termos absolutos fazer menção explícita a níveis mínimos aceitáveis de satisfação de necessidades básicas envolve o reconhecimento de que entre os membros da sociedade existem alguns que não estão preenchendo os requisitos mínimos estabelecidos, o que requer um desenho de políticas de superação da pobreza para essas pessoas. Assim, o próprio conceito encerra um conteúdo de vontade política que se pode expressar na determinação de prover os grupos-objetivo de condições de acesso aos patamares básicos de bens e serviços, em consonância com os padrões de vida contemporâneos. Daí por que a popularidade do critério absoluto: sua própria conceituação sugere uma ação destinada a erradicar a pobreza.

Devido a ser a pobreza uma situação social concreta, objetivamente identificável, caracterizada pela falta de condições ou recursos dos indivíduos, e tendo em vista ainda que o critério objetivo realça a existência de carências em determinados segmentos sociais, tornando mais transparente a passagem do plano normativo para intervenções concretas de estratégias antipobreza, optou-se por adotar neste estudo a concepção objetiva da pobreza, quantificando-a segundo a noção absoluta.

4.1. A linha de pobreza absoluta

Sendo o conceito de pobreza absoluta escolhido para efeito de análise, surge, de pronto, uma indagação: quais são esses "níveis mínimos indispensáveis" ou essas "necessidades básicas" que a sociedade, através de seus valores, julga sejam adequados para o desenvolvimento do indivíduo enquanto pessoa e partícipe de uma coletividade? A resposta a essa indagação não está isenta de dificuldades e implica necessariamente enveredar pelos meandros do arbitrário.

Em primeiro lugar, é fundamental definir o que é "necessidade", e aí já se instala uma enorme área de controvérsias. Depois, precisado o que se entende por necessidade, é mister identificar quais das necessidades são consideradas básicas e indispensáveis e quais não o são, e novo campo de problemas emerge. A válvula de escape usualmente empregada para se chegar à definição de necessidades básicas é levada a efeito através de dois artifícios: o primeiro, estreitando o conceito de necessidades de forma a incluir apenas as chamadas necessidades materiais; o segundo, elegendo arbitrariamente um conjunto dessas necessidades materiais e postulando níveis mínimos considerados indispensáveis a serem satisfeitos.[9]

[9] Exemplo característico de um elenco de necessidades inclui os seguintes grupos: alimentos, água, habitação, vestuário, saúde, educação, transporte, mobiliário, recreação e seguro social [CEPAL (1985, p. 14); Piñera (1979, pp. 5-6)].

Uma vez decidido, finalmente, quais são as necessidades básicas, torna-se preciso calcular o custo monetário que é requerido para satisfazer as necessidades selecionadas. Tal custo é comumente denominado *linha de pobreza*. As pessoas cujos recursos não são suficientes para atingir a linha de pobreza são, por esse critério, consideradas pobres, isto é, não conseguem atender aos requisitos materiais mínimos estabelecidos para viver normal e dignamente.

A questão prática se resume, pois, em selecionar as necessidades básicas e posteriormente determinar seu custo, ou seja, a linha de pobreza. Para chegar a essa linha de pobreza, o procedimento usual da literatura tem sido o de dividir as necessidades básicas em dois componentes: alimentação e outras necessidades (habitação, vestuário, transporte, etc.).[10] Depois, calcula-se o custo da cesta de alimentos e se estimam os custos com as demais necessidades a partir da relação entre gastos com alimentação e gastos totais (caso haja dados disponíveis sobre as despesas não alimentares, com o detalhamento que a análise requer, não há, evidentemente, necessidade de se processar tais estimativas. Em geral, no entanto, esses dados não são compilados de forma satisfatória).

O traçado das linhas de pobreza a partir de considerações nutricionais tem um legado histórico que remonta ao início do presente século [Rowntree (1901)]. Sua popularidade como método resulta do fato de reportar-se à mais básica e essencial de todas as necessidades, que é a alimentação. É senso comum que sem o atendimento dos requisitos nutricionais mínimos não se pode levar uma vida normal e salutar, consistente com os padrões de decência humana que a moral e os costumes estabelecem. Embora o critério biológico nem de longe elimine a arbitrariedade inerente ao conceito de pobreza,[11] ainda assim seu emprego permite reduzir o grau dessa arbitrariedade, posto que se refere à nutrição, núcleo básico e essencial de todas as necessidades, sem o qual a vida inexiste. E é exatamente esse ponto que os seres humanos têm em comum, o de não poder prescindir da alimentação essencial, que permite diminuir o espectro de subjetividade da análise.

---

[10] A CEPAL usou esse critério no seu importante estudo intitulado "Proyecto Interinstitucional de Pobreza Crítica en América Latina" [CEPAL (1985); Piñera (1979); de la Piedra (1983); Molina (1982); Altimir (1978, 1981)]. Veja-se, também, para o Brasil, o trabalho de Prado (1980) referente ao Nordeste e o de Rocha (1989) concernente às regiões metropolitanas.

[11] Como se sabe, os requisitos mínimos de nutrientes podem variar de pessoa para pessoa, de acordo com a composição etária, sexo, tipo e local de atividade, etc. Daí por que qualquer dieta mínima normativa que se estabeleça para uma dada comunidade ou grupo de pessoas encerra necessariamente um conteúdo de arbítrio que é inevitável.

Não sem razão, portanto, que uma grande parte dos estudos sobre pobreza absoluta se baseia em fundamentos nutricionais.

Mas, em que consiste a operacionalização do método? Em primeiro lugar, é necessário estimar os requerimentos energéticos e protéicos médios da comunidade. Para tanto, deve-se levar em conta, como recomendado no famoso estudo da FAO/OMS (1971), as necessidades mínimas de energia e proteína das pessoas segundo sexo, idade, peso, grau de atividade física, estado de gravidez e qualidade protéica da dieta. A partir dos requisitos de nutrientes, estabelece-se a dieta mínima normativa correspondente a uma cesta de alimentos de baixo custo.

Determinada a cesta de alimentos, com os componentes energéticos e protéicos ajustados aos requerimentos mínimos definidos, calcula-se, finalmente, o montante de recursos monetários que é necessário para sua aquisição. Tal montante, ou custo, corresponde ao que se tem denominado muito propriamente de *linha de indigência*. Como o desenvolvimento de uma vida normal pressupõe a satisfação de necessidades outras que não apenas a mera ingestão alimentar, é mister levar em conta também outros itens que normalmente compõem o conjunto das necesssidades básicas dos indivíduos. O somatório dos custos com alimentação e outras necessidades representa a linha de pobreza.

O procedimento adotado neste trabalho para estabelecer as linhas de subsistência para cada uma das regiões segue os mesmos passos utilizados no cálculo da linha nacional. Quer dizer, fez-se uso do estudo do Banco Mundial para o Brasil [World Bank (1979)] no qual essa instituição adota padrões nutricionais recomendados pela Organização das Nações Unidas para Alimentação e Agricultura (FAO) e pela Organização Mundial da Saúde (OMS). O custo anual dessa dieta foi inicialmente calculado para o Brasil e para cada região e seu valor foi atualizado a preços de setembro de 1986. Em seguida, transformou-se tal valor em termos de salários mínimos para maior facilidade de interpretação e localização nas distribuições tabulares de rendimentos publicadas pelas entidades oficiais. Depois, valendo-se das pesquisas do ENDEF (1978), foi possível estimar para o Brasil e para cada região o percentual da renda total das famílias pobres que é gasto com alimentação (essa proporção é conhecida na literatura como Coeficiente de Engel).[12]

---

[12] Observa-se que a utilização desse método requer o conhecimento prévio de quem são os pobres. Para evitar essa circularidade (para determinar a linha de pobreza precisa-se saber antes quem são os pobres) é aconselhável considerar os gastos com alimentação daquelas pessoas situadas nos estratos mais baixos da distribuição de renda, preferentemente as que estão postadas no entorno do valor da cesta básica.

Finalmente, empregando um famoso procedimento empírico consagrado na literatura (Orshansky (1965)], multiplicou-se o custo da cesta básica (a chamada linha de indigência) pelo inverso da proporção de gastos com alimentação das famílias pobres, encontrando-se o valor monetário da linha de pobreza para o Brasil e para cada uma das regiões.[13] A Tabela 7 mostra os achados das linhas de pobreza para as regiões brasileiras para o Brasil como um todo.[14]

4.2. A quantificação da pobreza no Brasil e nas grandes regiões

Para levar a efeito algumas estimativas que pudessem retratar o panorama atual e retrospectivo da magnitude da pobreza no Brasil, fez-

TABELA 7
BRASIL E GRANDES REGIÕES:
CUSTO DA DIETA BÁSICA E LINHA DE POBREZA
(EM SALÁRIOS MÍNIMOS MENSAIS DE SETEMBRO DE 1986)

Conceito	Brasil	Centro-Oeste	Norte	Nordeste	Sudeste	Sul
Custo da dieta	0,530	0,3729	0,5330	0,4937	0,5929	0,4559
Linha de pobreza	0,8847	0,7664	0,9569	0,7795	0,9118	0,7052

Fonte: estimativas efetuadas a partir de dados básicos do Banco Mundial sobre dietas típicas de famílias brasileiras que apenas preenchem os requisitos calórico-protéicos baixos definidos pela FAO/OMS. Ver World Bank (1979), Knight e Moran (1983) e FAO/OMS (1971). Os gastos não-alimentares (diferença entre a linha de pobreza e o custo da dieta) foram obtidos a partir da relação normativa entre gastos com alimentação e gastos totais (coeficiente de Engel) das famílias pobres, localizadas no entorno de valor da dieta na distribuição de despesas do ENDEF (1978). O coeficiente de Engel para o Brasil foi de 59,9%, sendo 48,6% para o Centro-Oeste, 55,7% para o Norte, 63,3% para o Nordeste, 65,0% para o Sudeste e 64,6% para o Sul.

[13] Assim, por exemplo, se uma particular família destina 50% de sua renda total para fazer face às despesas alimentares e se tais despesas correspondem, suponha-se, ao valor 'y' da cesta básica, então essa família precisaria ganhar o equivalente a 2y para satisfazer o total de suas necessidades. O montante 2y (y x 1/0,5) seria então o mínimo indispensável ao preenchimento dos requisitos nutricionais e à satisfação das necessidades complementares.
[14] Detalhes metodológicos de procedimentos semelhantes e mais rigorosos podem ser encontrados em Fava (1984). Ver também Rocha (1989), onde se discute, com profundidade, as eventuais restrições à defasagem temporal da pesquisa do ENDEF relativamente à sua utilização nos anos 80.

se uso, de início, das publicações de rendimentos das pessoas de dez anos ou mais, com rendas positivas, a fim de localizar a linha divisória que separaria as pessoas pobres das não pobres. Para tanto, foram utilizadas as informações agregadas constantes dos Censos Demográficos de 1960, 1970 e 1980 e da Pesquisa Nacional por Amostra de Domicílio (PNAD) para os anos de 1983, 1986, 1987 e 1988.

Na verdade, para aquilatar situações de pobreza, o mais apropriado é usar as distribuições das pessoas de acordo com o rendimento familiar *per capita*. Isso se deve ao fato de que é a família, e não as pessoas individualmente, a unidade de consumo relevante. A capacidade dotacional de recursos da família, em termos *per capita*, é que vai distingui-la no perfil distributivo, escapando à condição de pobreza se sua renda total dividida pelo número de componentes familiares do domicílio for superior à linha de subsistência. Assim, mais importante que a renda de um indivíduo é a renda *per capita* da família a qual pertence, já que no seio do núcleo familiar existe grande processo redistributivo de renda. Infelizmente as informações de distribuições de pessoas de acordo com a renda familiar *per capita* não constam dos Censos Demográficos nem das PNADs.[15]

Uma medida importante que se calculou após a determinação da linha de pobreza absoluta foi a percentagem das pessoas que se encontram abaixo daquela linha. Essa medida é popularmente conhecida como *incidência da pobreza*, e consiste simplesmente do número de indivíduos pobres dividido pela população total.[16] A Tabela 8 perfila a evolução desse índice para o Brasil e para as grandes regiões.

Até 1980 a incidência da pobreza no Brasil cai sistematicamente, reflexo natural do intenso crescimento econômico experimentado no período. O decréscimo do indicador em questão chega a 41% nas duas décadas cobertas pelo Censo Demográfico. Ao se adentrar nos primeiros anos da década de 80 a situação da pobreza sofre uma grande reversão, a ponto de o índice de incidência apresentar, em 1983, o maior resultado de todo o lapso de tempo analisado. O ajustamento recessivo da economia brasileira à crise financeira internacional deve ter contribuído de forma decisiva para essa drástica mudança de patamar. Com a recuperação da economia nacional em 1984 e 1985 e o advento das medidas heterodoxas do Plano Cruzado em 1986, a inci-

---

[15] O Censo Demográfico de 1980 traz a distribuição das famílias de acordo com a renda familiar *per capita*, mas não informa o número de pessoas por estrato.
[16] Se "q" é o número de pobres e "N" é a população total, a incidência da pobreza (H) é dada por H = q/N.

dência da pobreza cai bruscamente. Já em 1987 esse índice volta a subir *pari passu* com as dificuldades do país e a correspondente aceleração do processo inflacionário após o fracasso do plano de estabilização empreendido no ano anterior. Nem mesmo a nova tentativa perpetrada pelo chamado Plano Bresser em 1988 conseguiu reverter a escalada altista do índice de pobreza, cujo patamar, para o Brasil como um todo, atinge, já em 1988, a alta porcentagem verificada em 1970 e difere muito pouco daquela alcançada em 1960 e 1983. Os números da Tabela 8 indicam, de forma clara, que a trajetória da incidência da pobreza depende basicamente do ciclo econômico, crescendo com a recessão e diminuindo com o crescimento. Tais achados estão, também, perfeitamente em sintonia com as mencionadas descobertas empíricas de Fields (1989) para um grande número de países em desenvolvimento, de acordo com as quais a pobreza tende a decrescer com o crescimento econômico e o faz tanto mais acentuadamente quanto mais rápido for o ritmo de crescimento.

Nota-se, ainda, que a mesma tendência registrada em escala nacional, em que a incidência da pobreza evolui em antítese ao desempenho do nível de atividade, ocorre no espaço regional, independentemente do nível de desenvolvimento das regiões. O grau cada vez maior de integração econômica nacional e o caráter centralizado do poder político e econômico do país são, por certo, dois dos principais fatores responsáveis por essa uniformidade de comportamento. Verifica-se também, através dos números constantes da Tabela 8, que as regiões economicamente mais avançadas, como as do Sudeste e Sul, foram aquelas que mais sofreram os rigores da recessão em termos do aumento do índice de pobreza, o que é compreensível em face de ser o pólo dinâmico do país aquele mais imediatamente afetado pela queda do produto e da renda e pelo aumento do desemprego, características mais visíveis das recessões. A conjugação desses fenômenos repercute rapidamente sobre os indicadores relativos e absolutos de pobreza.

Observando-se mais nitidamente a Tabela 8, constata-se ainda que a denominação tão em voga de "década perdida" atribuída aos anos 80 encontra respaldo de fato nas estatísticas sobre pobreza. Com efeito, a proporção de pessoas pobres na população cresceu assustadoramente entre 1980 e 1988, fruto dos períodos contrativos da atividade econômica que caracterizaram esse lapso de tempo. Considerando-se toda a série, isto é, de 1960 a 1988, verifica-se uma melhoria inexpressiva para o país como um todo, com um declínio de apenas 5,1% na incidência da pobreza.

TABELA 8
BRASIL E GRANDES REGIÕES: PORCENTAGEM DAS PESSOAS ABAIXO DA LINHA DE POBREZA (INCIDÊNCIA DA POBREZA) (ANOS SELECIONADOS)

Brasil e grande regiões	1960	1970	1980	1983	1986	1987	1988
Brasil	41,4	39,3	24,4	41,9	28,4	35,9	39,3
Centro-Oeste	26,4	33,5	19,1	32,8	18,5	25,9	33,3
Norte	34,7	41,1	24,2	35,4	23,2	30,8	37,8
Nordeste	61,0	60,8	38,5	59,3	40,1	53,4	56,4
Sudeste	33,3	28,6	17,1	32,6	22,9	28,9	31,3
Sul	16,4	22,6	14,4	27,6	17,3	24,5	28,0

Fonte: Censos Demográficos de 1960, 1970 e 1980 e PNADs de 1983, 1986, 1987 e 1988.

Não se deve olvidar, entretanto, que os quantitativos referentes à região periférica mais atrasada — o Nordeste — diferem tremendamente daqueles concernentes às demais regiões, notadamente daqueles do Sul e Sudeste, realçando um dado já tão repisado na literatura: o da enorme disparidade de situação econômica e social entre o Nordeste e o Sul/Sudeste do país. Com efeito, o índice de incidência da pobreza do Nordeste tem sido historicamente, numa avaliação aproximada, quase o dobro do índice do Sul.[17] Esta região, aliás, em função de suas características econômicas e populacionais mais homogêneas, apresenta, ao longo das quase três décadas tratadas nesta análise, a menor incidência de pobreza encontrada entre as regiões.

Uma complementação importante que se pode dar às estatísticas regionais sobre a incidência da pobreza é observá-la sob o prisma das regiões metropolitanas. A Tabela 9, extraída de estudo recente [Rocha (1989)], desfila relevantes informações sobre a proporção de pobres em nove regiões metropolitanas, na primeira metade dos anos 80.[18]

[17] Quando alguns indicadores sociais (mortalidade infantil, alfabetização e esperança de vida ao nascer) são postados em comparação espacial, novas e inquietantes evidências emergem: primeiro, os índices do Nordeste são, em magnitude, muito inferiores aos das demais regiões e equivalentes aos dos países mais pobres do mundo; segundo, as melhorias obtidas nos indicadores sociais do Nordeste foram logradas a taxas inferiores àquelas das outras regiões, de sorte que, em termos de qualidade de vida, as disparidades regionais aumentaram. Configura-se, assim, uma contradição: enquanto se processa uma pequena diminuição das desigualdades espaciais da estrutura produtiva, ocorre simultaneamente maior concentração de desenvolvimento social [Romão (1990)].
[18] As linhas de pobreza do estudo mencionado foram determinadas por metodologia semelhante à utilizada neste trabalho, qual seja, através de critérios nutricionais e uso de coeficientes de Engel, enquanto que a identificação da proporção de pobres foi feita usando-se dados de rendimentos das PNADs para construir perfis de renda familiar *per capita*. Para detalhes, consulte-se Rocha (1989).

Os resultados da Tabela 9 chamam a atenção, de pronto, pelas marcantes diferenças nas proporções de pobres entre as metrópoles do Norte e Nordeste e as do Sul e Sudeste. Por exemplo, em 1986, a incidência da pobreza em Curitiba era 4,3 vezes menor que em Belém, 2,9 vezes menor que em Fortaleza, 3,8 vezes menor que em Recife e 3,6 vezes menor que em Salvador. As evidências de disparidades regionais no Brasil afloram aqui, nessas estatísticas, em toda a sua dimensão e reforçam a idéia de que conquanto possa estar havendo uma ligeira tendência à desconcentração do produto regional, o mesmo já não se descortina com relação às desigualdades sociais.

A Tabela 9 tem, ainda, o mérito de realçar o fato, de resto já disseminado na literatura, de que o impacto da crise recessiva do início dos anos 80 foi mais acentuado nas regiões economicamente mais fortes. Em compensação, a fase de retomada de crescimento do nível de atividade repercutiu mais positivamente nessas áreas avançadas, em termos de diminuição do número de pobres relativamente à população total.

5. Considerações finais

Pelo que foi apresentado e discutido ao longo deste texto pode-se, à guisa de síntese, enfatizar os seguintes pontos principais:

TABELA 9
REGIÕES METROPOLITANAS:
PORCENTAGEM DAS PESSOAS ABAIXO DA LINHA DE POBREZA
(INCIDÊNCIA DA POBREZA)
(ANOS SELECIONADOS)

Regiões metropolitanas	1981	1983	1986
Belém	50,9	57,6	45,9
Fortaleza	54,0	56,2	30,1
Recife	55,6	56,6	39,9
Salvador	43,1	43,8	37,5
Belo Horizonte	31,3	44,1	26,4
Rio de Janeiro	27,2	34,7	23,2
São Paulo	22,0	34,4	16,9
Curitiba	17,4	29,6	10,5
Porto Alegre	17,9	29,7	16,3

Fonte: adaptado de Rocha (1989, p. 18).

1. As estatísticas de distribuição regional do produto interno bruto, total e *per capita*, complementadas com informações de rendimentos médios pessoais, endossam opiniões consagradas na literatura especializada, segundo as quais se processa uma certa desconcentração econômica no espaço brasileiro, conquanto de forma lenta e em pequena magnitude. Visto sob a ótica do produto e da renda depreende-se, portanto, que as perspectivas de diminuição das desigualdades territoriais, projetadas nos programas de desenvolvimento regional implementados no país, revelaram-se frustradas após décadas de promoção de esforços, malgrado o pequeno avanço mencionado;

2. a distribuição de renda no Brasil e nas grandes regiões continua sendo uma das mais iníquas de quantas se tem notícia. A trajetória concentracionista para o Brasil é nitidamente ascendente desde os anos 60, ocorrendo apenas uma pequena redução em 1988, o mesmo sendo válido ao nível regional, excetuando-se algumas espamódicas regressões, de pouca expressão, em anos isolados. Deve-se pontificar que essa deterioração repartitiva da renda não se mostrou associada às taxas de crescimento do produto, o que sugere seja o padrão de crescimento e não sua taxa (ou velocidade da taxa) o fator determinante da *performance* distributiva;

3. as informações quantitativas sobre a incidência da pobreza dão conta de que nada ou quase nada se avançou no combate à pobreza absoluta do país nessas últimas três décadas. Com efeito, a porcentagem das pessoas abaixo da linha de pobreza era, em 1988, no Brasil, tão-somente 5,1% abaixo da proporção registrada em 1960 (sendo que em três das cinco grandes regiões essa proporção era maior que em 1960!). Além de extremamente alta, gravitando em torno dos 40%, na média, e quase invariante no longo prazo, a incidência da pobreza ainda tem o agravante de ser regionalmente concentrada, com o Nordeste apresentando, historicamente, os índices mais elevados.

É oportuno realçar, mais uma vez, a associação que se pôde detectar entre a evolução da incidência da pobreza e os ciclos econômicos de expansão e contração, tendo aquele indicador diminuído nas fases de ascensão da atividade e aumentado nas fases de recessão. Conjugando-se essa relação entre crescimento e pobreza com a inexistência de uma associação definida entre crescimento e concentração, pode-se concluir que, obviamente, é muito melhor incentivar o crescimento, já que, por essa via, se consegue diminuir a incidência da pobreza, muito embora haja eventualmente piora da distribuição relativa de renda. O não crescimento, por outro lado, não só não evita o agravamento da concentração, como, sobretudo, é perverso para os índices de pobreza.

Em suma, pois, as três décadas analisadas dão guarida a que se possa inferir, enfaticamente, que o estilo de desenvolvimento adotado no país não engendrou mecanismos que pudessem promover uma melhor distribuição regional do desenvolvimento nacional, reverter o processo de concentração de renda e diminuir a incidência da pobreza entre os brasileiros. É necessário, pois, que se tenha convicção de que o atual modelo de desenvolvimento é inapropriado aos requisitos básicos da sociedade e extremamente excludente na sua essência, sendo inadmissível que perdure por mais tempo.

Bibliografia

Andrade, T.A. (1988). "As desigualdades inter-regionais de desenvolvimento econômico no Brasil", Textos para Discussão Interna, nº 156, IPEA/INPES.

Almeida dos Reis, J. G. e Paes de Barros, R. (1979). "Wage inequality and the distribution of education: a study of the evolution of brazilian regional differency in inequality", Anais do XVII Encontro Nacional da Economia da ANPEC, vol. 3, pp. 1527-1542.

Altimir, O. (1979). La dimensión de la pobreza en América Latina, Santiago, CEPAL.

Azzoni, C. R. (1986). Indústria e reversão da polarização no Brasil, IPE/USP.

Bacha, E. L. e Taylor, L. (1978). "Brazilian income distribution in the 1960's: 'facts', model results and the controversy", Journal of Development Studies, vol. 14, nº 3, pp. 271-297.

Baer, W. (1989). The brazilian economy: growth and development, Praeger.

Banco Mundial (1988). Informe sobre el desarrollo mundial, Banco Mundial.

Bonelli, R. e, Sedlacek, G. (1988). "Distribuição de renda: evolução no último quarto de século", Textos para Discussão, nº 145. INPES/IPEA.

Buarque, S. C. (1988). "O Estado no processo de integração e desagregação no Nordeste", Anais do VI Encontro Nacional de Estudos Populacionais da ABEP, vol. 4, pp. 19-42.

Camargo, J. M. (1986). "Brasil: ajuste estrutural e distribuição de renda", Rio de Janeiro, PUC, mimeo.
CEPAL (1985). "La pobreza en América Latina: dimensiones y políticas", *Estudios e Informes de la CEPAL*, nº 54, ONU.
Diniz, C. C. (1988). "O Nordeste e o contexto nacional", *Anais do VI Encontro Nacional de Estudos Populacionais da ABEP*, vol 4, pp. 57-85.
ENDEF (1978). *Estudo nacional da despesa familiar*, IBGE.
FAO/OMS (1971). *Necesidades de energia y proteínas*, OMS.
Fava, V. L. (1984). *Urbanização, custo de vida e pobreza no Brasil*, IPE/USP.
Fields, G. S. (1989). "Changes in poverty and inequality in developing countries", *The World Bank Research Observer*, vol. 4, nº 2, pp. 167-201.
Guimarães Neto, L. (1989). "Questão regional no Brasil: reflexões sobre processos recentes", FUNDAJ, mimeo.
Haddad, P. R. (1989). "O que fazer com o planejamento regional no Brasil da próxima década?", *Planejamento e Políticas Públicas*, vol, 1, nº 1, pp, 67-92.
Infante, R. (1981). "Heterogeneidad estructural, empleo y distribución de ingreso", *El Trimestre Económico*, nº 190, pp. 319-340.
Knight, P. e Moran, R. (1983). *Brasil: pobreza e necessidades básicas*, Zahar.
Martine, G. et alii (1989). "A urbanização no Brasil: retrospectiva, componentes e perspectivas", Texto para Discussão, nº 21, IPEA/IPLAN.
Molina, S. S. (1982) "La pobreza: descripción y análisis de políticas para superarla", *Revista de la CEPAL*, nº 18, pp. 93-117.
Orshansky, M. (1965). "Counting the poor: another look at the poverty profile", *Social Security Bulletin*, 28, pp. 3-29.
——————— (1969). "How poverty is measured", *Monthly Labor Review*, 92, pp. 37-41.
Piñera, S. (1979). "Definición, medición y análisis de la pobreza: aspectos conceptuales y metodológicos", E/CEPAL/PROY, 1/3 mimeo.
——————— (1979a). "Cuantificación, análisis y descripción de la pobreza em Venezuela", E/CEPAL/PROY, 1/8, mimeo.
De la Piedra, H. (1983). "Conceptos y medidas de la pobreza: uma síntesis", E/CEPAL/PROY, 1/R.52, mimeo.
Pinto, A. (1982). "Estilos de desenvolvimento e realidade latino-americana", *Revista de Economia Política*, vol. 2/1, nº 5, pp. 29-88
Rocha, S. (1989). "Incidência de pobreza nas regiões metropolitanas na primeira metade da década de 80", Textos para Discussão Interna, nº 166, IPEA/INPES.
Romão, M. C. (1990). "Crescimento econômico e desenvolvimento social no Brasil", PIMES/UFPE, mimeo.
Rowntree, s. (1901). *Poverty: a study of town life*, MacMillan.
Savedoff, W. D. (1989). "The stability of regional wage differentials in Brazil", *Anais do XVII Encontro Nacional de economia da ANPEC*, vol. 3, pp. 1495-1512.

────────── (1989a). "Regional wage differences and segmentation in Brazil's urban labor markets", *Anais do XI Encontro Brasileiro de Econometria da SBE*, pp. 361-378.

Sen, A. K. (1978). "Thee notes on the concept of poverty", Ilo, *Working Paper*, WEP 2-23/W P 65.

────────── (1976). "Poverty: an ordinal approach to measurement", *Econometrica*, vol. 44, n° 2, pp. 219-231.

Tavares, M. C. e Serra, J. (1972). "Além da estagnação", in Tavares, M. C. (1972), pp. 155-207.

Tavares, M. C. (1972). *Da substituição de importações ao capitalismo financeiro: ensaio sobre economia brasileira*, Zahar.

World Bank (1979). *Brazil: human resources special report*, The World Bank.

6

AS ECONOMIAS INFORMAL E SUBMERSA: CONCEITOS E DISTRIBUIÇÃO DE RENDA

Maria Cristina Cacciamali*

1. Introdução

A denominação *setor informal*, na literatura especializada recente, é empregada para caracterizar dois fenômenos teoricamente distintos. O primeiro, fiel às suas origens, e elaborado ao longo de uma intensa discussão acadêmica desde meados dos anos 70, define esse setor como representando o conjunto das atividades econômicas em que não há uma separação nítida entre capital e trabalho. Ou seja, é o produtor direto de posse dos instrumentos de trabalho e dos conhecimentos necessários que, juntamente com a mão-de-obra familiar ou com o auxílio de alguns ajudantes, executa e simultaneamente administra uma determinada atividade econômica. Neste grupo estariam então classificados os trabalhadores por conta própria, os prestadores de serviços independentes, os vendedores autônomos, os pequenos produtores e comerciantes e os respectivos ajudantes, sejam estes familiares ou contratados. O setor formal, neste enfoque, descreve o conjunto das atividades organizadas de forma tipicamente capitalista. Engloba as atividades do Estado e todas as firmas que, independentemente do tamanho, operam com base no trabalho assalariado e nas quais as atividades de gestão e de produção ou da prestação de serviços encontram-se separadas.

---

* Professora Doutora Livre-Docente pela Universidade de São Paulo com Pós-Doutoramento pelo Massachusetts Institute of Technology. Atualmente é professora do Departamento de Economia e do Instituto de Pesquisas Econômicas da Universidade de São Paulo.

A segunda interpretação para o setor informal foi lançada no fim da década passada nos países industrializados e indica as atividades econômicas que fogem da regulação do Estado, seja esta tributária, trabalhista ou de outro tipo. Esta forma de conduzir uma atividade econômica firmou-se, na literatura especializada, predominantemente, com a denominação de *economia subterrânea, submersa ou invisível*. Essas atividades, por atuar parcial ou totalmente fora da legislação vigente, têm que sonegar informações sobre o número de empregos gerados, o nível de produção, o volume comercializado e as receitas percebidas, o que leva à subestimação desses agregados nas estatísticas oficiais.

Essa controvérsia serviu de estímulo para que nas primeiras quatro seções deste trabalho fossem examinadas as principais distinções sobre o tema. O resultado mostra que o norte das formulações teóricas e empíricas que embasa essas duas formas de nominar o setor informal é tão diverso que se torna necessário propor duas denominações que não provoquem incertezas e que caracterizem e diferenciem cada um desses dois fenômenos. Na seqüência, a última e quinta seção aborda, para o período compreendido entre 1979 e 1988, a evolução dos rendimentos médios reais e as disparidades na distribuição de renda entre os ocupados nesses segmentos.

2. A primeira fase da aplicação do termo setor informal: conceito e uso imprecisos

A Organização Internacional do Trabalho (OIT), no fim dos anos 60, criou um programa de estudos denominado *Programa Mundial de Emprego*, com o objetivo de avaliar a evolução do emprego e da renda nos países em desenvolvimento com ênfase naqueles em que o Estado tinha implementado um processo rápido de industrialização. Um dos primeiros estudos, no âmbito desse *Programa*, obteve uma rápida projeção, no meio técnico-acadêmico, pela interpretação pormenorizada sobre a estrutura produtiva e de emprego no Quênia e, posteriormente, chegou a contituir-se em fonte inspiradora para os demais estudos do Programa.[1]

---

[1] O estudo referido é de 1972 e intitula-se *Employment, Income and Equality: A Strategy for Increasing Productive Employment*, OIT, 1972, Genebra. Existem diversos estudos que apresentam de forma detalhada a origem do termo *setor informal*, entre eles destacam-se os trabalhos de Saboia (1989), Dedeca (1989) e Cacciamali (1983 e 1989).

Uma expressiva contribuição desse diagnóstico econômico foi desenvolver uma tipologia alternativa, denominada *setor formal/informal*, para o aporte teórico e operacional dual clássico, que era freqüentemente utilizado, até então, para os países em desenvolvimento e que analisava a estrutura de produção, de emprego e de renda daqueles países por meio de dois setores: moderno e tradicional.[2]

A criação de uma nova categoria de análise para essas questões justificava-se, segundo os autores do trabalho sobre o Quênia, porque o processo rápido de industrialização tinha gerado inúmeras e variadas atividades que, embora modernas, tinham características peculiares: não eram organizadas com base no trabalho assalariado e seu nível de remuneração distanciava-se fortemente desse setor, situando-se próximo daquele das atividades tradicionais. Assim, nesse relatório da OIT cravam-se, além de novas alcunhas para um enfoque dual da estrutura econômica, critérios para reconhecer os setores formal e informal. O primeiro setor apresentaria as seguintes características:

- defronta-se com barreiras à entrada;
- depende de recursos externos;
- a propriedade do empreendimento é impessoal;
- opera em larga escala;
- utiliza processos produtivos intensivos em capital e a tecnologia é importada;
- a mão-de-obra adquire as qualificações requeridas por meio de escolaridade formal;
- atua em mercados protegidos através de tarifas, quotas, etc.[3]

Enquanto as qualificações para o setor informal são opostas às anteriores:
- há facilidade de entrada;
- o aporte de recursos é de origem doméstica;
- a propriedade do empreendimento é individual ou familiar;
- opera em pequena escala;
- os processos produtivos são intensivos em trabalho e a tecnologia é adaptada;
- a mão-de-obra qualifica-se externamente ao sistema escolar formal;
- atua em mercado competitivos e não regulados.[4]

---

[2] Vejam-se, por exemplo, os estudos clássicos de Lewis (1954) e de Fey e Ranis (1964).
[3] OIT (1972, p. 5).
[4] OIT (1972, p. 5).

O estudo sobre a economia do Quênia, entre outros pontos importantes, apontava a negligência do Estado para com o setor informal e defendia a implementação de políticas econômicas nos países em desenvolvimento com vistas a fortalecê-lo e expandi-lo. Isso porque, argumentavam os colaboradores técnicos da OIT, aquele setor poderia oferecer uma grande variedade de bens e serviços a baixo custo, empregando tecnologias intensivas em trabalho, criando, portanto, empregos e rendas, e estimulando as habilidades empresariais locais. Além do que, o trabalho reconhecia a existência de relações econômicas entre os setores formal e informal e recomendava sua ampliação, mormente, em direção aos segmentos informais denominados *evolucionários* — aqueles que crescem a taxas maiores que a média e possibilitam acumulação.[5]

O conceito ora apresentado, por ser intuitivo e útil, foi rapidamente incorporado pela literatura especializada, sem contudo obedecer, nesta primeira fase de elaboração teórica e de aplicação empírica, nenhum rigor ou homogeneidade e, dessa forma, suscitou muitas dúvidas e críticas que podem ser sintetizadas em dois grandes blocos. Inicialmente, a divisão da economia em dois setores é por demais simplista para refletir a realidade das estruturas de produção e de emprego de qualquer país, ainda mais quando o palco de estudos é uma sociedade em desenvolvimento. Em seguida, embora o conceito de dicotomia tivesse sido re-nominado — passando de tradicional/moderno para formal/informal —, a maior parte das análises sobre o tema continuou a adotar uma abordagem dual-estática que confronta com os processos dinâmicos e muitas vezes muito velozes, do produto e do emprego dos países em desenvolvimento. Muitos estudos, além do mais, continuaram a interpretar os dois setores como sendo independentes um do outro, o que nitidamente contraria as observações do mundo real. Nesse contexto, o setor informal é ainda associado aos segmentos mais pobres da população ocupada sem levar em conta as formas de inserção do trabalhador na produção, o que violenta e descaracteriza o próprio conceito de informalidade exposto no trabalho original. Assim, a maior parte das análises a partir, e em virtude, deste quadro de racionalização concluía que o setor informal tendia a desaparecer com o crescimento econômico, afirmação que, conforme será visto à frente, não possui respaldo lógico ou sustentação empírica. Finalmente, as

---

[5] Essas proposições são desenvolvidas com mais detalhes em trabalho posterior elaborado por Weeks (1975).

intervenções públicas no setor eram formuladas em níveis muito gerais, quando não consistiam de apenas uma única proposta, como por exemplo aumentar os vínculos econômicos entre os dois setores, o que resultava em baixa eficácia das ações públicas, tendo em vista a extensa e complexa heterogeneidade do setor informal.

Em segundo lugar as formas de mensuração, como decorrência do quadro anterior, divergiram muito nessa primeira fase. As diferenças principais, nesse campo, residem tanto na escolha da unidade de análise — ocupados ou estabelecimentos produtivos —, como nas normas adotadas para extrair o setor informal a partir dessas duas categorias. Destacam-se, entre essas, a determinação de selecionados tipos de ramos de atividade (tradicionais *versus* modernos), de diferentes números de empregados no estabelecimento produtivo (de 3 a 22) e de diferentes níveis de rendimentos para os ocupados (de 1/2 a 2 salários mínimos). Nesse sentido, o setor informal era caracterizado *a priori* e referido exclusivamente, e de uma forma agregada, aos segmentos mais pobres da população ocupada.

Isto posto, esta primeira abordagem desconsidera os critérios enunciados no estudo original: a inserção do trabalhador no aparelho produtivo — se por conta própria ou assalariado —, a forma de organização do estabelecimento produtivo e sua inserção no mercado de bens ou produtos e o tecido heterogêneo e diversificado do setor informal. Fatos esses que ensejaram nova elaboração desse conceito.

3. A segunda fase da aplicação do termo setor informal: formas de inserção do trabalhador na produção

Alguns autores, a partir do segundo lustro dos anos 70 com o intuito de superar as dificuldades teóricas que se originaram na primeira fase de aplicação do conceito de *informalidade* passam a abordá-la, a partir das relações do trabalhador com os meios e instrumentos de produção.[6] Neste sentido, o setor informal, naquele momento, também, denominado *pequena produção*, é definido como o conjunto das atividades econômicas em que o produtor direto, de posse dos

---

[6] Vejam-se, por exemplo, os estudos de Moser (1978), Gerry (1979), Souza (1979; 1980) e Cacciamali (1980; 1983; 1989a e 1989b).

instrumentos de trabalho e com a ajuda de mão-de-obra familiar ou de alguns ajudantes, produz bens ou serviços. Além disso, somam-se a essa definição alguns pressupostos e racionalizações que mudam radicalmente as formulações teóricas anteriores e inauguram uma segunda fase de aplicação do conceito. Estas novas direções podem ser sumarizadas em cinco pontos expostos a seguir.

3.1. Renovação da abordagem

O novo enfoque rompe a abordagem dual estática substituindo-a por um enfoque dinâmico, subordinado e intersticial. Entende-se que os movimentos e a dinâmica das atividades tipicamente capitalistas, ao mesmo tempo que criam uma configuração para outras atividades formais também propiciam espaços econômicos que podem ser explorados por pequenos produtores e por trabalhadores por conta própria. O espaço informal, portanto, transforma-se, ao longo do tempo, subordinado aos movimentos da produção tipicamente capitalista e aos decorrentes perfis de demanda e de distribuição de renda. Assim, ao longo do tempo, as atividades informais existentes sobrevivem, morrem ou se transformam, enquanto, incessantemente, outras possibilidades para produtores informais estão sendo gestadas. Logo, o espaço econômico informal, que é intersticial às atividades econômicas dominantes, é ocupado de forma permanente e constitui parte integrante de um mercado de trabalho em equilíbrio, embora o tipo de produtores e a oferta de bens e de serviços modifiquem-se ao longo do tempo. O vínculo estrutural entre os setores formal e informal é concretizado por meio de um fluxo de renda também permanente do primeiro para o segundo setor, através de vínculos de subcontratação, prestação de serviços, venda de mercadorias, poupanças acumuladas em empregos formais e aplicadas em atividades informais, etc. Deseja-se destacar, com o objetivo de ratificar esses pontos, que a coexistência entre as atividades formais e informais ocorre em todas as economias industrializadas avançadas, independentemente do padrão de industrialização. Em seis países fortemente industrializados, por exemplo, na década de 80 a participação dos trabalhadores por conta própria mais os trabalhadores não remunerados manteve-se praticamente constante no total dos ocupados e, em 1987, os valores eram os seguintes: Estados Unidos da América do Norte, 8,71%; Canadá, 9,35%; Alemanha Ocidental, 11,76%; França, 14,35%; Japão, 24,06%; Itália, 24,06%.

3.2. Formas de inserção na produção

Essa nova abordagem permite perceber que a produção e as relações de produção estruturam-se em um *continuum*, em vez de em apenas dois setores. Esta hipótese permite identificar um espectro de inserções ocupacionais, além do trabalho assalariado inserido nas firmas tipicamente capitalista, como por exemplo: o assalariamento sem contrato legal de trabalho (principalmente, nas pequenas e médias empresas dos setores agrícola, construção civil e serviços em geral); o assalariamento ocasional ou temporário; o assalariamento sazonal; o assalariamento disfarçado (esta relação é assim definida porque aparentemente o trabalhador é autônomo, mas na realidade encontra-se subordinado a uma determinada e única firma, como por exemplo, vendedores de sorvetes, de doces, de cosméticos, etc.); o trabalho por conta própria, autônomo ou independente; os pequenos estabelecimentos, nos diversos setores da economia, em que o proprietário é o produtor direto de um bem ou executa diretamente um serviço; as quase-empresas capitalistas; o emprego doméstico, etc.

O perfil ocupacional passa a ser distinguido, dessa maneira, por uma forte heterogeneidade e, no que se refere ao espaço econômico do setor informal, deve ser destacado que é um *locus* de trabalhadores altamente diferenciados quanto às ocupações, às condições de trabalho e aos níveis de renda. Ali, inserem-se trabalhadores que por opção, pelas habilidades e pela qualidade dos serviços prestados auferem relativamente altos níveis de renda quando comparados com a média dos assalariados, como também existem indivíduos que, sem nenhuma qualificação, não podem ser absorvidos por firmas organizadas e que findam por receber remunerações insuficientes perante o padrão médio mínimo de vida social.

3.3. Racionalidade econômica

Entende-se que a racionalidade econômica dos produtores informais — tipicamente os trabalhadores por conta própria e os pequenos produtores — mira, ao invés de uma taxa de retorno competitiva e/ou um processo de acumulação, maximizar o fluxo de renda total que a atividade possibilita perceber, de tal forma a permitir, em primeira instância, a reprodução do produtor e de seu núcleo familiar, e, em seguida, a manutenção da atividade. A forma de organizar a produção, em base ao próprio trabalho, em geral, não permite acumulação,[7] nem saltos tecnológicos e quando estes últimos ocorrem são uma resposta aos movimentos de redefinição do espaço e das formas de exploração do setor formal.

3.4. Absorção de força de trabalho

Somam-se, às qualificações citadas acima, outras peculiaridades do comportamento do setor informal que são da maior relevância para melhor compreensão deste segmento. A opção pelo informal, conforme apresentado anteriormente, pode constituir-se numa fonte preciosa de emprego e de renda para particular grupo da população ativa. É bom lembrar, no entanto, que o espaço informal é limitado, além de as atividades, em geral, requererem a posse de instrumentos de trabalho e de conhecimentos específicos não disponíveis para a grande maioria da população ativa. Assim, numa sociedade capitalista, mesmo que em fase de consolidação, não é um dos atributos desse setor constituir-se no principal agente criador de empregos e renda. O setor informal é subordinado e se amolda aos processos dinâmicos do setor formal, assim, é bem verdade que, em períodos de expansão do nível da atividade econômica, para grupos que possuem cognição, habilidades e instrumentos de trabalho é uma forma de inserção que permite ganhar a vida até melhor que na mesma ocupação assalariada. Mas, em períodos de retração da atividade econômica, em que a renda formal se contrai e o desemprego, as formas precárias de emprego e o setor informal aumentam, o ajustamento da maior parte das atividades informais dá-se por diminuição do nível médio de renda. Nesse sentido, a renda média do setor informal é cíclica e acompanha a evolução da renda do setor formal

3.5. Mensuração

Um último aspecto que se deseja apontar refere-se às formas de mensuração. A economia informal pode ser diagnosticada através de dois procedimentos. O primeiro, a partir de informações a respeito da

---

[7] Quando a atividade permite expansão, em geral, transforma sua organização, capitaliza-se e passa a acumular.

oferta de trabalho, utiliza painéis domiciliares de emprego e renda para investigar as formas de inserção dos ocupados na produção, traduzidas por meio de um conjunto de categorias ocupacionais denominadas *posição na ocupação*. A partir desta primeira delimitação empírica torna-se possível averiguar as características dos trabalhadores e das atividades informais, como por exemplo idade, sexo, nível de renda, ramo de atividade, etc. Ademais, muitas vezes, os painéis domiciliares dão conta, também, de informações a respeito do estabelecimento e das formas de trabalho ali executadas. Este tipo de levantamento no Brasil é realizado anualmente[8] pela Fundação IBGE e indica o número total de empregados com carteira e sem carteira de trabalho assinada pelo empregador, de trabalhadores por conta própria, de trabalhadores sem remuneração e de empregadores. E, embora esse painel apresente algumas deficiências de ordem conceitual,[9] é muito valioso para os pesquisadores sociais do país, pois, além de extenso e compatível ao longo de mais de vinte anos, no caso específico do setor informal permite obter de uma forma direta o número de trabalhadores por conta própria — núcleo típico desse setor — e realizar estimativas sobre o número de pequenos produtores e da mão-de-obra familiar. Adotando essa fonte de dados estima-se que os ocupados do setor informal, na década de 80, no Brasil, mostram uma participação praticamente estável no total dos ocupados, em torno de 26%, após ter apresentado uma elevação de três pontos percentuais durante os anos da recessão econômica (1981-1983).

Uma segunda forma de diagnosticar a magnitude do setor informal é por meio de pesquisas diretas em estabelecimentos, nas quais se extraem as unidades produtivas informais através de critérios sobre a forma de organização da unidade produtiva, que devem considerar a junção das atividades de produção e de administração do proprietário, a posse dos meios de produção e o número de trabalhadores familiares ou de ajudantes. Este tipo de levantamento, entretanto, é mais difícil de ser realizado devido a requerer entrevistadores mais qualificados, o treinamento exigir mais tempo e ser custoso, como porque numerosos pequenos estabelecimentos também compõem a economia submersa

---

[8] A referência é a respeito das Pesquisas Nacionais por Amostra de Domicílios realizadas desde 1968 pela Fundação IBGE. Essa instituição também efetiva, desde 1982, para as Áreas Metropolitanas uma pesquisa mensal de emprego e renda.
[9] Detalhes a respeito do segmento de mão-de-obra das Pesquisas Nacionais por Amostra de Domicílios da Fundação IBGE podem ser obtidos em Arias (1988) e Cacciamali (1988).

e, portanto, são de difícil identificação para os pesquisadores. Além dessas, há outra restrição, pois esse método não apreende substancial parcela de ocupados por conta própria. A Fundação IBGE no censo industrial de 1985 realizou uma *enquête* minuciosa sobre as microempresas no Brasil — *proxy* para um dos segmentos do setor informal, o número de unidades. Os resultados indicaram que 77% do total de estabelecimentos pertencem a este segmento, que ocupa 20% do total da mão-de-obra empregada e que se apropria de apenas 3% do total da receita faturada.

4. A economia submersa e as divergências com o setor informal

Nos países de industrialização avançada, ao fim dos anos 70 o termo *economia informal* passa a constar da literatura especializada, juntamente com outras denominações,[10] para caracterizar as atividades econômicas que, embora não condenadas socialmente, como por exemplo, o tráfico de drogas, o crime organizado, etc., não cumprem as regras institucionais, sejam estas fiscais, trabalhistas, sanitárias ou de qualquer outro tipo. É bom lembrar que a década de 70, nos principais países industrializados, distinguiu-se das duas décadas anteriores por ciclos pronunciados de aceleração e desaceleração da atividade econômica, pelo aumento das taxas de inflação e de desemprego; pela expansão do déficit público e crescimento da carga tributária para contê-lo; pela diminuição das taxas de retorno; pela desaceleração do comércio internacional e pelo aumento do protecionismo em geral. Esse quadro de instabilidade, estagnação e inflação ensejou políticas econômicas de ajustamento recessivas nos três primeiros anos da década de 80. Além do que, a partir do segundo lustro dos anos 70, e de forma acentuada, um maior número de empresas, de assalariados e de trabalhadores por conta própria passou a atuar à margem do marco regulador do Estado, e, portanto, a sonegar, para efeito da fiscalização, informações relativas a receitas, compras de insumos e contratação de trabalhadores.

[10] Foram listados por esta autora as seguintes denominações para o mesmo fenômeno: subterrânea, submersa, oculta, escondida, invisível, informal, não registrada, não enumerada, não regulamentada, a dinheiro corrente, irregular, paralela, clandestina, não observada, não oficial, secundária, por debaixo do pano e negra.

Esse fenômeno fixou-se na literatura com as denominações de *economia invisível, subterrânea* ou *submersa* e evidenciou-se nesse período de maneira tão contundente que determinados autores chegaram a afirmar que os elevados níveis recessivos, indicados pelas estatísticas oficiais no produto e no emprego, encontravam-se superestimados em virtude do volume de subdeclarações.[11]

A ilegalidade, nessa interpretação do setor informal, é a principal delimitação e o primeiro corte operacional para analisar e desagregar outros aspectos relativos às atividades econômicas. Enquanto, no conceito de setor informal apresentado anteriormente, a ilegalidade poderia constituir-se numa característica conexa à atividade econômica, mas não era fundamental para distinguir uma atividade formal de uma informal; pois, a *forma de organização da produção* de uma determinada atividade econômica era o corte teórico-operacional básico para essa diferenciação. À medida que o mundo real apresenta dois fenômenos diversos, nada mais correto para evitar má comunicação, não apenas de ordem semântica, mas principalmente teórica, que nominá-los de forma distinta. Mantém-se, dessa maneira, a denominação de *setor informal*, segundo o sentido original, para as atividades que operam com base no trabalho do proprietário do instrumento de trabalho, ajudado por mão-de-obra familiar e/ou alguns auxiliares, e o conjunto de atividades ilegais passa a ser chamado de *economia submersa*.

4.1. Causas da economia submersa

As raízes da economia submersa firmam-se nas formas e nas esferas da regulação do Estado voltadas para as atividades econômicas. As páginas da história revelam inúmeras, sucessivas e comoventes rebeliões populares contra determinados — e considerados abusivos — pagamentos fiscais. Pode-se afirmar que a economia submersa da atualidade origina-se na expansão das atividades do Estado, após a Segunda Grande Guerra, e na extensão e complexidade dos níveis de regulação que emergiram em paralelo. Mais especificamente, o nível da carga tributária e a moralidade fiscal do poder público são os fatores preponderantes que vêm a influenciar a magnitude do setor submerso. Assim, quanto mais extensa e complexa a regulação, quanto maior a carga tributária e quanto menor o esforço de arrecadação, maior tenderá a

---

[11] Veja-se, por exemplo, o estudo de Feige (1979).

ser o conjunto das atividades que fogem, total ou parcialmente, das regras institucionais. Ademais, à medida que o Estado aprimora os instrumentos de controle, os agentes econômicos também sofisticam as formas de evasão, maquiando atividades, sub e superfaturando, subcontratando outras empresas, contratando trabalhadores clandestinos, remetendo rendas para paraísos fiscais, etc. Deseja-se destacar que em períodos de retração econômica, nos quais a contenção de custos é chave, aumentam substancialmente as tentativas de burlar a legislação fiscal.

Os pequenos estabelecimentos nesse contexto, independentemente de sua forma de organização, e os trabalhadores por conta própria vivem uma condição ambígua. Por um lado, sua pequenez e pulverização perante o tecido econômico conferem-lhes facilidades para fugir do controle do Estado; por outro, são mais suscetíveis às pressões e às propinas da fiscalização. Cabe destacar, contudo, que as pequenas unidades produtivas, em todos os países, e conforme foi apresentado anteriormente inclusive para o Brasil, embora numerosas apropriam-se de uma parcela diminuta do total da renda gerada e tributável. Dessa forma, muitos países toleram esse nível de sonegação, e grande parte deles isenta de impostos esse segmento, pois a perda de receita fiscal é mais que compensada pelos benefícios que trazem aos produtores, pela economia nos custos de controle e por evitar incentivos à corrupção da fiscalização.

Há, dessa maneira, uma superposição, que pode ser visualizada por intermédio do Diagrama 1, entre as atividades informais e as submersas e pode-se afirmar que em número, não em importância de valor, a tendência à submersão é mais relevante entre as atividades informais que entre as formais. Essa superposição não é exclusiva desses dois setores; essas relações existem também entre os setores formal e registrado — denominada assim por ater-se às regras do Estado e prestar declarações fidedignas. Prosseguindo mais um pouco com essa questão e com o intuito de esclarecê-la e aprofundá-la, apresentam-se na Tabela 1 as relações entre os trabalhadores formais, informais, registrados e submersos classificados de acordo com suas formas de inserção. Observe-se que os assalariados por definição inserem-se estritamente no setor formal, mas podem constar da economia registrada ou da submersa. Isso depende da existência de um contrato legal de trabalho entre empregado e empregador, que no Brasil é consubstanciado pelo registro, efetuado pelo empregador, na carteira de trabalho do empregado. Por outro lado, os pequenos produtores, os trabalhadores

DIAGRAMA 1
RELAÇÕES ENTRE AS ECONOMIAS FORMAL, INFORMAL, SUBMERSA E REGISTRADA

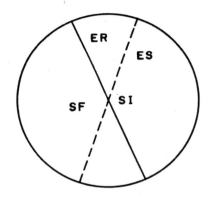

Notas

ER = Economia registrada
ES = Economia submersa
SF = Setor formal
SI = Setor informal

TABELA 1
INSERÇÃO DOS TRABALHADORES SEGUNDO AS ECONOMIAS FORMAL, INFORMAL, REGISTRADA E SUBMERSA

	Registro	
Relações de produção	Economia registrada	Economia submersa
Setor formal	Assalariados registrados e funcionários públicos.	Assalariados não registrados.
Setor informal	Pequenos produtores, mão-de-obra familiar e ajudantes; trabalhadores por conta própria e ajudantes; serviços domésticos (registrados).	Pequenos produtores, mão-de-obra familiar e ajudantes; trabalhadores por conta própria e ajudantes; serviços domésticos (não registrados).

por conta própria e os serviçais domésticos também por definição — pela forma de organizar a produção — inserem-se no setor informal, e caso cumpram as regulamentações legais referentes ao seu ofício ou negócio compõem a economia registrada, caso contrário atuam na economia submersa. Note-se que significativa parcela dos trabalhadores informais trabalha de forma clandestina, no entanto, à medida que eles passam a se estabelecer de forma mais permanente em suas atividades e que prestam serviços ou oferecem produtos regularmente, tendem a se registrar, tanto para celebrar contratos legais, como para receber crédito, ou evitar choques e desembolso de propinas para a fiscalização.

4.2. Formas de mensuração

A economia submersa possui diversas facetas, entre as quais, as mais importantes são o volume de produção não declarado, a evasão decorrente de impostos e o número de empregados contratados clandestinamente. Inicialmente é necessário, portanto, determinar o objeto desse segmento econômico que se deseja medir. A literatura econômica apresenta três métodos mais freqüentemente utilizados para estimar o valor adicionado sonegado das estatísticas oficiais.[12] O primeiro, denominado *por discrepância*, fixa o excesso de gastos sobre o total da renda para indicar o volume da economia submersa. O segundo, denominado *monetário*, parte da hipótese que o setor submerso da economia opera com dinheiro corrente e, dessa forma, formula equações de demanda por moeda que estimadas permitem estabelecer a razão *normal* entre a moeda corrente e o total de meios de pagamentos. Em seguida, num determinado ano, o coeficiente estimado *vis-à-vis* do coeficiente *normal* fornece uma estimativa da magnitude da economia submersa. O terceiro método, por sua vez, estima a economia submersa a partir de um conjunto de parâmetros associados à carga tributária, à moralidade fiscal e ao nível de regulação da economia. Finalmente, quando o aspecto a mensurar é o número de trabalhadores contratados ilegalmente, o levantamento é realizado por meio de painéis domiciliares que investigam as formas de inserção dos trabalhadores na produção e essas estimativas são checadas pela evolução da taxa de atividade da força de trabalho.

---

[12] Ver, sobre essa matéria, os artigos de Frey e Pommerehne (1984) e o livro editado por Tanzi (1982).

As estimativas sobre o valor adicionado submerso divergem substancialmente, dependendo do método utilizado. Assim, por exemplo, para os Estados Unidos da América do Norte, para o ano de 1978, a subestimação do PIB correspondia, pelo método da discrepância, a cerca de 5%; a cerca de 12%, pelo método da demanda por moeda; e a aproximadamente 9% empregando-se estimativas de parâmetros da carga tributária. Infelizmente, ainda não foram realizados estudos empíricos desse tipo no Brasil, contudo o Departamento de Contas Nacionais da Fundação IBGE estimou, para 1980 e 1987, em 12% e 14%, respectivamente, o PIB submerso do país, estando esse valor devidamente incorporado às contas oficiais. Adicionalmente, informações sobre o contingente de ocupados, em 1987, mostram que 51% do total não contribuem para nenhum instituto de previdência social, e que 53% do total de empregados não possuem registro na carteira de trabalho, o que corresponde a 23% do total de ocupados no Brasil.

4.3. Políticas econômicas

Menor interferência do Estado nas atividades econômicas e menor carga fiscal são diretrizes de política econômica propostas pelos *policy-makers* para diminuir a economia submersa. Ou seja, tendo como referência o marco teórico da economia neoclássica, entende-se que maior eficiência alocativa é atingida à medida que a intervenção no funcionamento dos mercados seja minimizada. Além disso, a diminuição de tributos, de acordo com a linha do *supply side economics*, conduziria ao crescimento do investimento privado, a maior volume de negócios e a uma base de arrecadação maior. Outras medidas de caráter complementar, além da diminuição de impostos, também são propostas, como por exemplo menores gastos sociais, mormente nas áreas da previdência, da assistência social pública e do seguro desemprego, repassando-os para o setor privado; diminuição da máquina burocrática; simplificação e diminuição dos níveis de regulação, enfim, maiores liberdades econômicas individuais.

A partir desse quadro tornam-se necessárias algumas qualificações. A primeira diz respeito às formulações de política econômica referidas anteriormente que devem ser balizadas pelo contexto desta última década e para os países de industrialização avançada. Estes ergueram-se, no pós-guerra, sobre uma complexa estrutura técnica, cultural e de organização social, e por quase trinta anos implementaram políticas keynesianas de bem-estar construindo uma realidade social de relativa homogeneidade que se constitui praticamente num paradigma para os países em desenvolvimento. Nestes países, por outro lado, o Estado e os partidos políticos têm muito ainda a realizar para permitir e acelerar um quadro de menor desigualdade socio-econômica. Em segundo lugar as tendências atuais na organização do Estado dos países industrializados e dos países de industrialização recente do Leste da Ásia não mostram uma diminuição de ênfase na função reguladora do Estado. Regras disciplinadoras do funcionamento da economia continuam sendo definidas tanto com vistas à aplicação das inovações tecnológicas e ao novo padrão industrial em gestação, como para evitar a espoliação pelos mais fortes dos segmentos empresariais e populacionais mais fracos ou dos setores econômicos domésticos por agentes externos. Além do que, não se pode deixar de enfatizar a imprescindibilidade do Estado para efetivar determinadas políticas de homogeneização social, como, por exemplo, de educação e de distribuição de renda. Em terceiro lugar destaca-se que, enquanto, nos países industrializados, as medidas de política econômica para a economia submersa são propaladas com o fito de aumentar a eficácia das atividades estatais, nos países em desenvolvimento, muitas vezes, a pregação objetiva interesses imediatos de segmentos privados no sentido de desmoralizar e desalojar o Estado do seu papel de contrapeso na defesa dos interesses econômicos e sociais dos segmentos menos organizados da sociedade. Por fim, em quarto lugar distinguem-se as diferenças entre as políticas propostas para a economia submersa e para o setor informal. A intervenção do Estado, para este, é esboçada a partir do arcabouço teórico keynesiano e objetiva menor grau de concentração das atividades econômicas, a reorientação do perfil de distribuição da renda em favor dos menos favorecidos e a criação de mecanismos que permitam maior resistência dos segmentos mais despreparados e frágeis da população aos avanços desapropriadores do sistema capitalista de produção.

5. Emprego, níveis de renda e grau de desigualdade entre os trabalhadores das economias formal, informal, registrada e submersa

A evolução da ocupação no Brasil, desde o pós-guerra, acompanhou o crescimento da força de trabalho, embora, ao longo desse período, profundas diferenças tivessem ocorrido quanto aos níveis de absorção da mão-de-obra entre os grandes setores econômicos e à qualidade dos empregos criados. Os ramos dinâmicos da indústria de transformação e a construção civil constituíram-se, nas décadas de 60 e 70, nos principais setores geradores de empregos. Enquanto, nos anos 80, a diminuição relativa da taxa de investimento e o quadro de estagnação econômica levou a que o setor terciário desempenhasse esse papel impulsionado, especialmente, pelos ramos da administração pública, das instituições financeiras e do comércio.[13] A Tabela 2 mostra o menor ritmo de crescimento e a perda de importância relativa do setor industrial durante 1980, e enfatiza-se que, às diminuições relativas do produto e do emprego desse setor, coube à primeira variável maior queda relativa o que, nesse período, impacta negativamente sobre as taxas de crescimento da produtividade média do trabalho. Este fenômeno é fundamentalmente distinto da dinâmica da década de 80 nos países de industrialização avançada. Nos principais países da OCDE, embora tenha ocorrido uma desaceleração nas taxas de crescimento do produto e do emprego industriais, este, em virtude do rejuvenescimento tecnológico e do processo de ajustamento do mercado de trabalho no início da década, decresceu mais que aquele, o que redunda na elevação dos níveis da produtividade de trabalho. Esse elemento constitui-se numa restrição adicional para a futura inserção do Brasil na nova divisão internacional do trabalho.

TABELA 2
TAXAS MÉDIAS ANUAIS DE PRODUTO E DO EMPREGO E DA PRODUTIVIDADE MÉDIA
DO TRABALHO POR SETORES ECONÔMICOS BRASIL, 1970-1988

	Produto		Emprego		Produtividade	
	1970-80	1979-87	1970-80	1979-88	1970-80	1979-88
Agrícola	4,754	3,398	0,017	-0,099	4,728	3,497
Indústria	9,299	.....	7,262	2,970	2,037	.....
Manufatura	8,959	1,411	7,781	4,303	1,178	-2,892
Terciário	9,036	3,565	6,001	5,345	3,035	-1,780
Total	8,680	2,809	4,011	3,217	4,669	-0,408

Fonte: Cacciamali (1989 b).

[13] Uma análise detalhada sobre o comportamento do produto e do emprego por ramo de atividade segundo a posição na ocupação dos trabalhadores para o período 1980-1985 pode ser encontrada, entre outros, em Cacciamali (1989b).

Adicionalmente, ocorreu, em paralelo, significatica perda de qualidade dos empregos criados nos anos 80 quando comparados com as duas décadas anteriores. Nestas predominaram a criação de empregos assalariados com registro em carteira de trabalho, enquanto naqueles o crescimento do emprego efetivou-se, em primeiro lugar, por meio de assalariamento clandestino — típico da economia submersa — e, em seguida, através de ocupações por conta própria, características do setor informal. Os empregados sem registro na carteira de trabalho que, no fim da década de 70, representavam 23% no total de ocupados passam em 1988 a participar com 27%; e os trabalhadores por conta própria, nesse mesmo período, aumentam o peso relativo de 22% para 23% (Tabela 3). Assim, é bom não perder de vista que, nesta década, a manutenção dos níveis de ocupação, *vis-à-vis* do crescimento da população em idade ativa, foi atingida por meio de uma redução dramática nos níveis médios de produtividade, do aumento da precaridade dos vínculos de trabalho e da remuneração do trabalho.

É nesse delicado contexto que se pode afirmar que no caso brasileiro não há exclusão de segmentos da população ativa em relação à utilização de sua força de trabalho, no entanto há, sim, uma profunda e trágica exceção quando se analisam a apropriação da renda pelas principais formas de inserção, os níveis de rendimento do trabalho e o grau de desigualdade entre eles. Os trabalhadores que participam no mercado de trabalho formal e na economia registrada — empregados com carteira de trabalho assinada pelo empregador e os ocupados que contribuem para institutos de previdência social, respectivamente, como era de esperar, e constituem os estratos privilegiados do mercado de trabalho.

O primeiro grupo representa, em 1987, 44,2% do total de trabalhadores remunerados e apropria-se de 56,84% da renda total do trabalho, ou seja, cada 1% dos trabalhadores desse segmento percebe, na média, 1,28% da renda do trabalho. Além disso, embora essa categoria ocupacional, entre 1979 e 1988, tenha perdido poder aquisitivo médio, aufere salários médios mensais que superam, na mesma unidade de tempo, em mais de um terço os rendimentos médios dos trabalhadores por conta própria e em mais do dobro aqueles dos empregados clandestinos (Tabela 4). Esses diferenciais agravam-se quando se incorporam aos vencimentos médios dos primeiros os benefícios pecuniários decorrentes exclusivamente da legislação trabalhista que resultam num adicional de cerca de 30%. O segundo conjunto de ocupados, por sua vez, participa com pouco mais da metade do total (51%) e recebe três quartos da renda total, o que indica que a cada 1% dos ocupados que contribuem para a previdência corresponde um percentual de 1,5% total dos rendimentos. O nível médio de renda desse grupo é quase três vezes maior que aquele dos trabalhadores à margem da previdência social (Tabela 4). Destaca-se que as diferenças neste segundo segmento são maiores que no anterior porque encontram-se aqui incluídos os integrantes da categoria dos empregadores.

A contrapartida, por outro lado, situa-se nas demais categorias ocupacionais. Os trabalhadores por conta própria são 26,1% do total de trabalhadores remunerados e lhes são atribuídos 25,4% do total da renda do trabalho, indicando uma relação de 1% de trabalhadores para 0,9% de renda; enquanto, cabe aos empregados sem registro, embora representando 29,6% do total de trabalhadores remunerados, apenas 17,7% da renda total do trabalho, o que resulta num coeficiente de 1% para 0,6%; e, por fim, os ocupados que não contribuem para a previdência social, cerca de 49%, participam de pouco mais de um quarto da renda total.

TABELA 3
DISTRIBUIÇÃO DOS OCUPADOS SEGUNDO POSIÇÃO NA OCUPAÇÃO E CONTRIBUIÇÃO
A INSTITUIÇÕES DE PREVIDÊNCIA E TAXA MÉDIA DE CRESCIMENTO BRASIL 1979-1988

Posição na ocupação	1979	1983	1985	1988	1983-79	1985-83	1988-85	1988-79
Emp. c/ carteira	39,2	38,1	38,7	38,8	0,651	7,635	3,442	3,098
Emp. s/ carteira	23,1	25,5	25,9	27,3	3,849	7,796	5,089	5,128
Conta própria	21,8	23,5	22,8	23,0	3,313	5,115	3,657	3,826
Empregador	3,8	3,2	3,2	3,3	-2,724	6,242	4,802	1,696
Sem remuneração	12,1	9,7	9,5	7,6	-4,220	5,918	-3,846	-1,927
Total	100,0	100,0	100,0	100,0	1,353	6,880	3,326	3,217
Inst. Previdência								
Contribuintes	49,1	49,6	47,3	50,7	1,595	4,367	5,765	3,584
Nº contrib.	50,9	50,4	52,7	49,3	1,118	9,296	1,036	2,853
Total	100,0	100,0	100,0	100,0	1,353	6,880	3,326	3,217

Fonte: elaboração da autora a partir de informações que constam das Pesquisas Nacionais por Amostra de Domicílios da Fundação IBGE.

TABELA 4
RENDIMENTOS REAIS SEGUNDO AS CATEGORIAS DE POSIÇÃO NA OCUPAÇÃO BRASIL,
1979-1987 (NCZ$ EM MARÇO DE 1986)

	Total	Empregados		Conta própria	Institutos de Previdência	
		Com cart.	Sem cart.		Contrib.	Não contrib.
Out. 1979	2,395	2,754	1,198	1,996	3,593	1,198
Set. 1983	1,695	1,951	0,976	1,472	2,516	0,770
Set. 1985	1,921	2,205	0,972	1,638	2,740	0,943
Set. 1987	2,149	2,515	1,111	1,911	3,046	1,107
Set. 1988	1,924	2,505	1,104	.....	.....	.....
Variação 79-88	-19,67		-9,040	-7,85	.....	.....

Fonte: idem Tabela 3.
(.....) = informações não disponíveis.
Obs: o deflator utilizado foi o INPC.

É notório que a distribuição de renda do país é, senão a pior, uma das piores do mundo, chegando a atingir um grau de disparidade, medido pelo coeficiente de Gini, de quase 0,6 numa escala de zero a um, em que este é o grau máximo de desigualdade. E deve ser lembrado que sobre a apropriação da renda fortemente diferenciada entre as categorias ocupacionais, de acordo com a exposição anterior, incide ainda uma forte disparidade *intra* cada uma delas. Assim, nesse cenário desigual, as categorias mais frágeis em termos de apropriação e de remuneração médias — empregados clandestinos e por conta própria são as que apresentam os maiores coeficientes de desigualdade (Tabela 5).

Enfim, não é sem fundamentos que os cidadãos deste país passaram a temer o futuro. A deterioração do quadro econômico na década de 80 refletiu-se na situação social de forma desalentadora. Os níveis reais do rendimento médio do segmento mais privilegiado do mercado de trabalho decresceram e a diminuição relativa dos investimentos corresponde o aumento dos vínculos precários de emprego. Isso sem mencionar a degradação dos serviços públicos e a piora nas condições gerais de vida. Soma-se a isso a dificuldade de implementar uma política macroeconômica de distribuição de renda, no médio prazo, que sem dúvida ou receios deve ser enfrentada pelos partidos políticos e pelo Estado. Em primeiro lugar, exigem-se pesados investimentos na oferta de bens de salário e nos setores de infra-estrutura física, e mesmo pressupondo essa efetivação ela demanda maturação. Em segundo lugar, o novo ciclo tecnológico em gestação demanda trabalho com qualificação específica, que é escassa no mercado, trazendo no médio prazo efeitos desigualadores na distribuição de renda. Em terceiro lugar, a recuperação do sistema educacional e a criação de sistemas de formação profissional também requerem tempo e aporte de recursos. E, por último, o crescimento econômico e a expansão do emprego decorrente trazem consigo elementos que tendem a gerar a ampliação no grau de disparidade da distribuição da renda.

TABELA 5
GRAU DE DESIGUALDADE DOS RENDIMENTOS DE TRABALHO DOS OCUPADOS SEGUNDO POSIÇÃO NA OCUPAÇÃO BRASIL, 1979-1987

	Total	Empregados			Conta própria	Institutos de Previdência	
		Com cart.	Sem cart.	Total		Contrib.	Não contrib.
Out. 1979	0,567	.....	.....	0,545	0,571	0,516	0,511
Set. 1983	0,585	.....	.....	0,634	0,567	0,519	0,532
Set. 1985	0,585	0,513	0,584	0,578	0,590	0,519	0,557
Set. 1987	0,582	0,509	0,580	0,561	0,596	0,519	0,565
Set. 1988	0,591	0,521	0,581	0,577	.....	.....	.....

Fonte: idem Tabela 3.
(.....) = informações não disponíveis.

Bibliografia

Arias, A. (1988). "Força de trabalho no Brasil", *in* Sawyer, D., *PNADs em foco*, ADEP, Belo Horizonte.

Azevedo, B. (1987). "Economia informal: uma revolução em marcha?", *Ensaios FEE*, (9), 1, Porto Alegre.

Bawly, D. (1982). *The subterranean economy*, Macgraw-Hill.

Bienefeld, M. (1975). "The informal sector and peripheral capitalism", *IDS Bulletin*, vol. 6, n° 3, fev.
Cacciamali, M. C. (1983). *Setor informal e formas de participação na produção*, Ed. IPE-USP, São Paulo. (Esta publicação é a tese de doutoramento da autora, que, sob o mesmo título, foi apresentada na FEA/USP, em 1982.)
——— (1985). *Geração de emprego e renda no Brasil (Ensaios)*, IPE/USP-IPE/BID, São Paulo.
——— (1988). *Mudanças estruturais no produto e no emprego no Brasil. 1950-85*, tese de livre-docência apresentada na Faculdade de Economia e Administração da Universidade de São Paulo, maio 1988.
——— (1988). "A estrutura regional do emprego no Brasil ao longo da década de 80; tendências a maior assalariamento", *in* Sawyer, D., *PNADs em foco*, ABEP, Belo Horizonte.
——— (1989a) "Expansão do mercado de trabalho não regulamentado e setor informal no Brasil", *Estudos Econômicos*, número especial de 1989, São Paulo.
——— (1989b). *A informalização recente do mercado de trabalho no Brasil*, OIT/MTB. BSSB, mimeo.
Camargo, J. M. (1988). "Demanda por trabalho, salários e preços", Texto para Discussão, n° 13, Brasília, MTB/SES.
——— (1987). "Segmentação, mercado de trabalho e pobreza", *Seminário sobre Distribuição de Renda e Mercado de Trabalho no Brasil*, Rio de Janeiro, CENDEC/IPEA/INPES, abr.
Cavalcanti, C. (1987). "Economia oculta, pequena produção, mercado informal ou circuito inferior: tentativa de precisar um conceito para o setor informal", *Ciência e Cultura*, 39 (5/6), São Paulo, maio-jun.
Duarte, R. (1988). "Setor informal e absorção de migrantes em cidades de porte médio: os casos de Aracaju e Teresina", *Cadernos de Estudos Sociais* (4), 1, Recife, jan.-jun.
Dedeca, C. (1989). "As atividades não organizadas no período 1985-88", SEADE/UNICAMP, São Paulo, mimeo.
FIBGE. (Diversos anos). *Pesquisa Nacional por Amostra de Domicílios*, Rio de Janeiro.
——— (Diversos anos). *Indicadores IBGE*, Rio de Janeiro.
——— (1988). *Contas Nacionais Consolidadas*, Rio de Janeiro.
——— (1989). *Censos Econômicos de 1985. Microempresas*, Rio de Janeiro.
Fey, J. C. e G. Ranis (1964). *Development of the Labor Surplus Economy*, Richard Irwin.
Frey, B. e W. Pommerehne (1984). "The hidden economy: state and prospects for measurent", *Review of Income and Wealth*, 1 (30), mar.

Gerry, C. (1978). "Petty production and capitalist production in Dakar: The Crisis of the Self-Employed", *World Development*, 6, nº 9/10.

Guerguil, M. (1988). "Algunos alcances sobre la definición del sector informal", *Revista de la CEPAL*, nº 35, Santiago, ago.

Lewis, A. (1954). "Economic development with unlimited supply of labour", *The Manchester School*, vol. 22, maio.

Moser, C. (1978). "Informal or petty commodity production: dualism or dependence in urban development", *World Development*, 6, nº 9/10.

Oliveira, J. S. e R. P. Santos (1975). "O biscateiro como uma categoria de trabalho; uma análise antropológica", *Sistema de Informações para Políticas de Emprego*, IPEA, Brasília.

OIT (1972). *Employment, income and equality: a strategy for increasing productive employment in Kenya*, Genebra.

Pahl, R. E. (1988). "Some remarks on informal work, social polarization and the social structure", *Internacional Journal of Urban and Regional Research*, vol. 12, nº 2, jun.

Parra, T. (1983). "La economia subterránea: nueva problemática de la crisis", *Pensiamento Ibero-Americano*, nº 3, jan-jun.

Prandi, R. (1979). *O trabalhador por conta própria*, São Paulo, Simbolo.

PREALC (1987). "El sector informal: quince años despues", Documentos de Trabajo, OIT/PREALC, Santiago.

——— (1988). "La evolución del mercado laboral entre 1980 e 1987", Documentos de Trabajo, OIT/PREALC, Santiago.

Saboia, J. (1986). "Transformação no mercado de trabalho no Brasil durante a crise", *Revista de Economia Política*, vol. 6, nº 3.

——— (1989). "Dualismo ou integração no mercado de trabalho", *Estudos Econômicos*, número especial de 1989, São Paulo.

Soto, H. (1986). *El otro sendero - la revolución informal*, Lima, El Barranco.

Souza, P. R. (1979). "Salário e mão-de-obra excedente", *Estudos CEBRAP*, nº 25, São Paulo.

——— (1980). "Emprego e salários em economias atrasadas", tese de doutoramento apresentada no Instituto de Economia da Universidade Estadual de Campinas, mimeo.

Tanzi, V. (org.) (1982). *The underground economy in the United States and abroad*, Lexington, Heath. Werks.

7
DISTRIBUIÇÃO DA RENDA NA AGRICULTURA

Rodolfo Hoffmann

1. Introdução

A modernização da agricultura se caracteriza por uma crescente integração com a indústria. De um lado cresce a importância dos meios de produção industriais para a agricultura, na forma de máquinas e insumos, incluindo adubos químicos, defensivos agrícolas, combustíveis, produtos veterinários, etc. Por outro lado, a produção agropecuária é destinada, em proporções crescentes, às agroindústrias. O alto grau de integração entre agricultura e indústria é ilustrado pelo caso das usinas de açúcar e álcool. Dependendo da finalidade do estudo, é essencial analisar o complexo agroindustrial, sem isolar a parte agrícola. No caso de usinas de açúcar e álcool, a separação entre lucro da parte industrial e lucro da parte agrícola exige certa arbitrariedade.

Apesar disso, a agricultura tem certas características próprias que justificam, em muitos casos, que se faça uma análise específica desse setor. A produção agrícola caracteriza-se pela sua dependência das condições edafo-climáticas e pela dispersão geográfica, associada com a sua distribuição em grande número de unidades de produção. É notório, também, o fato de a agricultura ser a fonte de produtos de consumo básicos, particularmente alimentos.

Cabe esclarecer que, tanto nos Censos Demográficos como nas Pesquisas Nacionais por Amostra de Domicílios (PNAD), que são as fontes básicas de dados sobre distribuição da renda, o setor agrícola engloba atividades agropecuárias, extração vegetal e pesca.

Na próxima seção será analisada a evolução da distribuição da renda na agricultura brasileira na década de 70. A seguir serão examinados dados de 1980 sobre a distribuição das pessoas de acordo com o rendimento familiar *per capita*, será analisada a evolução, após 1980, da distribuição da renda entre pessoas ocupadas na agricultura e, finalmente, serão discutidos alguns fatores associados à desigualdade da distribuição de renda na agropecuária.

2. A década de 70

De 1968 a 1973 o Brasil se destacou internacionalmente pelas suas elevadas taxas de crescimento econômico. Mas o Brasil também se destacou por ter apresentado, na década de 60, intenso aumento da desigualdade da distribuição da renda. De acordo com os dados censitários, a porcentagem da renda apropriada pelos 10% mais ricos da PEA (população economicamente ativa) urbana com algum rendimento aumenta, entre 1960 e 1970, de 38% para 45%. Na área rural também houve aumento da desigualdade, embora de maneira menos intensa.

Assim, o Brasil iniciou a década de 70 como um dos países do mundo com mais desigualdade na distribuição de renda. Os contrastes regionais, com a renda média no Sudeste mais do que duas vezes maior do que a renda média no Nordeste, fazem parte dessa desigualdade, mas estão longe de ser seu componente principal. Existe um grau muito elevado de desigualdade dentro das regiões do país.

Durante a década de 70 a desigualdade cresce quando se considera a distribuição da renda entre pessoas economicamente ativas, mas permanece praticamente inalterada quando se considera a distribuição da renda entre famílias. Constata-se que ocorreram, na década de 70, um forte crescimento da desigualdade no setor agropecuário, uma relativa estabilidade da desigualdade no setor urbano e uma diminuição da desigualdade entre esses dois setores, devido ao crescimento mais rápido do rendimento médio no setor agropecuário (Hoffmann e Kageyama, 1986).

De acordo com os dados dos Censos Demográficos, entre 1970 e 1980, enquanto o rendimento por pessoa ativa no setor urbano crescia cerca de 50%, o rendimento por pessoa ativa no setor agropecuário praticamente dobrou. Apesar da diminuição da desigualdade intersetorial, em 1980 o rendimento médio no setor urbano ainda era mais do que o dobro do rendimento médio no setor rural.

É necessário assinalar que os valores obtidos através dos censos subestimam os rendimentos reais. Uma das razões da subestimação é o fato de não ser incluído o valor da produção para autoconsumo. Outra causa de subestimação é a tendência de as pessoas, especialmente as relativamente ricas, declararem rendimentos menores que os reais. Esse último fenômeno, além de causar uma subestimação dos rendimentos médios, faz com que seja subestimada a desigualdade da distribuição.[1]

Outra limitação importante dos dados censitários sobre distribuição da renda entre pessoas economicamente ativas na agricultura é que, no caso da produção familiar, o rendimento obtido com o trabalho da família é declarado como rendimento do "chefe", e os demais membros da família que trabalham aparecem como pessoas ativas não remuneradas.

A Tabela 1 mostra o extraordinário crescimento da desigualdade da distribuição da renda entre as pessoas de dez anos ou mais economicamente ativas na agropecuária, extração vegetal e pesca, na década de 70. Incluindo as pessoas ativas sem rendimento, verifica-se que a porcentagem da renda recebida pela metade mais pobre diminui de 15,8% em 1970 para 12,2% em 1980, ao mesmo tempo que a porcentagem da renda recebida pelos 10% mais ricos aumenta de 38,4% em 1970 para 51,0% em 1980. O índice de Gini passa de 0,532 em 1970 para 0,622 em 1980, e o índice de Theil[2] cresce de 0,481 para 0,626. O crescimento dos indicadores de desigualdade também é extraordinário quando são excluídas as pessoas sem rendimento. A proporção de pessoas economicamente ativas sem rendimento diminui de 19,9% em 1970 para 17,4% em 1980.

---

[1]. Uma discussão das limitações dos dados sobre rendimento das pessoas obtidas no Censo e nas Pesquisas Nacionais por Amostra de Domicílios pode ser encontrada em Hoffmann (1988 e 1990).

[2]. Se y_i é a participação da i-ésima pessoa na renda total de uma população de tamanho n, a redundância da distribuição de renda é dada por $R = \sum_{i} y_i \ln n y_i$, e o índice de Theil é $T = 1 - \exp(-R)$. Da mesma maneira que o índice de Gini, o índice de Theil varia de zero (quando todas as pessoas têm a mesma renda) até $1 - 1/n$ (quando uma única pessoa se apropria de toda a renda).

TABELA 1
DISTRIBUIÇÃO DAS PESSOAS ECONOMICAMENTE ATIVAS (PEA) NA AGROPECUÁRIA CONFORME O RENDIMENTO MENSAL, NO BRASIL, EM 1970 E 1980

Estatística	Inclusive os sem rendimentos 1970	1980	Exclusive os sem rendimentos 1970	1980
Rendimento médio (m)	0,65	1,32	0,81	1,60
Rendimento mediano (D)	0,52	0,80	0,58	0,91
% da renda recebida por frações relativamente pobres (-) ou ricas (+) 40−	8,3	6,8	17,3	12,5
50−	15,8	12,2	24,2	17,9
60−	24,3	18,8	31,6	23,9
70−	33,8	26,4	40,9	31,0
80−	46,3	35,9	51,9	39,7
10+	38,4	51,0	34,7	47,7
5+	28,0	40,1	25,3	37,5
Índice de Gini (G)	0,532	0,622	0,415	0,543
Índice de Theil (T)	0,481	0,626	0,353	0,548
Proporção de pobres (H)[1]	85,1	66,6	81,4	59,6

Nota: a unidade de medida da média e da mediana é o maior salário mínimo vigente em agosto de 1980. A transformação dos valores de 1970 para essa unidade foi feita utilizando como deflator o índice de custo de vida do DIEESE.

Proporção de pessoas que recebem até um salário mínimo de agosto de 1980.

Na última linha da Tabela 1 é apresentada a proporção de pessoas que recebiam um salário mínimo ou menos, que é uma medida de pobreza absoluta. Convém notar que para 1970 não foi considerado o salário mínimo corrente, mas um valor equivalente ao salário mínimo de agosto de 1980, que é o mês de referência do Censo Demográfico, adotando como deflator o índice de custo de vida do DIEESE. Observa-se que há uma clara redução nessa medida da pobreza absoluta entre as pessoas que permanecem na agricultura, apesar do intenso crescimento da desigualdade da distribuição da renda. É claro que a redução na pobreza absoluta poderia ser maior se o crescimento do rendimento médio houvesse ocorrido sem o simultâneo crescimento da desigualdade.

A Figura 1 mostra o histograma da distribuição dos rendimentos das pessoas ativas na agricultura brasileira em 1980, excluindo as sem rendimento. Observe-se a forte assimetria positiva da distribuição, que se reflete na diferença entre os rendimentos médio ($m=1,60$) e mediano ($D=0,91$ sal. mín.). Como apenas 1,7% da população recebe mais de dez salários mínimos, a respectiva densidade de freqüência relativa é tão pequena que o histograma se confunde com o eixo das abcissas. Entretanto, essas pessoas recebem quase um quarto (24,6%) da renda total.

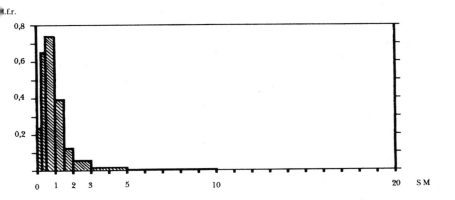

FIGURA 1
HISTOGRAMA DA DISTRIBUIÇÃO DA RENDA ENTRE A PEA NA AGROPECUÁRIA DO BRASIL, EXCLUSIVE OS SEM RENDIMENTO, EM 1980

d.f.r. = densidade de freqüência relativa
SM = salário mínimo de agosto de 1980.

Observa-se, na Tabela 2, que o aumento da desigualdade ocorreu na agropecuária de todas as grandes regiões do país. Note-se que essa desigualdade é maior nas regiões mais desenvolvidas, mostrando que há uma correlação positiva entre a renda média e o grau de desigualdade. Uma análise mais ampla de dados censitários permite mostrar que o processo de modernização da agricultura brasileira esteve associado ao crescimetno da desigualdade no setor. É claro que o aumento da desigualdade não é conseqüência da técnica moderna em si. A associação entre os dois fenômenos só pode ser entendida tendo em vista as condições sócio-econômicas e políticas em que se deu a modernização da agricultura, incluindo aí a estrutura fundiária

TABELA 2
DISTRIBUIÇÃO DAS PESSOAS ECONOMICAMENTE ATIVAS (PEA) NA AGROPECUÁRIA CONFORME O RENDIMENTO MENSAL, EM 4 REGIÕES DO BRASIL, EM 1970 E 1980, EXCLUINDO AS PESSOAS SEM RENDIMENTO

Estatística	Região Nordeste		Região Sudeste		Região Sul		Região Centro-Oeste	
	1970	1980	1970	1980	1970	1980	1970	1980
Rendimento médio (m)[1]	0,58	0,96	0,92	1,98	1,07	2,33	0,93	2,10
% da renda recebida pelos 50% mais pobres (50⁻)	27,5	22,5	22,8	17,6	23,9	15,4	26,1	17,4
10% mais ricos (10⁺)	28,1	36,7	38,3	50,4	34,5	49,3	34,0	49,9
5% mais ricos (5⁺)	19,3	27,8	29,1	40,2	24,7	37,8	25,2	39,7
Índice de Gini (G)	0,349	0,438	0,444	0,556	0,413	0,575	0,384	0,555
Índice de Theil (T)	0,255	0,406	0,407	0,573	0,339	0,556	0,339	0,566

[1] Em salários mínimos de agosto de 1980, usando como deflator o índice de custo de vida do DIEESE.

altamente concentrada e a orientação da política econômica. Deve-se considerar, também, que certas características das inovações tecnológicas adotadas foram determinadas por aquelas condições estruturais e políticas.

Nos Censos Demográficos as pessoas economicamente ativas são classificadas em quatro "posições na ocupação": empregados, autônomos, empregadores e não remunerados. Considerando o conjunto das três primeiras categorias, podem-se constatar modificações importantes nas relações de produção na agricultura, associadas com a modernização do setor e com o crescimento da desigualdade.

Entre 1970 e 1980 ocorre uma modernização das relações de produção na agricultura, com o aumento da importância relativa das categorias típicas do capitalismo: empregados e empregadores. Enquanto a participação dos empregados cresce de 31,8% para 46,0%, a participação dos autônomos diminui de 66,2% para 50,9%. A Figura 2 permite visualizar essa mudança na composição da PEA agropecuária do país na década de 70. Note-se que a categoria dos autônomos, incluindo essencialmente a mão-de-obra da agricultura familiar, ainda é numericamente predominante.

FIGURA 2
PARTICIPAÇÃO DE EMPREGADOS, AUTÔNOMOS E EMPREGADORES (PATRÕES) NO TOTAL DESSAS TRÊS CATEGORIAS DE PESSOAS ECONOMICAMENTE ATIVAS NA AGROPECUÁRIA BRASILEIRA, EM 1970 E 1980

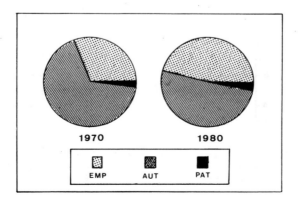

Como o total das três categorias da PEA agrícola é pouco maior em 1980 (10356 milhares de pessoas, contra 10287 milhares em 1970), a diminuição da participação dos autônomos corresponde a uma diminuição de 23% no seu número absoluto.

Essa modernização das relações de produção está muito mais avançada no Estado de São Paulo, onde a participação dos empregados cresce de 60,3% para 76,1%, enquanto a participação dos autônomos diminui de 36,8 para 19,5%.

No Sul a importância da produção familiar faz com que a participação dos autônomos ainda seja bastante alta, embora tenha caído de 73,1% em 1970 para 60,0% em 1980.

O rendimento médio da PEA agrícola cresceu praticamente 100% na década. Mas esse crescimento foi bastante diferenciado: 101% para os empregadores, 121% para os autônomos e 57% para os empregados, como ilustra a Figura 3.

FIGURA 3
CRESCIMENTO DO RENDIMENTO MÉDIO REAL DE EMPREGADOS, AUTÔNOMOS E EMPREGADORES (PATRÕES) NA AGROPECUÁRIA BRASILEIRA ENTRE 1970 E 1980 (EM SALÁRIOS MÍNIMOS DE AGOSTO DE 1980)

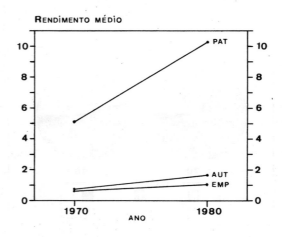

Esse crescimento do rendimento médio é acompanhado por um nítido aumento da desigualdade da distribuição de renda dentro das categorias, especialmente entre autônomos, como mostra a Figura 4. Entre 1970 e 1980, o índice de Gini cresce de 0,320 para 0,358 entre empregados, de 0,383 para 0,539 entre autônomos e de 0,590 para 0,667 entre empregadores.

FIGURA 4
CRESCIMENTO DO ÍNDICE DE GINI DA DESIGUALDADE DA DISTRIBUIÇÃO DE RENDA PARA EMPREGADOS, AUTÔNOMOS E EMPREGADORES (PATRÕES) DA AGROPECUÁRIA BRASILEIRA ENTRE 1970 E 1980

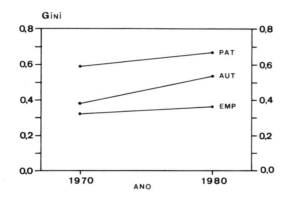

Ao interpretar o crescimento do rendimento médio e da desigualdade entre os autônomos é necessário lembrar que seu número absoluto foi bastante reduzido. Ao longo da década aumentou a importância relativa, na determinação do rendimento médio, daqueles autônomos que puderam se manter como tais porque acompanharam o processo de modernização da agricultura. Os dados sugerem um quadro de evolução da agricultura familiar em que, enquanto alguns progridem, acompanhando o processo de modernização da agricultura, outros permanecem numa situação de pobreza e muitos se proletarizam e/ou migram para áreas urbanas. Quando são analisados dados regionais, há que se considerar, também, a migração entre áreas rurais, que pode estar ou não associada a um processo de proletarização.

O aumento da desigualdade entre as três categorias, acompanhado pelo crescimento da desigualdade dentro de cada categoria (especialmente os autônomos), faz com que os indicadores de desigualdade da distribuição de renda na PEA agrícola mostrem o extraordinário crescimento constatado anteriormente.

3. A distribuição das pessoas de acordo com sua renda familiar *per capita*

O Censo Demográfico de 1980 é uma fonte bastante rica de informações sobre a distribuição da renda no Brasil. Então, optou-se por analisar a distribuição da renda entre pessoas de famílias cujo chefe tem atividade principal na agricultura, classificando as pessoas de acordo com o seu rendimento familiar *per capita*. Dessa maneira são consideradas todas as pessoas (e não apenas as economicamente ativas ou as que têm rendimento próprio) e leva-se em consideração a redistribuição da renda dentro das famílias. Os dados básicos, fornecidos pelo IBGE através de tabulações especiais do Censo Demográfico de 1980, consistem no número de famílias, número de pessoas e rendimento total para os dez estratos de rendimento familiar *per capita* indicados na Tabela 3.

Mesmo levando em consideração a subestimação, verifica-se, na Tabela 3, que o rendimento familiar *per capita* da grande maioria das pessoas diretamente dependentes da agricultura é extremamente baixo. De um total de mais de 36 milhões de pessoas, 22% têm rendimento familiar *per capita* igual ou inferior a 1/8 do maior salário mínimo vigente no país em agosto de 1980, mais de 51% têm rendimento *per capita* igual ou inferior a 1/4 de salário mínimo e mais de 78% têm rendimento *per capita* igual ou inferior a meio salário mínimo.

A Tabela 4 mostra as principais características dessa distribuição no Brasil e nas suas cinco grandes regiões. Para as pessoas de famílias cujo chefe tem atividade principal na agricultura brasileira, o rendimento médio declarado é inferior a meio salário mínimo (SM) e o rendimento mediano é inferior a 1/4 SM. Outra característica notória da distribuição é sua grande desigualdade: o índice de Gini é quase

TABELA 3
DISTRIBUIÇÃO DA RENDA ENTRE PESSOAS DE FAMÍLIAS RESIDENTES EM DOMICÍLIOS PARTICULARES CUJO CHEFE TEM ATIVIDADE PRINCIPAL NA AGRICULTURA, CLASSIFICADAS CONFORME SEU RENDIMENTO FAMILIAR *PER CAPITA*, NO BRASIL, EM 1980

Estrato de rendimento familiar *per capita*, em sal. mín.	Número de famílias	Número de pessoas por fam.	Rendimento *per capita* em sal. min.	% de pessoas	% da renda total
Sem rendimento	109 176	4,81	0	1,45	0
Mais de 0 a 1/8	1 099 619	6,78	0,084	20,63	3,52
Mais de 1/8 a 1/4	1 865 153	5,68	0,188	29,31	11,16
Mais de 1/4 a 1/2	2 037 572	4,76	0,359	26,81	19,56
Mais de 1/2 a 3/4	837 092	4,13	0,613	9,56	11,90
Mais de 3/4 a 1	410 026	3,83	0,865	4,34	7,63
Mais de 1 a 2	477 398	3,77	1,361	4,98	13,77
Mais de 2 a 3	116 931	3,89	2,399	1,26	6,13
Mais de 3 a 5	87 090	3,74	3,792	0,90	6,94
Mais de 5	77 417	3,48	12,793	0,75	19,38
Total[1]	7 117 474	5,08	0,493	100,00	100,00

[1] Exclusive as famílias com pessoas sem declaração de rendimento.

igual a 0,6 e, enquanto os 50% mais pobres ficam com 14% da renda total, os 10% mais ricos ficam com 50% e os 5% mais ricos ficam com quase 40%.

O Nordeste se destaca pela extrema pobreza. Nesta região a proporção de pessoas com vencimento igual ou inferior a 1/4 SM (H) é igual a 68,9% (enquanto no Sul essa proporção é 34,7%). O rendimento médio é 0,273 SM e o rendimento mediano é 0,175 SM. Cabe assinalar que 44% das pessoas de famílias cujo chefe tem atividade principal na agricultura brasileira estão nessa região em 1980.

Verifica-se que a desigualdade da distribuição é maior nas regiões Sudeste e Centro-Oeste e menor nas regiões Norte e Nordeste.

4. Evolução da distribuição da renda na agricultura de 1979 a 1987

Serão analisadas, nesta seção, as alterações na desigualdade da distribuição da renda e no nível de pobreza entre as pessoas ocupadas

TABELA 4
CARACTERÍSTICAS DA DISTRIBUIÇÃO DA RENDA ENTRE PESSOAS DE FAMÍLIAS RESIDENTES EM DOMICÍLIOS PARTICULARES CUJO CHEFE TEM ATIVIDADE PRINCIPAL NA AGRICULTURA, CLASSIFICADAS CONFORME SEU RENDIMENTO FAMILIAR *PER CAPITA*, NO BRASIL E NAS SUAS CINCO GRANDES REGIÕES, EM 1980.

Estatística		N	NE	SE	S	CO	Brasil
% pessoas		6,9	44,0	24,0	17,5	7,5	100,0
Rendimento *per capita* médio[1]		0,429	0,273	0,711	0,701	0,656	0,493
Rendimento *per capita* mediano[1]		0,276	0,175	0,346	0,363	0,313	0,244
Proporção de pobres[2]		0,456	0,689	0,365	0,347	0,408	0,514
Índice de Gini (G)		0,481	0,512	0,603	0,584	0,606	0,596
% da renda total recebida por frações relativamente pobres (-) ou ricas (+)	50-	19,5	17,8	13,8	14,5	13,8	14,0
	10+	38,6	40,8	51,8	49,1	52,4	50,2
	5+	27,8	30,3	41,1	37,9	41,4	39,3
	1+	13,4	16,2	22,7	20,1	22,7	21,7

[1] Em salários mínimos de agosto de 1980.
[2] Para uma linha de pobreza de 1/4 SM *per capita*.

com atividade principal na agricultura, de 1979 a 1987. Para isso serão utilizados dados das Pesquisas Nacionais por Amostra de Domicílios (PNAD) de 1979 e 1981 a 1987.[3] Esses dados consistem no número de pessoas ocupadas em seis estratos de "rendimento mensal de todos os trabalhos". Cumpre lembrar que, para o IBGE, entre os trabalhos está o de ser empregador.

Os dados das PNADs incluem, também, o número de pessoas ocupadas sem rendimento. Trata-se de pessoas que trabalhavam normalmente quinze horas ou mais por semana, sem remuneração, em ajuda a membro do domicílo que tinha uma atividade econômica ou em ajuda a instituição beneficente, religiosa, de cooperativismo ou, ainda, como aprendiz, estágiario, etc. Acredita-se que na agricultura as pessoas ocupadas sem rendimento são, em geral, membros não remunerados da família de pequenos proprietários, arrendatários e parceiros.

De acordo com a PNAD de 1987, a porcentagem de pessoas sem rendimento de "trabalho" entre as pessoas ocupadas na agricultura era igual a 24,6% no Nordeste, 18,7% no Sudeste, 44,9% no Sul e 18,1% no Centro-Oeste. Em 1986 essas porcentagens foram menores: 23,4%, 18,1%, 41,2% e 14,5%, respectivamente. Note-se que essa proporção é mais alta na região Sul, onde é mais importante a produção familiar. A proporção de pessoas ocupadas sem rendimento é muito maior nas PNAD do que nos dados do Censo de 1980. Isso se deve, provavelmente, à diferença na maneira de formular as perguntas sobre ocupações e rendimento nesses levantamentos realizados pelo IBGE. No Censo de 1980 perguntou-se o rendimento médio mensal auferido nas ocupações exercidas habitualmente nos últimos doze meses. Nas PNAD pediu-se o rendimento mensal que a pessoa ganhava normalmente nos trabalhos que tinha em determinada semana. A pessoa que, naquela semana, tivesse apenas uma ocupação sem rendimento, seria classificada, na PNAD, como pessoa ocupada sem rendimento, mesmo que tivesse exercido atividade remunerada em outros períodos do ano. No censo, por outro lado, essa classificação só seria dada a pessoas ocupadas que não recebessem rendimento de nenhuma das atividades exercidas habitualmente.

[3] Os dados da PNAD de 1979 utilizados são os obtidos com fatores de expansão da amostra corrigidos em função dos resultados do censo de 1980 e publicados no volume intitulado *Metodologia da pesquisa nacional por amostra de domicílios na década de 70*, IBGE (1981). Para a PNAD de 1985 são utilizados os dados revistos publicados com a PNAD de 1986.

As PNADs de 1981 a 1987 não abrangem a área rural da região Norte. Na PNAD de 1979 também foi excluída a população rural de Mato Grosso do Sul, Mato Grosso e Goiás. Assim, a comparação ao longo do período 1979-1987 só pode ser feita para o conjunto das regiões Nordeste, Sudeste e Sul. Para o período 1981-1987 podemos considerar o conjunto das regiões Nordeste, Sudeste, Sul e Centro-Oeste. Embora os estratos de rendimento mensal sejam definidos em termos de salários mínimos, eles não são diretamente comparáveis devido à modificação do valor real do salário mínimo. A utilização de uma unidade de medida com valor real fixo é indispensável para o exame da evolução do rendimento médio e das medidas de pobreza absoluta.

O deflator utilizado é o Índice Nacional de Preços ao Consumidor (INPC) com período de coleta ajustado ao mês civil,[4] e a unidade de medida é o valor do maior salário mínimo vigente em agosto de 1980 (Cr$ 4.149,60). Optou-se pelo INPC amplo, mas, por falta de disponibilidade deste, foi necessário usar o INPC restrito para o período de outubro de 1979 (mês de referência da PNAD daquele ano) a agosto de 1980. A Tabela 5 mostra o número de salários mínimos correntes nos meses de referência das PNADs que é equivalente, em termos reais, ao salário mínimo de agosto de 1980. No caso da PNAD de 1982 foi calculada a média dos valores equivalentes para os dois meses envolvidos.

TABELA 5
EQUIVALÊNCIA ENTRE VALORES DO SALÁRIO MÍNIMO EM AGOSTO DE 1980 E NOS MESES DE REFERÊNCIA DAS PNADs

Ano	Mês	Salário mínimo nominal (Cr$)	Número de SM correntes equivalentes a 1 SM de ago. 1980[1]
1979	out.	2.268,00	1,0917
1980	ago.	4.149,60	1
1981	out.	8.464,80	1,1161
1982	out. nov.	16.608 23.568	0,9968
1983	set.	34.776	1,2892
1984	set.	97.176	1,3520
1985	set.	333.120	1,2716
1986	set.	804.000	1,1446
1987	set.	2.400.000	1,4594

[1]. O deflator utilizado é o INPC restrito até agosto de 1980 e, posteriormente, o INPC amplo.

[4]. Ver *Anuário Estatístico do Brasil 1987-88*, p. 497, Tabelas 2 e 3.

Os resultados obtidos estão nas Tabelas 6 e 7. Verifica-se, na Tabela 6, que a proporção de pessoas sem rendimento (S) dentro do total de pessoas ocupadas com declaração de rendimento está próxima de 30% nos primeiros anos da década, caindo cerca de dois pontos percentuais até 1987.

TABELA 6
DISTRIBUIÇÃO DAS PESSOAS OCUPADAS NA AGROPECUÁRIA, EXTRAÇÃO VEGETAL E PESCA,

Região	Ano	N (1000)	S	G	50⁻	10⁺	5⁺
NE+SE+Sul	1979	13315	32,0	0,663	6,8	49,5	37,1
	1981	12296	30,4	0,661	7,0	49,6	36,1
	1982	13051	30,7	0,659	7,2	49,2	36,6
	1983	12041	31,2	0,678	6,7	52,5	39,1
	1984	13873	28,8	0,673	7,4	52,5	38,6
	1985	14252	29,7	0,683	6,7	53,4	39,5
	1986	13245	26,4	0,661	8,3	51,0	37,4
	1987	12934	28,1	0,681	6,8	52,7	39,0
NE+SE+Sul+ C. Oeste	1981	13131	29,7	0,659	7,3	49,6	36,1
	1982	13962	29,9	0,657	7,4	49,3	36,7
	1983	12938	30,2	0,674	7,1	52,3	38,9
	1984	14798	28,0	0,671	7,7	52,4	38,6
	1985	15217	28,9	0,682	6,9	53,5	39,7
	1986	14168	25,6	0,661	8,4	51,0	37,6
	1987	13883	27,4	0,682	6,9	52,9	39,4

Nota: Conforme o rendimento mensal de todas as ocupações, em dois conjuntos de regiões do Brasil, de acordo com as PNADs de 1979 a 1987: número de pessoas ocupadas com declaração de rendimento (N), porcentagem sem rendimento (S), índice de gini (G), porcentagem da renda correspondente aos 50% mais pobres (50–), aos 10% mais ricos (10+) e aos 50% mais ricos (5+)(incluindo as pessoas ocupadas sem rendimento)

O grau de desigualdade é bastante estável no período 1979-1982, com índice de Gini igual a 0,66, porcentagem da renda recebida pelos 50% mais pobres ao redor de 7%, porcentagem da renda recebida pelos 10% mais ricos alcançando quase 50% e porcentagem da renda recebida pelos 5% mais ricos em torno de 37%. A partir de 1983 há um crescimento do grau de desigualdade, com o índice de Gini ultrapassando 0,67, a porcentagem da renda recebida pelos 10% mais ricos ultrapassando 52% e a porcentagem da renda recebida pelos 5% mais ricos quase alcançado 40%. Em 1986, por efeito do Plano Cruzado, a desigualdade é um pouco menor do que nos anos vizinhos, destacando-se a maior participação dos 50% mais pobres na renda total.

Deve-se assinalar que as pessoas que declararam não ter rendimento foram incluídas no cálculo das medidas de desigualdade e pobreza apresentadas nas Tabelas 6 e 7. É certo que isso leva a uma superestimação da desigualdade e da pobreza, mas não invalida as comparações ao longo do tempo. Note-se que o aumento da desigualdade de 1982 a 1985 ocorre *apesar* de uma pequena diminuição na proporção de pessoas sem rendimento. De 1985 a 1986 pode-se verificar que a desigualdade diminui mesmo quando consideramos apenas as pessoas com algum rendimento.

O sentido das variações no grau de desigualdade da distribuição da renda entre pessoas ocupadas na agricultura observadas na Tabela 6, de 1981 a 1987, é confirmado pela análise da distribuição da renda entre pessoas economicamente ativas com domicílio rural. Considerando todos os rendimentos auferidos pelas pessoas e excluindo as pessoas sem rendimento, o índice de Gini é 0,507 em 1981, 0,529 em 1983, 0,526 em 1984, 0,548 em 1985, 0,522 em 1986 e 0,544 em 1987.

A Tabela 7 mostra a evolução do rendimento médio e da pobreza entre as pessoas ocupadas na agricultura, considerando o rendimento de todas as ocupações. No período 1981-1983 o rendimento real médio diminui de aproximadamente 7%. Esse é um resultado esperado, decorrente da recessão econômica no período. É certo que a recessão atinge mais intensamente o setor secundário. De acordo com a revisão das Contas Nacionais elaborada pelo IBGE, no período 1980-1983 o produto real da indústria sofre uma redução de 14%, mas a produção agropecuária cresce 7%.

Ao interpretar os resultados apresentados nas Tabelas 6 e 7, é importante lembrar que os dados de uma PNAD indicam a situação no mês de referência, dado na Tabela 5, e não a situação média do ano.

Para analisar a evolução da pobreza absoluta, são consideradas pobres as pessoas ocupadas cujo rendimento (de todas as ocupações) é inferior ao valor equivalente, em termos reais, ao maior salário mínimo vigente em agosto de 1980, que é o mês de referência do Censo Demográfico. Assim, na PNAD de 1985 são consideradas pobres as pessoas cujo rendimento é inferior a 1,2716 salário mínimo corrente (ver Tabela 5).

TABELA 7
EVOLUÇÃO DO RENDIMENTO MÉDIO E DA POBREZA ENTRE PESSOAS OCUPADAS NA AGROPECUÁRIA, EXTRAÇÃO VEGETAL E PESCA

Região	Ano	$m^{(1)}$	H	P	r
NE+SE+Sul	1979	0,95	0,732	0,625	51,1
	1981	0,99	0,713	0,610	48,0
	1982	0,90	0,771	0,646	54,7
	1983	0,92	0,751	0,643	55,7
	1984	0,94	0,749	0,634	53,6
	1985	0,98	0,743	0,634	51,6
	1986	1,33	0,640	0,535	31,1
	1987	0,94	0,742	0,638	54,5
NE+SE+Sul+	1981	1,03	0,702	0,599	45,4
C-Oeste	1982	0,94	0,760	0,633	51,1
	1983	0,96	0,737	0,628	51,9
	1984	0,98	0,736	0,620	49,9
	1985	1,03	0,728	0,619	47,6
	1986	1,41	0,621	0,519	28,3
	1987	1,00	0,727	0,623	50,0

¹. Valor real, adotando o salário mínimo de agosto de 1980 como unidade de medida e utilizando como deflator o INPC restrito até agosto de 1980 e, posteriormente, o INPC amplo.

Nota: Conforme o rendimento mensal de todas as ocupações, em dois conjuntos da regiões do Brasil, de acordo com as PNADs de 1979 a 1987: rendimento médio (M), proporção de pobres (H), índice de pobreza de sen (P) e a insuficiência de renda como porcentagem de renda total (r), adotando o valor do maior salário mínimo de agosto de 1980 como linha de pobreza

A proporção de pobres (H) é uma medida que reflete apenas a *extensão* da pobreza. Desde que o tamanho da população e o número de pobres permaneçam os mesmos, o valor de H não é afetado por uma diminuição da renda dos pobres. Para medir a *intensidade* da pobreza pode-se utilizar a razão de insuficiência de renda, dada por

$$I = 1 - \frac{m^*}{z},$$

onde z é a linha de pobreza (o salário mínimo de agosto de 1980, neste caso) e m^* é o rendimento médio dos pobres. Uma medida de pobreza absoluta que leva em consideração tanto a *extensão* como a *intensidade* da pobreza é o índice de Sen, dado por

$$P = H\,[I + (1 - I)\,G^*],$$

onde G^* é o índice de Gini da desigualdade da distribuição da renda entre os pobres. Note-se que, quando todos os pobres têm a mesma renda, o valor de G^* é igual a zero e o índice de pobreza de Sen é igual ao produto HI.

Uma outra medida de pobreza apresentada na Tabela 7 é a relação percentual entre a insuficiência de renda e a renda total, que pode ser considerada um indicador da dificuldade de eliminar a pobreza. Para um total de N pessoas, o número de pobres é HN e a insuficiência de renda é $HN\,(z\text{-}m^*)$. Então a insuficiência de renda como porcentagem de renda total é

$$r = \frac{HN\,(z\text{-}m^*)}{Nm}\,.\,100 = H\,.\,\frac{z\text{-}m^*}{m}\,.\,100$$

Observa-se, na Tabela 7, que no período analisado, a proporção de pobres (H), o índice de pobreza de Sen (P) e r atingem os valores mais altos em 1982-1983. O valor dessas medidas de pobreza é semelhante para 1984, 1985 e 1987, e é notoriamente mais baixo em 1986.

De acordo com os dados das PNADs, de setembro de 1985 a setembro de 1986 ocorre um extraordinário crescimento do rendimento real médio. Uma vez que, simultaneamente, há uma diminuição na desigualdade, observa-se uma nítida diminuição nas medidas de pobreza absoluta. Embora o crescimento do rendimento médio seja geral, ele é mais intenso na agricultura do que no conjunto das demais atividades. Para as pessoas ocupadas na agricultura o crescimento do rendimento foi de 36% para o conjunto das regiões Nordeste, Sudeste e Sul e foi de 37% quando se inclui a região Centro-Oeste.

Os dados indicam que o Plano Cruzado teve, *a curto prazo*, importantes efeitos benéficos sobre a distribuição da renda, particularmente no setor agrícola. Por um lado, o setor foi beneficiado pelo crescimento geral da demanda por produtos agrícolas. Por outro lado, o grande crescimento das oportunidades de emprego no setor urbano (devido, em grande parte, à criação de muitas pequenas empresas) fez com que diminuísse a oferta de mão-de-obra na agricultura, possibilitando que os trabalhadores rurais também obtivessem maiores rendimentos. Note-se, na Tabela 6, a diminuição do número de pessoas ocupadas na agricultura entre 1985 e 1986.

Infelizmente, os benefícios do Plano Cruzado tiveram caráter efêmero. No que se refere à distribuição de renda, a PNAD de 1987 mostra um quadro muito semelhante ao de 1985. A PNAD de 1986 corresponde a um ponto discrepante na série histórica.

Cabe ressaltar que as modificações no rendimento médio e nas medidas de pobreza no período 1985-1987 são muito sensíveis ao deflator utilizado. De setembro de 1985 a setembro de 1987 o índice de custo de vida do DIEESE cresce 921%, ao passo que o INPC amplo cresce 727% e o INPC restrito cresce apenas 690%.

5. Os determinantes da desigualdade

É claro que a desigualdade da distribuição da renda no país está determinada, em grande parte, pelo sistema econômico vigente. No capitalismo, tipicamente, a propriedade dos meios de produção (incluindo a terra) está concentrada nas mãos de uma minoria, possibilitando-lhe auferir rendimentos, muitas vezes elevados, que estão associados com o valor do capital controlado, e não com o trabalho executado. Mas é necessário reconhecer que há grandes variações, entre países capitalistas, no grau de desigualdade da distribuição de renda, sendo que o Brasil está entre aqueles com maior desigualdade.

Entre os fatores determinantes de maior ou menor desigualdade cabe mencionar o nível de desenvolvimento econômico e a inserção do país na economia mundial (central ou dependente), a existência de uma tradição de governos democráticos e a organização da sociedade civil, com ênfase para a organização sindical.[5] Com relação à distribuição da renda na agricultura, cabe ressaltar a influência da distribuição da posse da terra.

Por origem histórica, a distribuição da posse da terra no Brasil apresenta-se extremamente concentrada. É difícil estabelecer a correlação entre desigualdade da distribuição da posse da terra e a desigualdade dos rendimentos quando se examinam as unidades da Federação, pois a desigualdade da distribuição da posse da terra é alta em todos os

---

[5] Kohli *et alii* (1984) apresentam uma discussão interessante dos determinantes do grau de desigualdade em países subdesenvolvidos.

estados e territórios do Brasil. É possível destacar apenas o caso de Santa Catarina, onde a importância da produção familiar parece condicionar uma distribuição da renda menos desigual. Entretanto, a correlação positiva entre a desigualdade das duas distribuições fica estatisticamente evidente quando são analisados dados a nível de microrregiões homogêneas (ver Hoffmann, 1990).

O grau de desigualdade também é afetado por certas modificações na política econômica. A influência das condições conjunturais é ilustrada pela diminuição da desigualdade no período do Plano Cruzado, indicada pelos dados da PNAD de 1986.

A modernização da agricultura brasileira na década de 70 ocorre sem que seja alterada a estrutura fundiária fortemente concentrada, com governos militares e com incentivos de uma política de crédito rural subsidiado que privilegiou uma minoria de estabelecimento agropecuários. Nessas condições, não causa surpresa o fato de esse processo de modernização estar associado a um crescimento da desigualdade da distribuição de renda.

Bibliografia

Hoffmann, R. (1988a) "A subdeclaração dos rendimentos", *São Paulo em Perspectiva*, 2(1): 50-54, jan.-mar.

Hoffmann, R. (1988b). "Distribuição da renda na agricultura", *in* Brandão, A. S. P. (org.), *Os principais problemas da agricultura brasileira: análise e sugestões*, IPEA.

Hoffmann, R. (1990). "Distribuição da renda e pobreza na agricultura brasileira", *in* Delgado, G. C., Gasques, J. G. e Villa Verde, C. M. (orgs.), *Agricultura e políticas públicas*, Brasília, IPEA, série IPEA, 127.

Hoffmann, R. e Kageyama, Angela A. (1986). "Distribuição da renda no Brasil, entre famílias e entre pessoas, em 1970 e 1980", *Estudos Econômicos*, 16(1): 25-51, jan.-abr.

Kohli, A. *et alii* (1984). "Inequality in the Third World: an assessment of competing explanations", *Comparative Political Studies*, 17 (3): 283-318, out.

8

POLÍTICA SALARIAL E DISTRIBUIÇÃO DE RENDA: 25 ANOS DE DESENCONTROS

João Saboia*

1. Introdução

A participação direta do governo na determinação dos salários na economia brasileira é relativamente recente. Até 1964 a atuação do governo limitava-se basicamente à fixação do salário mínimo e dos vencimentos do funcionalismo público.

A partir de 1965, o governo militar passou a determinar também as regras de reajuste para os salários do setor privado. O salário mínimo continuou sendo definido através de decretos presidenciais específicos, seguindo, entretanto o espírito da nova legislação salarial.

Desde então, a política salarial passou por várias mudanças, podendo-se considerar três períodos distintos. Entre 1965 e 1979, embora sofrendo algumas modificações, sua estrutura básica permaneceu inalterada. Os reajustes eram anuais. Teoricamente, deveriam manter o salário médio real constante, permitindo seu crescimento segundo a variação da produtividade do trabalho.

No início do governo Figueiredo a política salarial passou por importantes modificações. O recrudescimento do movimento reivindicatório dos trabalhadores e a aceleração inflacionária provocaram mudanças na velha sistemática, introduzindo-se os reajustes semestrais, diferenciados segundo o nível salarial. A possibilidade de crescimento

---

* Professor Titular do Departamento de Economia da Faculdade de Economia e Administração da Universidade Federal do Rio de Janeiro (FEA/UFRJ).

dos salários acompanhando a produtividade ficou mantida. A crise da balança de pagamentos levou o governo a fazer novas modificações em 1983, em busca da contenção salarial.

O governo Sarney encontrou uma legislação salarial tornada obsoleta pelos movimentos sociais. As greves se multiplicavam e a lei não era respeitada na prática. Com o Plano Cruzado criou-se a escala móvel, rapidamente superada pela explosão inflacionária. Após o breve período de congelamento de preços e salários do Plano Bresser, os salários passaram a ser reajustados mensalmente. Com a nova aceleração inflacionária de 1988, houve outra tentativa de congelamento de preços e salários no início de 1989 e a retomada dos reajustes mensais em seguida.

Fazendo-se uma retrospectiva da política salarial ao longo dos últimos 25 anos, observam-se duas características importantes. Durante todo o período o governo teve um papel central na orientação da política salarial, prescindindo a maior parte do tempo da participação direta de trabalhadores e empregadores na definição das regras para os reajustes. Estes sempre incluíram algum tipo de indexação dos salários à inflação, condicionando o aumento salarial ao crescimento da produtividade. Enquanto esta última característica lembra as experiências fordistas dos países desenvolvidos no pós-guerra, a onipresença do Estado na definição das regras dos reajustes salariais em toda a economia é um traço marcante da relação salarial no Brasil.

Apesar da aparente neutralidade da política salarial em quase todo o período, a evolução dos salários nos últimos 25 anos foi bastante diferenciada para diversas categorias de trabalhadores. Os dados apontam para a necessária cautela com que deve ser analisada a política salarial como mecanismo de melhoria da distribuição de renda no Brasil. Essa constatação, entretanto, não deve significar a negação de sua importância como um dos elementos de uma política global de diminuição das desigualdades de renda existentes no país.

O artigo está dividido em cinco seções. Nas três próximas será apresentada a evolução da política salarial em três períodos sucessivos — a velha política salarial, a experiência dos reajustes semestrais e a heterodoxia do governo Sarney. Em seguida, é feita uma avaliação do potencial de utilização da política salarial para a modificação da distribuição da renda no Brasil.

2. A velha política salarial

No diagnóstico que fazia da inflação brasileira, o Programa de Ação Econômica do Governo Castelo Branco (PAEG) apontava três causas principais: os déficits públicos, a expansão do crédito às empresas e o crescimento dos salários em proporção superior ao aumento da produtividade. Segundo o PAEG, "os assalariados, graças ao seu esforço reivindicatório, teriam sido os maiores beneficiários do processo de desenvolvimento no pós-guerra".[1]

Entre as medidas a nortear o programa de combate à inflação era proposta uma política salarial. Ela não se destinava a "elevar a média dos salários reais, os quais só poderiam ser elevados pelo aumento da produtividade e aceleração do desenvolvimento". Para o PAEG, o novo "critério de reajuste a ser adotado dever(ia) ser o de assegurar, para o período em que vigora(asse) a nova remuneração, um salário real médio equivalente à média dos salários reais auferidos nos dois últimos anos, acrescida de uma porcentagem adicional correspondente ao incremento da produtividade".

Mais adiante, o PAEG criticava o critério tradicional de correção dos salários, que recuperava, no momento do reajuste, o salário real obtido no último reajuste. Nesse sentido, ele afirmava que "o critério programado difere(ia) substancialmente do método usual de se calcular os reajustamentos, de modo a repor o poder aquisitivo do salário num instante escolhido do passado".

A política salarial do PAEG foi instituída em julho de 1965, através da Lei nº 4.725.[2] A principal novidade era a inclusão do setor privado na nova legislação, definindo-se, a partir daí, as taxas de reajuste salarial para ambos os setores — público e privado. Essa foi uma característica que transformaria radicalmente a relação salarial no Brasil. Na exposição de motivos da Lei nº 4.725 era feita menção às dificuldades encontradas pelo governo na política antiinflacionária, exigindo para seu sucesso uma "política salarial coerente e uniforme, tanto no setor privado quanto público".

A aplicação da Lei nº 4.725 trouxe resultados distintos daqueles propostos originalmente pelo PAEG. A manutenção do salário real

---

[1] Trata-se, indiscutivelmente, de uma afirmação provocativa e polêmica.
[2] Lei nº 4.725, de 13.7.1965. Em 1964 o governo já procurava disciplinar os reajustes no setor estatal através dos Decretos nºs 54.018, de 14.7.1964, e 54.228, de 4.9.1964.

médio exigia a previsão da inflação no período entre os reajustes. Esta, entretanto, era sistematicamente subestimada pelas autoridades, acarretando perdas salariais cumulativas. A Tabela 1 é clara a esse respeito.[3]

O "arrocho salarial" da época provocou uma série de manifestações contra a política salarial, partindo dos setores mais organizados dos trabalhadores. São exemplos típicos as greves do Osasco e Contagem ocorridas no período. Além disso, aos poucos a economia iniciava o "milagre econômico". Já existiam, portanto, condições favoráveis para que houvesse uma liberação na política salarial.

A legislação foi modificada em meados de 1968 através da Lei nº 5.451.[4] Com ela foi introduzida a correção da subestimativa da inflação doze meses após cada reajuste. Por outro lado, a política salarial era tornada permanente. Cabe lembrar que pela Lei nº 4.725 a intervenção do governo sobre os reajustes salariais do setor privado acabaria em três anos, isto é, o tempo julgado necessário para que o combate à inflação apresentasse resultados satisfatórios. Não obstante a queda das taxas inflacionárias, o governo decidiu manter a atuação direta sobre os salários de toda a economia indefinidamente.

Apesar das promessas do PAEG de que os salários reais seriam "elevados pelo aumento da produtividade e aceleração do desenvolvimento", a prática do período mostra uma outra realidade. A Tabela 2 apresenta os índices de produtividade utilizados pelo governo no cálculo dos reajustes oficiais. Eles foram sensivelmente inferiores à evolução do PIB *per capita* da época do "milagre".

A legislação salarial continuou basicamente inalterada até 1979.[5] O governo produzia mensalmente o índice oficial para todos os trabalhadores com data-base naquele mês. A Justiça do Trabalho havia perdido seu poder normativo, de forma que, nos casos de dissídio coletivo, não restava a ela outra alternativa senão referendar o índice de reajuste oficial.

[3] A estimativa da inflação futura era conhecida como "resíduo inflacionário". Ele foi instituído pelo Decreto nº 57.627, de 13.1.1966. O único período em que o resíduo inflacionário se aproxima do índice do custo de vida do Rio de Janeiro corresponde ao final do governo Médici, quando é notório que houve subestimativa do índice da FGV. Nesse sentido, vale a pena comparar as taxas de inflação encontradas pela FGV e pelo DIEESE.

[4] Lei nº 5.451, de 12.6.1968. Para disciplinar a aplicação da Lei nº 4.725, o governo havia baixado em julho e agosto de 1966 os Decretos nºs 15 e 17, determinando que o governo seria o responsável pelos índices inflacionários utilizados no cálculo dos reajustes salariais.

[5] Houve pequenas modificações na legislação no período. A principal foi a utilização do salário médio dos últimos doze meses, em vez de 24 meses, para efeito de cálculo da taxa de reajuste salarial. Ver Lei nº 6.147, de 20.11.1974.

TABELA 1
RESÍDUO INFLACIONÁRIO OFICIAL E VARIAÇÃO DO CUSTO DE VIDA DE SÃO PAULO
(DIEESE) E DO RIO DE JANEIRO (FGV)
JULHO 1965-JULHO 1974

Período	Resíduo inflacionário oficial (%)	Variação do custo de vida do DIEESE (%)	Variação do custo de vida da FGV (%)
Jul. 65-jan. 66	0	29,3	14,9
Jan. 66-jul. 66	10	27,0	22,4
Jul. 66-jul. 67	10	31,2	30,4
Jul. 67-jul. 68	15	24,4	21,0
Jul. 68-jul. 69	15	23,9	21,1
Jul. 69-jul. 70	13	17,1	22,0
Jul. 70-jul. 71	12	26,5	21,4
Jul. 71-jul. 72	12	17,5	16,3
Jul. 72-jul. 73	12	26,6	11,9
Jul. 73-jul. 74	12	32,0	30,5

Fonte: DIEESE, Dez Anos de Política Salarial, 1975.

TABELA 2
TAXA DE PRODUTIVIDADE OFICIAL PARA EFEITO DO REAJUSTE
E VARIAÇÃO DO PIB PER CAPITA
1968-1975

Período	Variação do PIB per capita (%)	Produtividade oficial para efeito do reajuste (%)
1968-69	6,0	2,0
1969-70	6,5	3,0
1970-71	6,0	3,5
1971-72	8,9	3,5
1972-73	6,7	3,5
1973-74	8,3	3,5
1974-75	6,7	4,0

Fonte: DIEESE, Dez Anos de Política Salarial, 1975.

As transformações políticas ocorridas ao longo da segunda metade da década de 70 permitiram maior organização dos trabalhadores. Novas lideranças sindicais surgiram, especialmente nos setores urbanos. Aos poucos a política salarial ia sendo derrubada na prática. Já em 1978, era comum a negociação de acordos coletivos com a utilização de taxas superiores às oficiais. Por outro lado, em diversas ocasiões foram negociados índices mais elevados para os menores salários, assim como reajustes com periodicidade inferior a doze meses. Era o enterro da velha política salarial.[6]

3. A experiência dos reajustes semestrais

Quando o governo Figueiredo tomou posse, em março de 1979, era intenso o movimento grevista nas principais regiões urbanas do país. A política salarial em vigor perdera sua eficácia. Em meados do ano, o governo já tinha um novo projeto de legislação salarial, que incorporava parte dos ganhos obtidos pelos trabalhadores em suas lutas reivindicatórias. Esse projeto foi enviado ao Congresso em setembro, tendo sido aprovado com poucas modificações no final de outubro. Assim, a partir de novembro de 1979 o país possuía uma nova política salarial.[7]

A nova legislação modificava substancialmente o antigo esquema. Agora, os reajustes seriam semestrais e diferenciados. Por outro lado, estava aberta a possibilidade de negociação entre patrões e empregados uma vez por ano para determinar o aumento salarial, baseado na taxa de crescimento da produtividade dos trabalhadores. Além disso, a Justiça do Trabalho recuperava seu poder normativo, podendo arbitrar a taxa de aumento salarial sempre que houvesse impasse entre as partes envolvidas.

Os reajustes eram calculados a partir do Índice Nacional de Preços ao Consumidor (INPC). Para os trabalhadores que recebiam até 3 salários mínimos (SM), o reajuste semestral era de 110% do INPC. Para os trabalhadores que recebiam mais de 3 SM, o reajuste era calculado

---

[6] Uma análise detalhada da política salarial até 1975 pode ser encontrada em DIEESE (1975).
[7] Lei nº 6.708, de 30.10.1979.

em duas ou três etapas, utilizando-se o "efeito cascata". No caso daqueles entre 3 e 10 SM, o reajuste correspondia a 110% do INPC para a parcela do salário inferior a 3 SM, e a 100% do INPC para a parcela superior a 3 SM. Finalmente, no caso daqueles que recebiam mais de 10 SM, o reajuste era calculado de modo análogo para a parcela inferior a 10 SM e segundo 80% do INPC para a parcela superior a 10 SM. O salário mínimo utilizado como referência era o maior vigente no país na época. A Tabela 3 mostra os índices de reajuste para cada faixa salarial segundo a Lei nº 6.708, assim como para as modificações posteriores na legislação salarial ao longo do governo Figueiredo. A Tabela 4 apresenta os respectivos índices de reajuste para níveis salariais selecionados.

A nova lei salarial possuía um grande potencial de redistribuição entre os salários — dos maiores para os menores salários. Pode-se verificar facilmente que todos aqueles com salários inferiores a 11,5 SM tinham direito a reajustes superiores à inflação, enquanto os restantes tinham seus salários reajustados abaixo do INPC semestral.

Ao longo de 1980 acentuaram-se os desequilíbrios da economia brasileira. Na tentativa de superá-los, o governo optou por uma política econômica recessiva. A partir de meados daquele ano, o ministro do Planejamento, Delfim Netto, passou a defender a necessidade de modificar a legislação salarial. Apesar da oposição dos trabalhadores e de importante parcela do empresariado, o governo enviou ao Congresso, em outubro de 1980, novo projeto de lei salarial, que foi aprovado no mês seguinte por decurso de prazo.[8] No momento da votação da lei, os deputados da extinta ARENA retiraram-se do plenário, não permitindo que houvesse *quorum* para a votação.

Segundo a Lei nº 6.886, eram criadas duas novas faixas salariais. A parcela salarial compreendida entre 15 e 20 SM seria reajustada segundo 50% do INPC e para a parcela superior a 20 SM haveria negociação para os índices de reajuste salarial. Em outras palavras, as modificações atingiam apenas os trabalhadores que recebiam mais de 15 SM, representando um violento corte no topo da pirâmide salarial (Tabelas 3 e 4). Segundo a Relação Anual de Informações Sociais (RAIS), apenas 2,8% dos assalariados recebiam mais de 15 SM em dezembro de 1980. Seus salários, entretanto, representavam 20% da massa de salários. Posteriormente ficou claro que as novas modificações faziam parte da política de cortes nos gastos públicos em 1981. Na prática, houve um

---

[8] Lei nº 6.886, de 10.12.1980.

congelamento da parcela superior a 20 SM para aqueles que recebiam os maiores salários nas empresas estatais.

Apesar da recessão de 1981, os desequilíbrios externos da economia brasileira acentuaram-se. No final de 1982 a situação tornou-se insustentável, levando o governo a recorrer ao Fundo Monetário Internacional (FMI). Nas negociações com o FMI ficaram acertadas novas modificações na política salarial. Foi assim que o governo baixou, em janeiro de 1983, o Decreto-lei nº 2.012, que transformaria profundamente a legislação salarial.[9]

Pelas novas regras, os salários inferiores a 3 SM perdiam o adicional de 10% sobre o INPC, passando a ser reajustados segundo 100% do INPC. Era criada uma nova faixa entre 3 e 7 SM, sobre a qual incidia um reajuste de 95% do INPC. Para a parcela salarial entre 7 e 15 SM incidiam 80% do INPC, permanecendo inalteradas as regras para a parcela salarial superior a 15 SM (Tabela 3).

O Decreto-Lei nº 2.012 desvirtuava completamente o espírito da legislação salarial, eliminando seu aspecto redistributivo. Apenas os salários inferiores a 3 SM mantinham a indexação plena, enquanto os restantes estavam sujeitos a perdas semestrais. A reação contra as mudanças foi de enorme descontentamento, partindo dos mais amplos setores. Ficou claro para todos o forte potencial recessivo das novas medidas.

Um acordo entre o PDS e o PTB realizado em maio de 1983, para restituir ao governo a maioria no Congresso, transformou momentaneamente os rumos da política salarial. Em troca de seu apoio, o PTB conseguiu que o governo baixasse o Decreto-lei nº 2.024, estendendo até 7 SM os salários sujeitos à indexação plena.[10] No restante, permaneceram as regras definidas pelo Decreto-lei nº 2.012 (Tabela 3). Embora representando uma ligeira melhora, o novo decreto-lei não restituía à legislação sua antiga característica redistributiva.

Novas exigências foram feitas pelo FMI ao longo de 1983. A economia brasileira não apresentava a *performance* estabelecida na "carta de intenção" assinada anteriormente. Havia uma forte pressão para que a política salarial fosse novamente modificada. Isso implicou a elaboração de um novo decreto-lei em julho de 1983.[11] Com ele, todos os salários passavam a ser reajustados semestralmente segundo 80% do

---

[9] Decreto-lei nº 2.012, de 25.1.1983
[10] Decreto-lei nº 2.024, de 25.5.1983.
[11] Decreto-lei nº 2.045, de 13.7.1983.

TABELA 3
PERCENTUAIS DE INCIDÊNCIA DOS REAJUSTES SEMESTRAIS POR FAIXAS SALARIAIS SEGUNDO AS DIVERSAS LEGISLAÇÕES SALARIAIS
1979-1984

Lei/Decreto-Lei (início de vigência) Faixas salariais	Lei nº 6.708 (nov. 1979)	Lei nº 6.886 (dez. 1980)	D.L nº 2.012 (fev. 1983)	D.L nº 2.024 (jun. 1983)	D.L nº 2.045 (ago. 1983)	D.L nº 2.065 (nov. 1983)	Lei nº 7.238 (nov. 1984)
Até 3 SM	110% do INPC	110% do INPC	100% do INPC	100% do INPC	80% do INPC	100% do INPC	100% do INPC
3 a 7 SM	100%	100%	95%	100%	80%	80%	80%
7 a 10 SM	100%	100%	80%	80%	80%	60%	80%
10 a 15 SM	80%	80%	80%	80%	80%	60%	80%
15 a 20 SM	80%	50%	50%	50%	80%	50%	80%
Mais de 20 SM	80%	Negociação	Negociação	Negociação	80%	50%	80%

Obs.: SM - maior salário mínimo do país.
INPC - Índice Nacional de Preços ao Consumidor.

INPC durante um período de dois anos. Por outro lado, os aumentos salariais, negociados uma vez por ano, ficavam limitados ao crescimento do PIB *per capita*, significando, na prática, sua eliminação em um período de recessão. Esse decreto-lei representou uma pá de cal na legislação salarial iniciada em 1979. A situação dos assalariados agravou-se ainda mais com os expurgos efetuados no INPC em junho e julho de 1983.[12]

Se posto efetivamente em prática, o Decreto-lei n° 2.045 representaria uma queda para os salários entre 20 e 25% durante seus dois anos de vigência.[13] O descontentamento com as novas alterações levou à organização de diversas manifestações de repúdio ao decreto-lei em várias regiões do país. Em setembro, o governo sofria uma grande derrota, com a rejeição do antigo Decreto-lei n° 2.024, ainda em tramitação no Congresso. Esta era a primeira vez, desde 1964, que tal fato ocorria. Simultaneamente, o governo era pressionado pelo FMI para definir de uma vez por todas a política salarial do país. A assinatura de um novo acordo estava condicionada à resolução dessa questão. Um mês após a rejeição do Decreto-lei n° 2.024, o Congresso colocava-se novamente contra a política econômica do governo, rejeitando o Decreto-lei n° 2.045.

A resposta do governo foi imediata. Em poucos dias era baixado o Decreto-lei n° 2.064, substituído uma semana depois pelo 2.065.[14] Este último voltava a diferenciar os reajustes semestrais segundo os níveis salariais, através de quatro faixas distintas, utilizando novamente o "efeito cascata". Apenas para aqueles que recebiam até 3 SM haveria reajuste pleno. Para a faixa entre 3 e 7 SM o reajuste seria de 80% de INPC. Para a faixa entre 7 e 15 SM foi definido o índice de 60% do INPC e para a faixa superior a 15 SM 50% do INPC (Tabela 3). Essa sistemática de reajustes seria válida até julho de 1985, a partir de quando o país passaria por um período transitório de três anos, durante o qual seriam iniciadas negociações diretas entre empregadores e empregados.[15] Fi-

---

[12] O INPC foi expurgado em 1,5% em junho e 1,0% em julho para efeito dos reajustes salariais.
[13] Ver Saboia (1983).
[14] Decretos-leis n°s 2.064, de 19.10.1983 e 2.065, de 26.10.1983. O 2.064 era uma versão mais drástica do 2.065. Os cortes para os níveis salariais mais elevados eram ainda maiores.
[15] O procedimento proposto pelo Decreto-lei n° 2.065 para a transição rumo às negociações diretas era bastante complexo. Entre agosto de 1985 e julho de 1986 haveria reajustes automáticos segundo 70% do INPC, sendo o restante negociado no final do período. Entre agosto de 1986 e julho de 1987 o sistema seria análogo, porém baseado em um reajuste de 60% do INPC. No ano seguinte, em 50% do INPC. Finalmente, a partir de agosto de 1988 as negociações passariam a ser diretas, sem qualquer reajuste automático.

TABELA 4
PERCENTUAIS DE INCIDÊNCIA DOS REAJUSTES SEMESTRAIS PARA NÍVEIS SALARIAIS SELECIONADOS SEGUNDO AS DIVERSAS LEGISLAÇÕES SALARIAIS
1979-1984

Lei/Decreto-Lei Níveis salariais	Lei nº 6.708	Lei nº 6.886	D.L. nº 2.012	D.L. nº 2.024	D.L. nº 2.045	D.L. nº 2.065	Lei nº 7.238
3 SM	110% do INPC	110% do INPC	100% do INPC	100% do INPC	80% do INPC	100% do INPC	100% do INPC
7 SM	104,3%	104,3%	97,1%	100%	80,0%	88,6%	88,6%
10 SM	103,0%	103,0%	92,0%	94,0%	80,0%	80,0%	86,0%
15 SM	95,3%	95,3%	88,0%	89,3%	80,0%	73,3%	84,0%
20 SM	91,5%	84,0%	78,5%	79,5%	80,0%	67,5%	83,0%
30 SM	87,7%	56,0%[1]	52,3%[1]	53,0%[1]	80,0%	61,7%	82,0%

Obs: SM - maior salário mínimo do país.
INPC - Índice Nacional de Preços ao Consumidor.
[1] Supôs-se o congelamento da parcela salarial superior a 20 SM.

cou mantida a possibilidade de aumento salarial uma vez ao ano, também neste caso limitada ao crescimento no PIB *per capita*. Desta vez, o governo teve o cuidado de reativar o antigo acordo com o PTB para garantir a aprovação do Decreto-lei nº 2.065 no Congresso. Essa tática surtiu o efeito desejado, sendo ele aprovado ainda em novembro. Logo a seguir, o FMI assinava um novo acordo com o governo brasileiro.

A Tabela 4 mostra que, excetuando-se o 2.045, o Decreto-lei nº 2.065 foi o pior do período dos reajustes semestrais. Sua utilização plena acarretaria uma compressão de cerca de 20% da massa salarial do país até meados de 1985, quando teria início a fase de implantação da negociação direta.[16] Todos aqueles que recebiam mais de 10 SM estavam sujeitos a reajustes semestrais inferiores a 80% do INPC. Esses dados ilustram o potencial recessivo da legislação salarial implantada a partir dos acordos com o FMI.

O Decreto-lei nº 2.065 já nasceu com os dias contados. O empresariado logo entendeu que sua aplicação significaria uma queda ainda maior da demanda interna. Não foram poucas as lideranças do patronato a se posicionarem contra a nova legislação. Os trabalhadores, por outro lado, empenharam-se em conseguir reajustes maiores que os oficiais. Na prática, as categorias mais organizadas obtiveram reajustes mais favoráveis, sendo comum a utilização do INPC integral para níveis bem superiores a 3 SM.[17]

Até 1984 as empresas estatais seguiram à risca a legislação salarial. Assim, houve um grande fechamento no leque salarial, com uma queda acentuada dos níveis mais elevados. Isso produziu uma verdadeira subversão em sua hierarquia salarial. Para "corrigir" as distorções, praticamente todas as empresas estatais ignoraram a legislação salarial ao longo de 1984, concedendo reajustes bem superiores aos definidos pelo Decreto-lei nº 2.065 para os maiores níveis salariais.

A *performance* relativamente favorável da economia brasileira em 1984, especialmente na área externa, a proximidade do final do governo Figueiredo e o completo desrespeito ao Decreto-lei nº 2.065 criaram as condições políticas para que a questão salarial voltasse a ser discutida no Congresso. Um acordo entre o PDS e o PMDB permitiu o abrandamento da legislação salarial, dando origem à Lei nº 7.238, promulgada

---

[16] Ver Saboia (1984).
[17] Os Boletins do DIEESE do período são pródigos em exemplos ilustrando essa afirmação.

em outubro daquele ano.[18] Segundo a nova legislação, continuou a ser utilizado o reajuste de 100% do INPC para os níveis até 3 SM e 80% para os restantes, mantendo-se o "efeito cascata". Abriu-se a possibilidade de negociação do diferencial entre 80 e 100% do INPC para a parcela superior a 3 SM a cada reajuste. Foi ainda mantida a negociação anual do aumento salarial, baseada na taxa de crescimento do PIB *per capita*.

A Lei nº 7.238 beneficiou os trabalhadores, permitindo reajustes bem mais favoráveis do que aqueles determinados pelo Decreto-lei nº 2.065 (Tabela 4). De qualquer forma, ela se manteve dentro da linha iniciada com o Decreto-lei nº 2.012, a partir de quando foi eliminada a possibilidade de reajustes automáticos superiores ao INPC para os menores salários. Embora possuindo características melhores do que aquelas definidas pelos Decretos-leis nº 2.045 e nº 2.065, a Lei nº 7.238 era, em alguns aspectos, pior do que os Decretos-leis nº 2.012 e nº 2.024. Ela produzia reajustes mais desfavoráveis para as faixas salariais intermediárias, representando um alívio apenas para os maiores salários. A negociação do adicional até 100% do INPC era um risco a ser corrido, dependendo da organização sindical e/ou da boa vontade dos empresários. A prática, entretanto, mostrou que a tendência, após a Lei nº 7.238, foi a obtenção generalizada dos 100% do INPC para todas as faixas salariais.[19]

4. As idas e vindas do governo Sarney

As condições traumáticas em que se processou a transição do governo militar para o civil, especialmente em função da lenta agonia do presidente Tancredo Neves, criaram uma série de dificuldades para a definição da política econômica do novo governo. A primeira indicação de que a ortodoxia seria eliminada só ocorreu em meados de 1985, quando o ministro da Fazenda, Francisco Dornelles, foi substituído por Dilson Funaro.

Durante o segundo semestre de 1985 surgiram os primeiros sinais de recrudescimento do processo inflacionário. A primeira medida tomada pelo novo governo em relação à política salarial ocorreu no final

---

[18] Lei nº 7.238, de 29.10.1984.
[19] Ver os Boletins do DIEESE do período.

do ano, quando o INPC foi substituído pelo IPCA como índice oficial para cálculo dos reajustes salariais.[20]

A constatação de que a inflação saíra do controle no início de 1986 levou o governo a decretar o Plano Cruzado no final de fevereiro. Este era um plano heterodoxo de combate à inflação, com forte ênfase na questão salarial.[21] Uma das dificuldades para dar início ao Plano Cruzado era a defasagem existente entre os salários. Havia desde aqueles cujo último reajuste ocorrera em setembro de 1985, até outros com reajuste no próprio mês de fevereiro de 1986. A solução encontrada foi a definição de novos níveis salariais a partir de março, restituindo o poder aquisitivo médio do período setembro 1985-fevereiro 1986. A estes novos valores foi adicionado um abono de 8%.[22]

A partir daí os salários ficavam congelados por um período máximo de doze meses, podendo ser reajustados de duas formas distintas. Em primeiro lugar, na data-base de cada categoria profissional, segundo 60% do IPC acumulado desde o último reajuste. Neste caso, além dos 40% do IPC restantes, negociar-se-ia a taxa de aumento salarial.[23]

A segunda possibilidade de reajuste era uma novidade do Plano Cruzado — a escala móvel. Sempre que a inflação acumulada desde o reajuste anterior atingisse 20%, os salários seriam automaticamente reajustados em 20%. Instituía-se, portanto, uma nova proteção para os salários contra uma eventual elevação da inflação.[24]

O sucesso inicial do Plano Cruzado não impediu que em poucos meses surgissem as primeiras dificuldades. Na tentativa de manter o congelamento de preços a qualquer custo, o governo criou problemas para si próprio. Algumas tarifas de serviços públicos encontravam-se defasadas no momento do congelamento e não foram reajustadas. Em

---

[20] O Índice Nacional de Preços ao Consumidor Amplo (IPCA) possuía características semelhantes ao INPC, utilizando a estrutura de consumo para rendas familiares até 30 salários mínimos em vez de cinco. A substituição do INPC pelo IPCA deu-se em um período em que o primeiro apresentava taxas mais elevadas devido ao maior crescimento do preço dos alimentos.
[21] O Plano Cruzado foi definido pelo Decreto-lei n° 2.283, de 28.2.1986, substituído poucos dias depois pelo Decreto-lei n° 2.284, de 10.3.1986. Entre seus 44 artigos, 15 tratavam de aspectos relativos à questão salarial.
[22] Ao salário mínimo foi dado tratamento semelhante, porém com abono de 16%.
[23] Com o Plano Cruzado, o Índice de Preços ao Consumidor (IPC) passou a ser o indexador oficial dos salários. Até outubro de 1986 ele seguiu a metodologia do IPCA, passando a acompanhar o INPC em seguida. Na prática, os reajustes realizados dessa forma foram concedidos segundo 100% do IPC.
[24] Devido às baixas taxas inflacionárias logo após o Plano Cruzado, a escala móvel só começou a ser utilizada em janeiro de 1987.

julho de 1986 foi criado o empréstimo compulsório sobre as compras de automóveis, álcool e gasolina, além de uma taxa de 25% nas compras de dólares e passagens aéreas para o exterior. Tratava-se, na prática, da primeira quebra do congelamento de preços.

As dificuldades foram acumulando-se ao longo do segundo semestre de 1986. O desabastecimento interno se acentuava, as contas externas se deterioravam e o déficit público aumentava. Seis dias após a vitória esmagadora nas urnas, em 15 de novembro, o governo decretava uma série de aumentos de preços e tarifas públicas. Estes reajustes representavam uma pá de cal no Plano Cruzado, deixando clara sua utilização para fins eleitorais. O conjunto de mudanças ocorridas no dia 21 de novembro ficou conhecido como Plano Cruzado II, sendo as mudanças realizadas através de uma série de decretos-lei. Juntamente com os aumentos de preços uma série de alíquotas do IPI foi elevada para restaurar as finanças públicas.[25]

A partir daí os preços dispararam. O IPC, que durante os oito primeiros meses de Plano Cruzado atingiu apenas 10%, acumulou de março a dezembro mais de 22%, fazendo disparar o gatilho salarial em janeiro de 1987. A inflação continuou aumentando, superando 20% nos meses de abril, maio e junho de 1987, período em que o gatilho salarial disparava a cada mês.

O aumento do poder aquisitivo dos salários, associado ao congelamento de preços no início do Plano Cruzado, foi rapidamente substituído por perdas salariais consideráveis. Além do efeito da própria inflação, havia perdas adicionais devidas à limitação do gatilho salarial em 20%, quando a inflação mensal superava esse valor. Não é por outra razão que o salário mínimo atingiu em 1987 seu menor valor histórico.[26]

Os riscos de hiperinflação levaram o novo ministro da Fazenda, Bresser Pereira, a um novo congelamento de preços e salários em junho de 1987.[27] Os salários permaneceriam congelados por um período de três meses, a partir de quando passariam a sofrer reajustes mensais segundo a Unidade de Referência de Preços (URP). Esta última repre-

---

[25] Na mesma ocasião o governo determinou que o IPC voltasse a seguir a metodologia do INPC. Era uma clara tentativa de amortecer o efeito dos reajustes de preços sobre os reajustes salariais. Efetivamente, em novembro e dezembro o IPCA atingiu 5,45 e 11,65% e o INPC 3,29 e 7,27% respectivamente.
[26] A afirmação sobre o salário mínimo refere-se a São Paulo, sendo baseada em dados do DIEESE.
[27] Decretos-leis nºs 2.335, de 13.6.1987, e 2.336, de 15.6.1987.

sentava a inflação média mensal do trimestre anterior, permanecendo fixa durante o trimestre seguinte.

Dessa vez o governo foi mais flexível no congelamento de preços para evitar a série de problemas ocorridos durante o Plano Cruzado. O preço a ser pago foi uma retomada mais rápida do processo inflacionário. Em agosto o IPC já atingia 6,36%, pulando para 14,14% em dezembro. Em 1987 a inflação voltava a bater um novo recorde.

Os trabalhadores, por seu lado, negociavam nas datas-base o diferencial entre o IPC e as URPs acumuladas. Estas ficavam sistematicamente atrasadas em relação à inflação que se acelerava. No final de 1980 a inflação atingia taxas mensais próximas a 30%. Era o fantasma da hiperinflação que voltava a rondar a economia brasileira. A resposta do governo veio na forma de um novo congelamento de preços em janeiro de 1989 — o Plano Verão.[28]

Os primeiro meses de 1989 trouxeram uma nova experiência para os assalariados. Pela primeira vez em 25 anos o país deixava de ter uma política salarial determinada pelo governo. A inexistência de regras explícitas para os reajustes salariais pegou todos de surpresa. Empresários e empregados tiveram sérias dificuldades para se pôr de acordo sobre as novas regras para os reajustes salariais. Coube ao Congresso tomar a iniciativa de definir uma nova política salarial. A partir de meados do ano os reajustes voltavam a ser mensais, baseados no IPC. Aqueles que ganhavam até 3 SM passaram a ter direito ao IPC pleno, enquanto os restantes recebiam o IPC menos 5%, diferença esta que só deveria ser incorporada aos salários no final de cada trimestre.[29]

Mais uma vez o congelamento de preços foi flexível e durou pouco tempo. Em junho de 1989 a inflação medida pelo IPC já atingia quase 25%. O ano de 1989 encerrou-se com um novo recorde inflacionário, tendo o índice de dezembro superado 50% e o acumulado no ano atingido mais de 1 700%. Não é preciso grande esforço para se constatar as perdas salariais decorrentes de tais taxas de inflação, que inviabilizam a manutenção do salário real independentemente da política salarial em vigor.

---

[28] Medida Provisória nº 32, de 15.1.1989, transformada pelo Congresso Nacional na Lei nº 7.730, de 31.1.1989.
[29] Lei nº 7.788, de 3.7.1989.

5. Distribuição de renda e política salarial

Antes de partir para a discussão do potencial de utilização da política salarial para a melhoria da distribuição de renda, é necessário que sejam feitas algumas observações preliminares. Em primeiro lugar, deve-se reconhecer que a distribuição de renda no Brasil é profundamente desigual, qualquer que seja o corte considerado — distribuição pessoal, familiar, funcional, regional, etc.[30] As estatísticas, entretanto, nem sempre conseguem captar a situação real. É o caso, por exemplo, da distribuição pessoal da renda. Segundo os dados da PNAD, cerca de 90% da renda levantada correspondem a rendimentos do trabalho. Isto significa dizer que os outros tipos de rendimento estão bastante subestimados, apontando, portanto, para uma distribuição da renda ainda pior do que a indicada pelos dados.[31]

O corolário do último parágrafo é a constatação de que os rendimentos do trabalho no Brasil estão muito mal distribuídos. Assim, a melhoria da distribuição da renda passa obrigatoriamente pela melhoria da distribuição salarial. Esse reconhecimento nos remete à discussão do inter-relacionamento entre política salarial e distribuição de renda. A pergunta que deve ser respondida é em que medida a política salarial pode modificar a distribuição dos salários.

Em geral, os economistas mostram-se muito céticos sobre o papel efetivo que a política salarial possa ter em termos de modificar a estrutura salarial do país.[32] Tende-se a privilegiar o papel do mercado, que seria o principal determinante dos níveis salariais. É comum deparar-se com argumentos que defendem a extinção da política salarial no Brasil. Quando muito, aceita-se a intervenção governamental exclusivamente na fixação do salário mínimo. Tal tipo de argumentação, ao propor uma política de *laissez-faire* para os salários, não leva em consideração a experiência histórica do país.

---

[30] Para o estudo de alguns cortes analíticos da distribuição de renda no Brasil, ver os outros artigos deste livro.
[31] Os rendimentos de capital quase não aparecem na PNAD, estando concentrados nas mãos dos mais ricos.
[32] Entre os trabalhos que minimizam o papel da política salarial na melhoria da distribuição da renda no Brasil, utilizando os mais variados tipos de argumentação, podem ser citados, por exemplo, Langoni (1973), Macedo e Garcia (1978), Macedo (1981), Ocio (1986) e Reis (1989). Em contrapartida, pode-se mencionar Souza e Baltar (1979), Drobny e Wells (1983) e Saboia (1985), que argumentam favoravelmente à importância da política salarial.

TABELA 5
EVOLUÇÃO DOS SALÁRIOS E DA PRODUTIVIDADE NA INDÚSTRIA
1964-1985

(variações percentuais)

	64/67	67/74	74/79	79/82	82/85	64/79	79/85	64/85
Diretores	37	85	29	-26	14	227	-16	175
Gerentes	14	82	32	-20	-17	177	-34	83
Chefes de produção	15	82	39	-17	-29	191	-41	72
Chefes administrativos	34	46	27	-7	-22	148	-27	81
Técnicos	24	59	7	8	-28	111	-22	65
Trab. escritório	14	5	31	12	-24	57	-15	33
Oper. qualificados	1	58	26	7	-15	101	-9	83
Oper. semiqualificados	9	16	38	11	-12	76	-2	72
Oper. não-qualificados	5	6	38	18	-24	53	-10	38
Salário mínimo	-22	-25	13	8	-19	-34	-13	-43
PIB *per capita*	3	72	21	-1	4	114	2	118

Fonte: para os salários foi utilizada a PRIL e como deflator o IGP/DI. Para o salário mínimo, o DIEESE. Para o PIB *per capita*, as Contas Nacionais.

182

Apresentaremos a seguir alguma evidência empírica que nos permite questionar a argumentação acima, mostrando que a situação é muito mais complexa do que possa parecer à primeira vista. Os dados utilizados referem-se exclusivamente à indústria de transformação de São Paulo, não podendo ser generalizados para o restante da economia. Eles servem, entretanto, para ilustrar o potencial da política salarial na modificação da distribuição salarial.[33]

Os dados da Tabela 5 cobrem o período entre 1964 e 1985, agregados em nove categorias profissionais — diretores; gerentes; chefes de produção; chefes administrativos; técnicos; trabalhadores de escritório; operários qualificados; operários semiqualificados e operários não-qualificados. É também apresentada a evolução do salário mínimo de São Paulo. Para efeito de comparação é incluída a variação do PIB *per capita*, que serve como uma *proxy* para o crescimento da produtividade do trabalho na economia.

Os dados são ricos em ensinamentos. Eles podem ser divididos em dois períodos — 1964-1979 e 1979-1985. O primeiro corresponde à velha política salarial e o segundo à época dos reajustes semestrais. Embora a política salarial do período 1964-1979 não fizesse qualquer distinção entre os níveis salariais, há um nítido aumento da diferenciação salarial. Os ordenados dos diretores, gerentes e chefes administrativos e de produção evoluíram bem acima da produtividade, ao mesmo tempo que os trabalhadores de escritório e operários semi e não-qualificados obtiveram ganhos consideravelmente inferiores ao incremento da produtividade. Os técnicos e operários qualificados acompanharam de perto a produtividade. O salário mínimo de São Paulo apresentou um comportamento diferenciado, com queda real entre 1964 e 1979. As desigualdades salariais cresceram especialmente durante o "milagre econômico" — 1967-1974 —, quando os salários dos trabalhadores de escritório e operários não-qualificados permaneceram estagnados.

À primeira vista, a evidência empírica parece corroborar a argumentação de que os efeitos do mercado teriam prevalecido sobre a política salarial do período 1964-1979. Cabe, entretanto, lembrar que a legislação salarial foi distorcida pelos governos militares, a partir da

---

[33] Trata-se dos dados da Pesquisa em Relações Industriais Ltda (PRIL), representando uma amostra de empresas médias e grandes, pertencentes ao setor moderno da indústria de transformação em São Paulo. Sua principal vantagem é permitir um acompanhamento da evolução dos salários a longo prazo para um conjunto bem amplo de categorias profissionais.

utilização de subestimativas da inflação e da não-incorporação integral do incremento da produtividade. Por outro lado, na maior parte do período analisado não havia condições mínimas para a organização sindical, dificultando as negociações salariais. Portanto, não é de se estranhar que os trabalhadores com menor nível de qualificação tenham sofrido tal evolução em seus salários. De qualquer forma, é preciso reconhecer a importância que o mercado parece ter assumido nesse primeiro período, beneficiando os responsáveis pela gestão das empresas e os trabalhadores com maior nível de qualificação.

A análise do período 1979-1985 traz outras informações. Nesta fase, além da nova legislação salarial, o país passou por uma crise econômica, especialmente em 1981 e 1983. Os dados salariais mostram quedas generalizadas, mais acentuadas para os altos ordenados. É preciso, todavia, separar dois subperíodos — 1979-1982 e 1982-1985. No primeiro, a legislação diferenciava os reajustes salariais, sendo concedidos índices superiores à inflação para os menores salários. Esse mecanismo redistributivo foi eliminado em 1983.

Apesar da crise econômica, a legislação salarial do período 1979-1982 deixou sua marca. Enquanto os ordenados dos diretores, gerentes e chefes diminuíram, os salários dos operários, trabalhadores de escritório e técnicos mostraram tendência de elevação. O maior crescimento coube aos operários não-qualificados, isto é, aqueles com menores salários, cujo salário médio em 1982 atingia três salários mínimos.

No período 1982-1985 a legislação passou por importantes modificações. Apesar de manter os reajustes diferenciados, perdeu sua principal característica redistributiva — os reajustes superiores à inflação para os menores salários. Não obstante a atenuação da crise em 1984 e 1985, as perdas salariais foram generalizadas, inclusive para o salário mínimo. Neste período, os diferenciais de salários voltaram a se elevar. Se em 1979 um diretor ganhava em média 20,1 vezes mais do que um operário não-qualificado, em 1982 essa relação reduziu-se para apenas 12,9, retornando a 19,4 em 1985.[34]

Estudar a questão salarial no Brasil desconsiderando-se os aspectos institucionais significa não se dar conta de um elemento fundamental para a análise. Os últimos 25 anos mostram a enorme importância da política salarial na evolução dos salários no país. Se, por um lado, o salário mínimo seguiu rigorosamente a legislação, os salários em geral tiveram as leis da política salarial como pano de fundo na

[34] Para um tratamento formal dos dados salariais da PRIL, ver Saboia (1989).

determinação de sua evolução. A importância da política salarial determinada pelo Estado ficou ainda mais clara no início de 1989, quando o Plano Verão deixou aberta a legislação salarial para ser negociada pelos agentes econômicos. Estes estavam de tal forma acostumados à tutela do Estado que não conseguiram se colocar de acordo sobre a questão, obrigando o Congresso a definir uma nova legislação.[35]

Procuramos neste trabalho apresentar argumentos no sentido de que a política salarial pode ter um papel importante na melhoria da redistribuição dos salários e, conseqüentemente, da renda. A experiência dos anos 1979-1982 nos mostrou os resultados positivos de uma política salarial redistributiva em um período de crise econômica. Certamente os resultados poderiam ter sido ainda melhores em um período de crescimento da economia.

Discordamos daqueles que afirmam ser o crescimento econômico a melhor política salarial, não deixando espaço para a intervenção direta do governo. Tal afirmação é a negação da história do país e desconsidera a experiência das últimas duas décadas e meia. Talvez no futuro esta possa vir a ser uma alternativa razoável. No presente, entretanto, não há qualquer hipótese de se deixar os salários evoluírem ao sabor das forças do mercado. O preço dessa escolha poderia ser muito elevado em um período de crise econômica num país onde as instituições ainda são muito frágeis.

Uma nova política salarial redistributiva poderia seguir, por exemplo, as linhas daquela vigente no perído 1979-1982. Ela teria maior impacto se associada a uma elevação forte e gradual do salário mínimo. O crescimento econômico teria um papel fundamental, mas não deve substituir a política salarial. Se colocada em prática durante alguns anos, a distribuição da renda certamente melhorará e teremos um país com maior justiça social. Nesse momento, talvez tenhamos nos transformado em uma sociedade suficientemente organizada, a ponto de poder prescindir da intermediação do Estado na definição das regras do jogo.

---

[35] O Congresso voltou a ter uma participação fundamental na definição da política salarial após a posse do governo Collor.

Bibliografia

DIEESE (1975). "Dez anos de política salarial", *Estudos Econômicos*, nº 3, São Paulo.

Drobny, Andrés e Wells, John (1983). "Salário mínimo e distribuição de renda no Brasil: uma análise do setor de construção civil", *Pesquisa e Planejamento Econômico*, vol. 13, nº 2, ago.

Langoni, Carlos (1973). *Distribuição de renda e desenvolvimento econômico no Brasil*, Rio de Janeiro, Expressão e Cultura.

Macedo, Roberto (1981). "Salário mínimo e distribuição de renda no Brasil", *Estudos Econômicos*, vol. 11, nº 1, mar.

Macedo, Roberto e Garcia, Manuel Enriquez (1978). "Observações sobre a política brasileira de salário mínimo", Trabalho para Discussão, nº 27, IPE/USP, jun.

Ocio, Domingo Zurrón (1986). "Salários e política salarial", *Revista de Economia Política*, vol. 6, nº 2, abr.-jun.

Reis, José Guilherme (1989). "Salário mínimo e distribuição de renda", *Perspectivas da Economia Brasileira — 1989*, Rio de Janeiro, IPEA/INPES.

Saboia, João (1983). "Uma violência contra os assalariados", "Caderno de Economia", *Folha de S. Paulo*, 17 jul.

Saboia, João (1984). "A política salarial recente e os impactos econômicos e sociais do Decreto-lei 2.065", *Boletim do IERJ*, nº 28, jan.-jun.

Saboia, João (1985). "A controvérsia sobre o salário mínimo e a taxa de salários na economia brasileira: novas evidências", *Revista de Economia Política*, vol. 5, nº 2, abr.-jun.

Saboia, João (1989). "Salário e produtividade na indústria no longo prazo", *Anais do XVII Encontro Nacional de Economia*, ANPEC, Fortaleza, dez.

Souza, Paulo Renato e Baltar, Paulo Eduardo (1979). "Salário mínimo e taxa de salários no Brasil", *Pesquisa e Planejamento Econômico*, vol. 9, nº 3, dez.

9
MERCADO DE TRABALHO E DANÇA DISTRIBUTIVA

Edward J. Amadeo
José Márcio Camargo

1. Introdução

A principal característica da economia brasileira nos últimos quinze anos tem sido o persistente crescimento da taxa de inflação. Da mesma forma, pelo menos desde 1987, o país tem vivido às portas de uma hiperinflação. Rápidas acelerações inflacionárias são acompanhadas de congelamentos de preços e de salários que, após alguns meses de efetividade, se convertem em novas acelerações inflacionárias, etc. Nesse contexto, a relação entre estrutura do processo de negociações coletivas, conflito distributivo e efeitos distributivos do processo inflacionário ganha relevância. Neste artigo, analisamos essas inter-relações.

Antes de mais nada, deve-se reconhecer que a aceleração da inflação tem efeitos perversos não apenas porque gera incertezas quanto ao futuro e paralisia decisória, mas também porque afeta a distribuição da renda a favor dos agentes com maior capacidade de fixar seus preços e contra aqueles que não conseguem defender-se da inflação através do reajuste de seus rendimentos nominais. Para entender melhor o processo de aceleração inflacionária e seus efeitos distributivos, é importante conhecer o modo como são fixados salários e preços nos diferentes segmentos dos mercados de trabalho e de bens.

Há, sem dúvida, alguns pontos de relativo consenso entre os analistas econômicos brasileiros sobre as causas do processo inflacionário. Primeiro, que a aceleração da inflação e a dificuldade para reduzir os patamares inflacionários estão associadas ao alto grau de indexação dos rendimentos, ao conflito distributivo entre diferentes agentes sociais e ao efeito que pode ter o déficit público, e a capacidade de financiá-lo, sobre a demanda agregada.[1] Segundo, que o combate à inflação não é um processo simples nem depende apenas de medidas corretas do ponto de vista técnico, envolvendo considerável grau de coordenação entre os agentes muitas vezes somente alcançável através de um acordo explícito entre eles.

Sendo assim, o combate efetivo à inflação deve combinar medidas de caráter fiscal e monetário, assim como medidas que viabilizem a coordenação dos mecanismos de determinação dos salários e dos preços na economia. É exatamente este segundo conjunto de medidas que depende da estrutura do processo de negociações coletivas e da estrutura da organização das entidades representativas de trabalhadores e de empresários.

No caso da economia brasileira, duas características são de grande importância: a primeira é a extrema heterogeneidade tanto do mercado de bens quanto do mercado de trabalho. A segunda, é o elevado grau de centralização da organização sindical e a disparidade do poder de barganha dos diferentes grupos de trabalhadores. Essas duas características fazem com que tanto o mercado de bens quanto o mercado de trabalho sejam divididos em segmentos, com dinâmicas diferentes no que se refere aos preços e aos salários e permite que o processo inflacionário gere enormes transferências de rendas na economia.

2. A formação de salários e preços

De modo geral, há pelo menos uma característica comum a todos os segmentos dos mercados de trabalho e bens, qual seja, o fato de que as empresas fixam os preços dos bens que produzem tomando em conta os salários acordados previamente com os sindicatos. Neste sentido, pode-se dizer, que as empresas têm a última palavra na determinação da relação preços/salários. Mesmo com elevado grau de indexação dos salários, o fato de as empresas terem um prazo de reajuste dos preços menor faz com que a inflação, ao fim e ao cabo, seja o resultado da decisão de fixação dos preços por parte das firmas. Essa assimetria

---

[1] Apesar de haver consenso quanto ao conjunto de causas, existe grande discordância quanto aos pesos a atribuir a cada um dos componentes.

na capacidade de remarcação de salários e preços deve ser levada em conta nas análises dos processos inflacionários e distributivos.

As diferenças entre o comportamento dos agentes nos segmentos dos mercados de trabalho e bens devem-se à capacidade diferenciada que têm as empresas de arbitrar seus preços sem incorrer em perdas de fatias de mercado, e dos sindicatos de conquistarem os aumentos salariais desejados sem que isso leve a um grau de conflito muito alto com as firmas e ao aumento do desemprego.

No caso da economia brasileira existe uma relação direta entre a capacidade das firmas de arbitrarem seus preços sem riscos de perda de mercado e a capacidade dos sindicatos de conseguirem os reajustes salariais desejados. É que, dado o elevado nível de proteção à concorrência externa, quanto mais forte a posição da empresa no mercado em que atua, isto é, quanto menor o número de concorrentes e maior o seu grau de monopólio, maior a sua capacidade de repassar para os salários. Em conseqüência, se a empresa é forte em seu mercado, tenderá a atender mais facilmente às demandas salariais dos seus trabalhadores para evitar os efeitos deletérios dos conflitos trabalhistas. Já as empresas que operam em setores mais concorrenciais, competitivos, tenderão a ser mais duras em suas negociações com os trabalhadores, pois terão mais dificuldade de repassar aos preços dos produtos os reajustes de salários concedidos.

Da mesma forma, os sindicatos mais fortes se concentram nos setores mais oligopolizados, tanto por razões econômicas quanto político-institucionais. É nas grandes empresas industriais mais modernas que se concentra uma grande parte dos trabalhadores mais qualificados, onde a estrutura do processo produtivo facilita a organização e onde os sindicatos conseguem os melhores ganhos salariais.

Por essas razões, para se entender a forma como se dão as transferências de rendas entre os diferentes grupos de trabalhadores e empresários, é necessário entender como são segmentados os mercados de trabalho e de produtos.

O mercado de bens pode ser dividido em três segmentos. Um segmento competitivo, isto é, composto por setores onde é grande o número de firmas produzindo as mesmas mercadorias e gerando os mesmos tipos de serviços. Neste segmento o grau de concorrência é elevado e as firmas incorrem em sérios riscos de perder fatias de mercado se aumentarem seus preços acima da média praticada pelos competidores. O segundo segmento é composto pelos trabalhadores por conta própria, isto é, pequenos produtores independentes, entre eles algumas categorias de profissionais liberais (advogados independentes, por exemplo), toda sorte de biscateiros, etc. Este setor tem um comportamento muito semelhante ao competitivo, com a diferença de que não emprega trabalhadores. Estes, em geral, confundem-se com a própria empresa. Finalmente, existe o segmento oligopolizado composto por setores em que há poucas e grandes firmas, e nos quais o poder de fixação de preços sem riscos de perda de mercado é alto.

No Brasil, as empresas que operam no segmento competitivo normalmente estão voltadas para o mercado interno, o que faz com que suas margens de lucro dependam essencialmente do nível de atividade, que por sua vez depende do total de demanda efetiva interna. Quanto maior o nível de atividade, maior a demanda por seus produtos e maior a possibilidade de elevar preços sem risco de perda de mercado. Um "sopro de demanda", devido, por exemplo, à desaceleração na queda do poder de compra dos salários, pode tirar uma empresa deste segmento do vermelho.

As empresas do segmento mais competitivo geralmente são menos tolerantes, mais duras, que as do setor oligopolizado no processo de negociação salarial com os sindicatos.

Além do setor oligopolizado, outro subsetor que, em geral, é relativamente mais tolerante, operando portanto como segmento oligopolizado, é o setor exportador de manufaturados. Este subsetor tem suas margens de lucro protegidas pela política cambial, cujo objetivo tem sido manter constante a taxa de câmbio real. Assim, qualquer que seja o salário nominal pago por essas empresas, dado que a política cambial mantém relativamente estável a relação câmbio/salário, suas margens de lucro ficam automaticamente protegidas.

No mercado de trabalho, isto é, entre os assalariados, podem-se distinguir basicamente dois segmentos. O segmento dos trabalhadores com carteira de trabalho assinada, e que portanto estão sujeitos à legislação trabalhista e têm direitos sociais previstos em lei, e o segmento dos trabalhadores sem carteira assinada, cuja relação trabalhista resulta de um acordo privado e pessoal entre empregador e empregado. Entre os trabalhadores com carteira assinada, há os sindicalizados e os não sindicalizados, e entre os primeiros há os que são filiados a sindicatos fortes ou a sindicatos fracos e há os filiados a sindicatos associados às centrais sindicais ou a sindicatos independentes. O poder de barganha dos trabalhadores depende do grau de organização do sindicato (e/ou central) a que estão filiados. Os trabalhadores sem carteira em geral têm reduzido poder de barganha junto a seus empregadores.

Dois aspectos adicionais devem ser destacados sobre o funcionamento do mercado de trabalho. Em primeiro lugar o fato de os sindicatos mais forte terem crescidos justamente nos setores oligopolizados do mercado de bens. Isto se explicaria, pelo menos em parte, pelo maior poder de barganha dos sindicatos em setores em que as empresas impõem menos restrições nos processos de negociação coletiva. Em segundo lugar, a diferença entre as negociações envolvendo sindicatos filiados à CUT ou à CGT. Em geral as negociações com a CUT são mais duras, pois suas aspirações e demandas vão além de reajustes salariais e avançam na direção de áreas que afetam o controle do processo de produção e o próprio poder de barganha dos sindicatos. Já as negociações com a CGT e com sindicatos independentes são mais simples e pontuais, referindo-se em grande parte exclusivamente à questão salarial.

Podemos, portanto, estabelecer uma inter-relação entre os segmentos dos mercados de trabalho e de bens. Uma grande parte dos trabalhadores do segmento oligopolizado é sindicalizada, e os sindicatos mais fortes e organizados estão também associados àquele segmento do mercado de bens. Apenas uma parte dos que trabalham para empresas do segmento competitivo é sindicalizada, e os sindicatos são menos organizados. O quadro abaixo ilustra essas inter-relações.

INTER-RELAÇÃO ENTRE OS MERCADOS DE BENS E DE TRABALHO

Mercado de bens	Mercado de trabalho
Segmento oligopolizado (maior parte das empresas exportadoras e outras)	Carteira assinada/ sindicalizados/ sindicatos fortes
Segmento competitivo	Com ou sem carteira assinada/baixo nível de sindicalização/ sindicatos fracos
Conta própria	

Conforme veremos a seguir, é exatamente essa inter-relação entre os dois mercados que propicia os deslocamentos de renda ao longo do processo inflacionário, penalizando os segmentos mais fracos e desorganizados e favorecendo os mais fortes e organizados.

3. A "filosofia do repasse"

A inter-relação entre os mercados de trabalho e de bens descrita acima permite entender os comentários freqüentes entre alguns observadores da cena sindical brasileira, segundo os quais existe uma relativa tranqüilidade nas relações entre capital e trabalho no âmbito do setor privado da economia, principalmente no âmbito da FIESP, nos últimos dois anos (1988-1989), ao contrário das relações no âmbito do Estado, onde os sindicatos têm demonstrado grande poder de mobilização e os conflitos têm sido persistentes, e até mesmo violentos. Segundo os mesmos observadores, esse fenômeno indica o amadurecimento das relações entre empresários e trabalhadores do setor privado da economia, que, se deixados livres para negociar, poderiam facilmente chegar a acordos sem exacerbação do conflito trabalhista. Esse problema estaria concentrado hoje nas relações entre trabalhadores e o Estado.

Entretanto, após uma análise um pouco mais cuidadosa de dados empíricos sobre a evolução dos preços relativos e da distribuição dos salários no país, pode-se formular uma interpretação totalmente diferente dessa relativa tranqüilidade.

Em primeiro lugar, devemos lembrar que esses acordos têm sido celebrados principalmente entre empresas do segmento oligopolizado e/ou exportador da economia e sindicatos fortes e organizados. Em um contexto de elevado poder de repasse dos reajustes de salários nominais aos preços, principalmente em uma conjuntura na qual o nível de atividade está elevado, em que o controle de preços é frouxo e há grande incerteza entre os agentes em torno da política econômica a ser adotada, a tranqüilidade das relações entre capital e trabalho surge como um resultado lógico — mas especialmente perverso.

De fato, existe entre os empresários do setor oligopolizado e/ou exportador o que poderíamos chamar de "filosofia do repasse". Segundo essa "filosofia", desde que seja possível repassar aos preços os aumentos de salários, as empresas não resistem às demandas dos sindicatos. Com isso, evitam problemas com sua força de trabalho, reduzem o nível de conflito, e as negociações salariais tornam-se, efetivamente, "tranqüilas". Dada a crise financeira do Estado e de suas empresas, essa "filosofia" não pode ser aplicada neste setor, da mesma forma que tampouco atinge o segmento competitivo da economia.

Esse "acordo não consciente" entre as empresas do segmento oligopolizado da economia e seus sindicatos mais ativos tem efeitos devastadores sobre o processo inflacionário e a distribuição de salários. O repasse dos aumentos nominais de salários aos preços por parte das empresas significa que o custo real da mão-de-obra não cresce e suas margens de lucro são mantidas. Quanto aos trabalhadores, os pertencentes aos sindicatos mais organizados têm melhores condições de defender salários reais devido à tendência das empresas deste segmento.

No segmento competitivo, por outro lado, como a concorrência é maior, as empresas terão um comportamento menos leniente, pois seu poder de repassar aos preços os reajustes obtidos pelos trabalhadores é menor. Em conseqüência, não só os preços nestes setores crescem menos que os dos setores mais oligopolizados e/ou monopolistas, como os salários tendem também a crescer menos que a taxa de inflação. Nesse contexto, ganham (ou deixam de perder) os trabalhadores do segmento oligopolizado e dos sindicatos mais ativos e organizados, pois a inflação média tenderá a ser menor que a taxa de crescimento dos preços destes setores, e perdem os trabalhadores do segmento competitivo do mercado de bens, pela razão inversa.

É importante notar que esse processo não pode ser quebrado por uma empresa individualmente. Se uma empresa do setor oligopolizado decide endurecer no processo de negociações de forma isolada, enfrentará sérios conflitos com seus sindicatos e verá o salário real de seus trabalhadores se reduzirem em relação à média do setor. O resultado final seria um aumento do conflito dentro da empresa, queda de produtividade e, possivelmente, ao contrário do que se poderia esperar, piora de sua posição concorrencial em relação a seus competidores.

Se essa interpretação é correta, a origem da tranqüilidade nas relações entre capital e trabalho em certas áreas da economia deve-se ao "acordo não consciente" entre empresas e sindicatos. Essa seria também a origem das mudanças de preços e salários relativos que ilustraremos na seção a seguir.

4. Aceleração inflacionária e a dispersão de preços e salários

A aceleração da inflação nos últimos dez anos pode ser vista como resultado da tentativa dos diferentes grupos sociais de proteger o poder de compra de suas rendas. A capacidade desses grupos, entre eles trabalhadores e empresas dos diferentes segmentos dos mercados de trabalho e de bens, varia significativamente. Na Figura 1, apresentamos a evolução da taxa de inflação no Brasil, entre 1978 e 1988. Nela, destacam-se cinco pontos de inflexão na trajetória da inflação nos últimos dez anos, a saber:

- o primeiro semestre de 1979 depois de uma tentativa do governo de aumentar o preço doméstico da energia;
- o segundo semestre de 1983 depois da maxidesvalorização do cruzado;
- o segundo semestre de 1985, um ano depois de a economia começar a recuperar-se da mais profunda recessão de sua história, com aumento do ativismo sindical e as empresas começando a se preparar para um congelamento de preços;
- o primeiro semestre de 1987, após oito meses de congelamento de preços;
- o primeiro semestre de 1988, depois de seis meses de congelamento.

Durante esses dez anos, a distribuição funcional da renda — a distribuição da massa de salários em especial — mudou dramaticamente. Essas mudanças resultaram da combinação de diferentes políticas econômicas, da heterogeneidade da força de trabalho e do mercado de bens. Na Figura 2 pode-se acompanhar a trajetória da produtividade do trabalho (medida pela relação entre emprego e produto), do salário real (medido pela relação entre o salário nominal médio e o índice de preços ao consumidor) e o custo real do trabalho (medido pela razão entre salário nominal e o índice de preços por atacado).[2] Na Figura 3 tem-se a trajetória da razão entre o custo real do trabalho e a produtividade do trabalho (que mede a participação dos salários no produto) e da relação entre o salário real e a produtividade do trabalho.[3] Todos esses dados se referem às empresas da FIESP.

---

[2] Enquanto o salário real mede o poder de compra dos salários, que é o que interessa ao trabalhador, o custo real do trabalho é uma medida (inversa) da margem de lucros das empresas.
[3] A trajetória da relação entre o custo real do trabalho e a produtividade (isto é, da participação dos salários no valor do produto gerado) mede o quanto das variações na produtividade está sendo repassado aos salários. Já a relação entre o salário real e a produtividade é uma medida do crescimento do poder de compra do salário em termos de todos os bens que compõem a cesta de consumo do trabalhador relativamente à sua produtividade.

FIGURA 1
TAXA MENSAL DE INFLAÇÃO

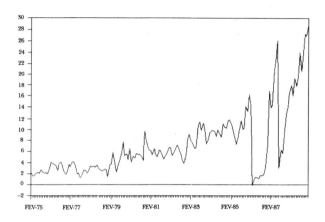

Na Figura 2, o primeiro ponto a notar é o contínuo crescimento da produtividade ao longo do período. O custo real do trabalho e o salário real crescem quase continuamente entre 1976 e princípios de 1983. Depois da maxidesvalorização do cruzeiro no início de 1983, e de dois anos de desemprego crescente, tanto o custo real do trabalho quanto o salário real caem até meados de 1984, quando iniciam sua recuperação. Em 1987 voltam a cair, estabilizando-se em 1988.

A participação dos salários no produto mantém-se relativamente estável entre 1976 e 1978, com leve crescimento, e cai continuamente entre 1979 e agosto de 1985, por seis anos, implicando uma transferência de rendas dos trabalhadores para as empresas (ou para o exterior, através do pagamento do serviço da dívida externa). Enquanto isso, a relação entre o poder de compra dos salários e a produtividade cresce até 1982 quase continuamente, cai ao longo de 1983 e volta a crescer até fins de 1986, caindo em 1987 e estabilizando-se em 1988.

É importante notar que tanto a margem de lucros (medida pelo inverso da participação dos salários) quanto a relação entre o salário real e a produtividade têm uma tendência ao *crescimento* entre 1976 e

FIGURA 2
INDÚSTRIA, SÃO PAULO

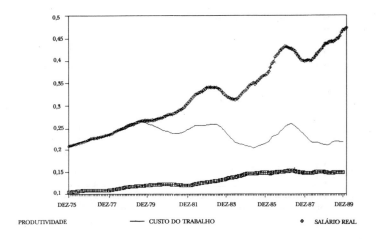

1988. Isso significa que os empresários do setor industrial de São Paulo têm lucrado continuamente mais por unidade vendida desde 1976. E ao mesmo tempo os trabalhadores da indústria de São Paulo têm obtido ganhos reais de salário *acima do crescimento* de sua produtividade. Finalmente, devemos notar que o salário real desses trabalhadores cai apenas em duas circunstâncias ao longo desses treze anos, quando da forte recessão de 1982-1983 e durante o período de descongelamento de preços em 1987.

Se todos ganham na indústria de São Paulo, alguns devem perder em outros segmentos da economia. Esta seria uma evidência de que o "acordo não consciente" entre empresários e sindicatos nos segmentos oligopolizados da indústria (fortemente concentrado em São Paulo) de fato beneficia a ambos os grupos. A idéia é que existe um jogo de soma positiva entre empresários e trabalhadores da indústria de São Paulo, mas se o jogo entre os agentes da economia como um todo é de soma zero (o que é uma aproximação da realidade devido ao aumento do

FIGURA 3
INDÚSTRIA, SÃO PAULO

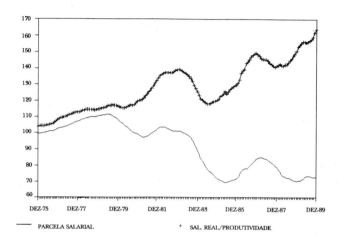

produto *per capita* no período), há agentes perdedores (pelo menos em termos relativos) nos últimos dez a quinze anos. Na Tabela 1 pode-se observar a trajetória da relação entre os salários médios pagos nos vários gêneros industriais e outros setores (habitação, comércio, serviço) e o salário médio pago na indústria.[4] Nota-se um alto e crescente grau de dispersão dos salários. Os salários relativos dos trabalhadores nas indústrias de material elétrico, transporte, papel, química e têxteis estavam acima da média em 1980 e cresceram relativamente à média entre 1980 e 1986. Já os salários de trabalhadores das indústrias de móveis, materiais plásticos, vestuário e materiais editoriais estavam abaixo da média em 1980 e caíram em relação a essa média desde então. O mesmo é verdade, embora a tendência seja muito mais acentuada, para os salários pagos nos setores de serviços públicos, construção, comércio e serviços privados.

[4] Esses são dados para o Brasil e não apenas para São Paulo, calculados a partir da RAIS dos diversos anos.

TABELA 1
SALÁRIOS RELATIVOS
(SALÁRIO DO SETOR RELATIVAMENTE AO SALÁRIO MÉDIO DA INDÚSTRIA)

Setores	1980	1981	1982	1983	1984	1985	1986
Indústria	1,00	1,00	1,00	1,00	1,00	1,00	1,00
Minerais não metálicos	0,78	0,78	0,78	0,78	0,76	0,82	0,77
Metalúrgica	1,22	1,23	1,24	1,23	1,21	1,22	1,24
Mecânica	1,31	1,31	1,31	1,32	1,30	1,31	1,37
Material elétrico	1,31	1,33	1,34	1,37	1,40	1,38	1,30
Mater. de transporte	1,46	1,49	1,57	1,62	1,67	1,65	1,59
Madeira	0,52	0,51	0,51	0,51	0,49	0,48	0,49
Móveis	0,61	0,61	0,60	0,58	0,57	0,57	0,59
Papel e papelão	1,07	1,08	1,10	1,11	1,12	1,14	1,17
Química	1,92	1,92	1,99	2,03	2,04	2,05	2,00
Material plástico	0,27	0,92	0,94	0,90	0,90	0,90	0,88
Têxteis	0,75	0,76	0,76	0,76	0,77	0,78	0,81
Vestuário	0,52	0,52	0,51	0,50	0,50	0,48	0,51
Alimentos	0,69	0,70	0,69	0,70	0,69	0,67	0,67
Editorial e gráfico	1,07	1,06	1,05	1,08	0,99	1,01	1,05
Serviços públicos	1,78	1,79	1,80	1,77	1,69	1,72	1,96
Habitação	0,79	0,77	0,76	0,74	0,73	0,71	0,77
Comércio	0,71	0,69	0,68	0,66	0,65	0,66	0,66
Serviços de:	1,20	1,16	1,19	1,13	1,08	1,06	1,06
Transporte	0,99	1,00	0,99	0,98	0,94	0,94	0,93
Comunicação	1,33	1,35	1,34	1,43	1,33	1,41	1,44
Habitação	0,47	0,46	0,45	0,44	0,43	0,41	0,44
Pessoal	0,76	0,73	0,72	0,70	0,65	0,64	0,68
Comercial	1,01	0,97	1,03	0,92	0,90	0,88	0,89

A mesma conclusão, vale dizer, de que tem ocorrido um aumento da dispersão salarial no país pode ser obtida através da leitura das figuras 4 e 5. Na Figura 4, pode-se observar o crescimento da relação entre o salário médio pago na indústria de São Paulo e o salário mínimo, e, na Figura 5, o aumento do coeficiente de variação dos salários

TABELA 2
PREÇOS RELATIVOS
(COMPONENTES DO IPC RELATIVAMENTE AO IPA INDÚSTRIA)
1977 = 100

	Aliment.	Habit.	Transp.	Vest.	Saúde	Serv. Pes.	Educ.
1977	100,00	100,00	100,00	100,00	100,00	100,00	100,00
1978	101,50	101,15	102,04	106,14	98,56	99,88	104,81
1979	100,70	103,43	98,09	108,83	92,58	98,11	102,74
1980	93,38	100,77	83,90	118,93	81,18	90,03	89,94
1981	83,98	91,24	72,13	124,20	68,99	83,81	78,87
1982	79,25	83,24	66,44	121,28	64,78	85,19	80,60
1983	76,71	82,79	61,01	118,88	59,42	80,63	79,87
1984	69,44	83,86	48,53	108,12	45,67	70,22	67,44
1985	58,99	71,48	38,69	100,45	45,04	59,82	57,35
1986	57,95	75,69	34,58	90,41	53,88	59,02	54,51

pagos nos diferentes setores da indústria de São Paulo entre 1975 e 1989. Assim como houve crescimento da dispersão dos salários devido às discrepâncias entre o poder de barganha das diferentes categorias de trabalhadores, houve também crescimento da dispersão de preços relativos. Na Tabela 2 tem-se a relação entre o preço médio dos componentes do Índice de Preços ao Consumidor de São Paulo e o Índice de Preços por Atacado — produtos industriais — da Fundação Getúlio Vargas. Há preços de bens, como os dos alimentos e dos serviços de saúde, que caíram 40% relativamente ao preço por atacado na indústria. O preço relativo dos transportes caiu mais de 60%. Esta é uma evidência de que houve grande diferença entre a trajetória dos preços nos últimos anos como resultado da capacidade diferenciada dos diversos setores de se defenderem da aceleração inflacionária.

FIGURA 4
SALÁRIO MÉDIO (SP) RELATIVAMENTE AO SALÁRIO MÍNIMO

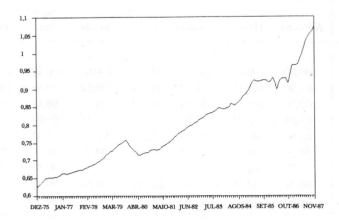

FIGURA 5
COEFICIENTE DE VARIAÇÃO
(SALÁRIOS, SP)

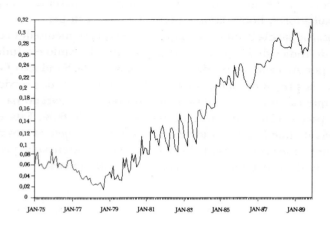

O único ano em que houve inversão das tendências nos movimentos de salários e preços relativos foi 1986. Essa inversão de tendências está associada aos efeitos do congelamento de preços implementado pelo Plano Cruzado, situação na qual as margens de lucros e os salários no segmento oligopolizado, cujos preços são mais facilmente controláveis, perderam relativamente ao resto da economia.[5] Depois do Plano Cruzado, os outros dois programas de estabilização (Planos Bresser e Verão), também baseados em controle de preços, desorganizaram ainda mais as relações econômicas, acirraram o conflito distributivo e geraram uma ainda maior dispersão salarial e dos preços relativos.

5. Conclusões e perspectivas para o futuro

Os resultados apresentados acima parecem evidenciar que as segmentações dos mercados de bens e de trabalho tiveram forte influência sobre o processo inflacionário e a dança distributiva dos últimos anos. De um lado, o fato de que alguns setores são capazes de fixar seus preços sem risco de perda de mercado, e por isso podem conceder aumentos reais de salários, facilita a aceleração da taxa de inflação.[6] Por outro, a concentração do poder sindical nos setores mais oligopolizados e modernos da economia tende a gerar maior dispersão de salários e de preços relativos. Ambos os efeitos têm caráter extremamente perverso tanto do ponto de vista da estabilidade econômica quanto da distribuição de salários na economia.

Em outros trabalhos, mostramos que ocorreu um vigoroso processo de centralização e de aumento de representatividade tanto das organizações dos trabalhadores quanto das organizações dos empresários na economia brasileira ao longo dos anos 80 (E. Amadeo e J. M. Camargo, 1989c e 1990). Da mesma forma como ocorreu em outros países, nos quais esse processo se deu no passado, esses desenvolvimentos têm sido impulsionados pela necessidade dos trabalhadores de se organizarem para serem capazes de conseguir maiores ganhos de sa-

---

[5] Para uma análise desse efeito, ver J. M. Camargo e C. A. Ramos (1988).
[6] Obviamente, há outros fatores a explicar a aceleração da inflação, dentre os quais os aumentos de preços defensivos devido à expectativa de novos congelamentos, o aumento do custo alternativo de manter estoques devido ao crescimento da taxa de juros, etc.

lários e melhores condições de trabalho. À medida que eles conseguem se organizar e mobilizar suas bases com esses objetivos, os empresários se vêem diante da necessidade de melhorar seu grau de organização para fazer frente às demandas dos trabalhadores no processo de negociações coletivas.

Vários são os sintomas de que esse processo atingiu um estágio bastante avançado no Brasil. O aparecimento de duas fortes centrais sindicais (CUT e CGT), o aumento do conflito entre capital e trabalho, o crescimento eleitoral do Partido dos Trabalhadores são alguns dos mais marcantes do lado dos trabalhadores. Por outro lado, o aumento de representatividade da Confederação Nacional da Indústria, o desenvolvimento de centros de treinamento e de informações para orientar os empresários no processo de negociações coletivas, o maior envolvimento da Confederação, assim como da Federação Brasileira de Bancos e das Federações estaduais de empresários nas negociações, são os principais sintomas do lado empresarial.

Um aspecto importante nesse contexto é a íntima associação entre a CUT e o Partido dos Trabalhadores. Seguindo a tradição da social-democracia européia, essas duas instituições têm atuado em conjunto, a primeira no fórum sindical e a segunda no fórum político-parlamentar, no sentido de aumentar o poder de pressão dos trabalhadores organizados para a obtenção de ganhos ao nível das negociações diretas entre capital e trabalho e ao nível mais agregado, através do Parlamento e, mais recentemente, do Poder Executivo em algumas cidades importantes do país.

Todo esse processo aponta para um aumento do grau de centralização das negociações coletivas e da politização do movimento representativo dos trabalhadores. A CUT tem desenvolvido Departamentos em bases ocupacionais que, em alguns casos, como os bancários, já promovem suas negociações no nível nacional. Da mesma forma, a CNI está desenvolvendo um importante sistema de coordenação do lado patronal a partir da formação de grupos de trabalho cujo objetivo é gerar informações, coordenar e auxiliar os empresários individuais nas negociações coletivas.

No nível político, as demandas da central sindical são ativamente defendidas no Parlamento pelo Partido dos Trabalhadores, o que se tornou mais explícito a partir das discussões dos direitos trabalhistas ao longo da elaboração da Constituição em 1987-1988.

Existem, obviamente, caminhos alternativos que têm sido trilhados por outras instituições. Entre os mais importantes, devemos apontar a existência de um forte e representativo movimento de sindicatos independentes, em princípio desvinculados das centrais sindicais, e que se organizam quase que exclusivamente com o objetivo de obter ganhos nas negociações coletivas. No outro extremo, correntes no interior da CUT adotam uma linha revolucionária, não negocial, e cujo objetivo é a completa reformulação do sistema capitalista no país. Mostramos também (E. Amadeo e J. M. Camargo, 1989a) que essa evolução tem sido um dos fatores que reforçam a tendência inflacionária na economia brasileira e o caráter eminentemente perverso desse fenômeno. Como os sindicatos mais ativos e organizados estão, em geral, localizados nos setores mais oligopolizados e/ou exportadores, e as empresas desses setores têm um grande poder de repasse dos reajustes de salários aos preços dos produtos, ou devido à pequena concorrência ou devido à política de manutenção da relação salário/câmbio, desenvolveu-se nesses segmentos do mercado a "filosofia do repasse", segundo a qual, desde que os aumentos de salários possam ser repassados aos preços, o conflito deve ser evitado. Nessas condições, a inflação transfere renda dos segmentos menos organizados (e mais pobres) dos mercados de trabalho e de produto para os segmentos mais organizados (e relativamente mais ricos), aumentando a dispersão salarial e contribuindo para a piora da distribuição da renda no país.

Nesse sentido, as transformações ocorridas levaram o país a uma situação extremamente difícil e socialmente injusta na qual, para evitar o conflito, gera-se mais inflação e mais concentração de salários. Diante desse quadro, cabe-nos perguntar que perspectivas existem para o futuro das relações entre capital e trabalho no Brasil e como fazer com que os efeitos perversos que estão dominando essa relação no presente possam ser evitados.

Existem pelo menos duas opções claras que podem ser analisadas. De um lado, criar incentivos que consigam reverter a tendência à centralização da organização sindical e do processo de negociações coletivas. De outro, aceitar a tendência dos últimos dez anos como um fato inexorável e procurar criar instituições que evitem que esse processo gere os efeitos não desejados apontados acima. Cada uma dessas opções têm suas vantagens e desvantagens, seus defensores e detratores.

A grande vantagem do primeiro caminho é que, uma vez obtida a descentralização, o mercado passaria a ser o principal mecanismo coordenador da atividade econômica, principalmente no que se refere à relação entre capital e trabalho. Esse é o caso de países como os Estados Unidos e o Canadá, onde as negociações coletivas são realizadas ao nível de empresa. Nesse sistema, dificilmente uma negociação é suficientemente importante para afetar um conjunto relativamente grande de outros trabalhadores que não os diretamente envolvidos, de forma a gerar problemas de caráter macroeconômico.

Uma desvantagem importante dessa estrutura é que ela tende a gerar uma distribuição de salários relativamente mais desigual devido à disparidade de poder de barganha entre os diferentes sindicatos e a impossibilidade de coordenação do processo de formação dos salários ao nível macroeconômico.

O problema é como criar incentivos suficientemente fortes que induzam (ou forcem) as organizações de trabalhadores, hoje já bastante avançadas em seu processo de centralização, a trilhar esse caminho, pois ele significa uma drástica redução de seu poder político dentro da sociedade.

O segundo caminho possível é reforçar o processo de centralização, caminhando em direção às estruturas neocorporativas européias. Isso poderia ser conseguido através da criação de fóruns adequados de negociação nos níveis estadual e nacional, por categoria profissional. Nesse contexto, pode-se pensar na adoção de um contrato coletivo de trabalho que seria negociado no nível nacional, que estipularia condições mínimas, em substituição à atual sistemática de reajustes de salários.[7] Os níveis máximos de reajustes, por outro lado, seriam definidos também no nível nacional, através de negociações por categorias profissionais. Finalmente, nos níveis mais desagregados, estadual, municipal ou até mesmo por empresa, seriam negociados os reajustes efetivos de cada grupo. Um esquema desse tipo deve vir acompanhado de um aumento da competitividade e maior organização das entidades representativas de empresários e trabalhadores.

Seria fundamental a criação de incentivos no sentido de aumentar a disciplina dos agentes individuais, dos dois lados do espectro. A criação de fundos de greve e de *lock-out*, esquemas de financiamento de seguro-desemprego através dos sindicatos, e de fundos de auxílio às empresas através das organizações empresariais, com regras explícitas e rígidas para serem utilizados, reforço das organizações de base ao nível da empresa para evitar a burocratização dos movimentos, etc., são instrumentos importantes para proteger trabalhadores e

---

[7] Uma proposta de política de rendas com base na centralização das negociações coletivas encontra-se em Amadeo e Camargo (1989a).

empresários dos efeitos dos conflitos, que criam penalidades suficientemente fortes para desincentivar uma atitude de *free rider* entre os participantes do jogo econômico.

Da mesma forma, a adoção de mecanismos de mediação e arbitragem, que criem instâncias de negociação obrigatórias antes de deflagrar os conflitos e antes de levar as disputas para a Justiça do Trabalho, é de grande importância.

As principais vantagens de uma organização com essas características são, em primeiro lugar, a possibilidade de utilizar as negociações ao nível nacional como um mecanismo de coordenação do processo de formação de preços e salários, um papel que entre 1964 e 1974 foi desempenhado pela política salarial.

Em segundo lugar, evitar que nas negociações entre empresas oligopolistas e seus sindicatos funcione a "filosofia do repasse". As negociações entre as centrais sindicais e de empresários ao nível nacional têm o efeito de aumentar a representatividade dessas organizações, tornando-as representantes não só dos trabalhadores mais fortes e organizados e das grandes empresas oligopolistas, o que resultaria em um aumento da responsabilidade social dessas organizações.

Finalmente, aumenta a disciplina do processo de negociações coletivas, aumentando a probabilidade de que políticas de estabilização baseadas em acordos negociados ao nível agregado possam funcionar, reduzindo (mas não eliminando) os custos dos processos de ajuste macroeconômico.

Por outro lado, esse esquema tem a vantagem de reforçar uma tendência que, como vimos ao longo deste trabalho, tem-se mostrado forte e persistente ao longo dos últimos dez anos.

As desvantagens comumente apontadas a tal evolução são o aumento do poder político das entidades representativas dos trabalhadores e dos empresários, a perda de poder do mercado como mecanismo de coordenação e a maior politização das relações entre capital e trabalho. Neste sentido, a importância de criar incentivos para que essas organizações tenham um comportamento cooperativo e não conflituoso é bastante clara.

Finalmente, um ponto importante a ser destacado é a necessidade de promover reformas institucionais profundas nas relações entre capital, trabalho e governo no país. Sem essas reformas, dificilmente se conseguirá estabilizar a economia sem gerar uma profunda e prolongada recessão e uma piora acentuada na distribuição da renda.

Bibliografia

Amadeo, E. e Camargo, J. M. (1990). "Relações entre capital e trabalho no Brasil: percepção e atuação dos atores sociais", Texto para Discussão, Departamento de Economia, PUC/RJ.

―――― (1989a). "Política salarial e negociações: perspectivas para o futuro", Texto para Discussão, n° 217. Departamento de Economia, PUC/RJ.

―――― (1989b). "Choque e concerto", *Dados*, vol. 32, n° 1.

―――― (1989c) "'New Unionism' and the relation between capital, labour and the State in Brazil", Texto para Discussão, n° 233, Departamento de Economia, PUC/RJ.

―――― (1989d) "A structuralist analysis of inflation and stabilization", Texto para Discussão, n° 212, Departamento de Economia, PUC/RJ.

―――― (1989e) "Market structure, relative prices and income distribution", Texto para Discussão, n° 213, Departamento de Economia, PUC/RJ.

Camargo, J. M. e Ramos, C. A. (1988). *A revolução indesejada: conflito distributivo e mercado de trabalho*, Rio de Janeiro, Campus.

Collier, R. B. e Collier, D. (1979). "Inducements versus constraints: desaggregating 'corporatism'", *The American Political Science Review*, vol. 73.

La Rocque, E. (1989). "Sindicalismo brasileiro", Departamento de Economia, PUC/RJ, mimeo.

Tavares, M. H. (1988). "Difícil caminho: sindicatos e política na construção da democracia", *in* F. W. Reis e G. O'Donnell (orgs.), *A democracia no Brasil: dilemas e perspectivas*, São Paulo, Vértice.

Windmuller, J. P. e A. Gladstone, A. (1986). *Employers and industrial relations*, Oxford, Clarendon Press.

10

SISTEMA FINANCEIRO PARTICIPAÇÃO NA RENDA, FUNÇÕES E DISFUNÇÕES

Salomão Lipcovitch Quadros da Silva

1. Introdução

A maior parte dos estudos feitos durante os anos 60, ou a eles referidos, acerca do sistema financeiro no Brasil, conclui pela interferência perniciosa da inflação sobre a *performance* do setor. De acordo com Simonsen (1969), "... with high rates of inflation registered it would be impossible to equilibrate the supply and demand for credit with nominal interest rates of only 12 percent per year". McKinnon (1973) não pensa de maneira diferente: "Moreover, the rate of inflation was too unstable (ranging from 13 to 91 percent) for the banks to offset it by appropriately adjusting nominal rates of interest on deposits or loans even if they could legally have done so".

Passados vinte anos, durante a década de 80, quando a inflação transpôs a barreira dos três e, mais adiante, a dos quatro dígitos, a participação do sistema financeiro na renda nacional quase triplicou. Uma consulta preliminar às Contas Nacionais, calculadas pela FIBGE, permite inferir que, saindo de 7,8% em 1980, essa participação aproximou-se dos 20% em 1989.

A inflação que drenou as energias do setor financeiro nos anos 60 foi a mesma que forneceu combustível para sua ascensão na década de 80. Não houve, todavia, desacordo entre os dois comportamentos. Para esse setor, a introdução do mecanismo da correção monetária, em 1964, converteu-se no marco zero de um longo processo de "condicionamento institucional". De lá para cá o sistema financeiro robusteceuse a tal ponto, perante a continuada pressão inflacionária, que seu crescimento precisa ser melhor caracterizado.

2. Indicadores do crescimento do sistema financeiro

2.1. Contabilidade nacional

Em países que se distinguem pela estabilidade duradoura do nível de preços, transformações estruturais da magnitude da que assistimos no Brasil consumiram intervalos de tempo bem mais dilatados. Nos Estados Unidos, a contar do pós-guerra, passaram-se quarenta anos até que o sistema financeiro duplicasse sua parcela de apropriação da renda. Em 1945 os intermediários financeiros cobriam 2,5% do produto nacional, enquanto em 1988 o percentual saltara a 5,4. Cabe salientar que este segundo valor encontra-se ainda abaixo do registrado pelo setor financeiro no Brasil, em 1970.

Examinando a trajetória temporal da participação do setor financeiro no PIB do Brasil, um fato chama particularmente a atenção. De acordo com os dados da coluna 1 da Tabela 1, observa-se uma exagerada variância deste parâmetro durante os anos de 1985, 1986 e 1987. A redução abrupta da participação de 11,0%, em 1985, para 7,4%, em 1986, exigiria, em princípio, uma contração de 27,7% na renda do setor, tudo o mais constante. Não é isso o que indica a coluna 2. Segundo a própria FIBGE, o índice de produto real dos intermediários financeiros sofreu uma retração de apenas 1,74% entre aqueles dois anos. Se há esse desencontro, então nem tudo permaneceu constante.

A principal alteração ocorrida entre 1985 e 1986, no contexto deste trabalho, foi a sensível queda na taxa de inflação. De acordo com a coluna 1 da Tabela 4, a variação do Índice Geral de Preços desacelerou-se de 235,1% em 1985 para 65,0% em 1986. Vale a pena, neste ponto, trazermos ao primeiro plano uma questão até então acessória: como se mede o tamanho da atividade financeira?

Todos os setores econômicos agregam valor ao transformarem e revenderem bens e serviços previamente adquiridos. Embora não divirjam, nesse aspecto, as intituições financeiras, universalmente, têm como fonte substancial de renda a diferença entre a receita de juros nominais proveniente das aplicações e a despesa com juros nominais

TABELA 1
SISTEMA FINANCEIRO — INDICADORES DAS CONTAS NACIONAIS
VALORES PERCENTUAIS

Anos	1 Participação no PIB	2 Produto real taxa de crescimento	3 Participação corrigida	4 Imputação/PIB
1970	6,0	-	-	6,4
1975	6,5	-	-	6,7
1980	7,8	-	7,8	7,2
1981	9,8	6,6	8,7	9,4
1982	9,7	4,2	9,0	9,6
1983	11,3	5,6	9,8	11,4
1984	10,5	7,7	10,0	10,7
1985	11,0	9,9	10,2	11,2
1986	7,4	-1,7	9,3	7,1
1987	13,5	-4,7	8,6	13,2
1988	13,4	0,2	8,6	13,5
1989	19,5	1,3	8,4	19,5

Fontes: Banco de Dados — IBRE/FGV; dados primários — FIBGE.

pagos na captação. Por essa razão muitas delas deixam de cobrar, abertamente, pela prestação de certos serviços financeiros. Em casos extremos a inexistência de cobrança poderia levar a valores agregados negativos. Essa aparente incongruência costuma ser compensada metodologicamente por meio da imputação de serviços de intermediação financeira, que refletem, em vasta medida, o diferencial de taxas de juros. A inflação obviamente alarga esse *spread*. Enquanto os juros dos empréstimos sobem, boa parte dos recursos continua remunerada a juros nominais nulos, seja sob a forma de depósitos à vista, seja como pagamentos em trânsito (*float*).

Ainda no terreno das medições, para a FIBGE o sistema financeiro compreende o Banco Central, as instituições da área bancária — bancos comerciais públicos e privados, bancos federais de fomento, bancos de desenvolvimento, sociedades cooperativas e caixas econômicas —, as instituições da área do mercado de capitais — bancos de investimento, sociedades de crédito, financiamento e investimento, sociedades corretoras, sociedades distribuidoras, sociedades de crédito imobiliário, associações de poupança e empréstimo, fundos fiscais de investimento —, as empresas que operam com seguros e as pessoas físicas que trabalham por conta própria na área financeira. A Eletrobrás, por exercer funções típicas de banco de desenvolvimento, para fins de consolidação, figura entre as instituições financeiras.

A participação do sistema financeiro no PIB, nos termos da coluna 1 da Tabela 1, é uma derivação da chamada contabilidade nominal, isto é, computada a preços correntes. Alternativamente, o índice de produto real, cujas taxas de crescimento aparecem na coluna 2 dessa mesma tabela, busca isolar, ainda que no plano contábil, impactos das flutuações de preços. Esse indicador, normalmente, é função de variáveis como nível de emprego, títulos transacionados, consumo de energia e outras grandezas físicas, cuja medição independe de preços. Como se observa, a coexistência das contabilidades nominal e real, sob taxas de inflação elevadas e oscilantes, deixa de ser harmoniosa.

A título de exercício, a participação do sistema financeiro no PIB poderia ser reconstruída segundo a contabilidade real. Tomando-se como base a participação de 1980, calculada a preços correntes, e a ela aplicando-se as taxas de variação do produto real do setor e da economia como um todo, chega-se aos números da coluna 3 da Tabela 1, denominada "participação corrigida". Desse ângulo, o sistema financeiro teria alcançado uma participação máxima de 10,2% em 1985, sofrendo, já a partir de 1986, uma inflexão responsável por sua volta a níveis inferiores aos dois dígitos. Ressalte-se também a visível atenuação das flutuações.

Tendo-se em conta as peculiaridades contábeis do sistema financeiro e que cada uma das versões de mensuração comporta verdades e parcialidades, cabe esquadrinhar o crescimento dessa atividade na década de 80, abrindo a "caixa preta" da quantificação agregativa. Na primeira vertente, indicadores de lucratividade podem ser confrontados com as ondulações da contabilidade nominal. Por outro lado, os registros representativos da infra-estrutura sobre a qual se desenrolam as operações financeiras devem estar melhor afinados com a reversão de tendência apreendida pela contabilidade real. Esses dois temas serão tratados na próxima seção.

2.2. Lucratividade e infra-estrutura

As flutuações no valor da imputação de serviços de intermediação financeira e, conseqüentemente, na renda do setor podem ser correlacionadas com a evolução da lucratividade dos bancos comerciais. Para expressá-la, um indicador muito utilizado, objeto do Gráfico 1, é a relação entre o resultado operacional e o patrimônio líquido real daquelas instituições. Vale, desde já, ressaltar as diferenças entre as rentabilidades dos bancos comerciais privados e oficiais. Estes últimos chegaram a ter resultados três vezes superiores aos dos primeiros. Assim, em 1981, com a liberação dos juros mas com a manutenção de limites de expansão ao crédito, os bancos oficiais assinalaram rentabilidade de 62,3% contra 22,8% dos privados. Obviamente, esse arrojo teve seu preço. Os créditos em liquidação dos bancos oficiais superaram os de seus parceiros privados pela mesma proporção.

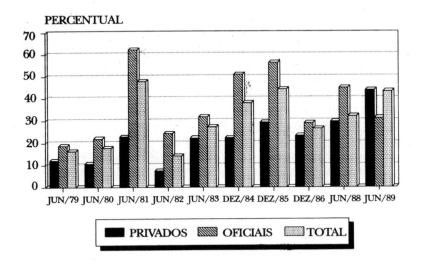

GRÁFICO 1
RENTABILIDADE DO PATRIMÔNIO
BANCOS COMERCIAIS

Fonte: Gazeta Mercantil, balanços anuais.

Dentre as variáveis macroeconômicas que mais fortemente influenciaram a rentabilidade dos bancos comerciais privados nos anos 80, sobressaem a inflação, a taxa de juros real e o nível de atividade. As três, relacionadas na Tabela 3, ao crescerem, isolada ou conjuntamente, empurraram para cima a rentabilidade dos bancos.

Na virada da década de 70, a inflação mudava de patamar, a economia operava a pleno emprego, mas os juros reais eram mantidos em níveis extremamente negativos. Esse arranjo de variáveis comprimiu a rentabilidade dos bancos privados para 12,1% em 1979 e 10,6% em 1980. Na segunda metade dos anos 70, os resultados típicos estavam contidos na faixa de 15% a 20%. Em 1982, durante o pequeno intervalo entre os dois atos da recessão, os bancos privados adotaram atitudes de maior prudência e seletividade, que lhes custaram uma queda na rentabilidade para 7,5%. Com exceção daquele ano, em toda a década de 80 a lucratividade desses bancos superou a das empresas privadas não financeiras.

Entre 1983 e 1985, embora a inflação permanecesse estacionada no patamar de 200% ao ano, houve subida simultânea dos juros reais e do nível de atividade. Correspondentemente, a rentabilidade elevou-se de 22,2% para 29,3%. De 1985 a 1989, rentabilidade e inflação seguiram trajetórias bastante similares. As taxas de juros reais em 1988 atenuaram e em 1989 realçaram essa similaridade.

Perdas de lucratividade causadas por taxas de juros reduzidas puderam ser compensadas por variações nos volumes das operações. A comparação entre os anos de 1980 e 1986 é ilustrativa. No primeiro caso os estabelecimentos bancários estiveram sujeitos a controle quantitativo de crédito. Essa imposição reduziu a rentabilidade do patrimônio dos bancos privados para 10,6%. No segundo caso, com a expansão do crédito livre de qualquer amarra, os bancos emprestaram como nunca. Essa massa de negócios garantiu-lhes, outra vez atendo-nos apenas às instituições privadas, um resultado operacional de 23,3% do patrimônio líquido real.

A recuperação da lucratividade, ao fim da recessão de 1981 a 1984, foi assegurada, em parte, por uma paulatina realocação de portfólio, acelerada após o Plano Cruzado, em 1986. As operações de crédito, desde então, cederam espaço às aplicações em títulos públicos, como se observa na Tabela 2. A evolução ao longo do tempo dos resultados financeiros analisados acima, é lícito afirmar, adere melhor à contabilidade nominal, mostrada na Tabela 1. A infra-estrutura do setor, contudo, não apresentou a mesma dinâmica. Para exemplificá-lo, consideremos as séries históricas do número de agências bancárias e do nível de emprego no setor financeiro como um todo.

Conforme se observa na coluna 1 da Tabela 2, entre 1970 e 1980 o número de agências bancárias cresceu 46,5% ou, equivalentemente, 3,9% ao ano. De 1980 a 1985, a escalada prosseguiu em ritmo ainda mais frenético: 37,1% no qüinqüênio ou 6,5% ao ano, em média. Na segunda metade da década o padrão inverteu-se. O sistema bancário contraiu em 6,1% o número de suas agências, percentual que convertido para a taxa anual equivalente corresponde a 2,1. Cabe enfatizar que o ajustamento restringiu-se ao setor privado. Este grupo de bancos promoveu uma redução média de 6,5% ao ano em suas agências, ao mesmo tempo que o segmento oficial limitou-se a arrefecer o ímpeto expansionista prevalecente até 1985.

TABELA 2
BANCOS COMERCIAIS PRIVADOS
NÚMERO DE AGÊNCIAS E INDICADORES FINANCEIROS

Anos	1 Número de agências*	2 Depósitos à vista/ depósitos a prazo(%)	3 Obrigações em moeda estrangeira/ passivo (%)	4 Operações de crédito/ativo (%)	5 Títulos e valores mobiliários/ativo (%)
1971	7 857	867,7	5,5	2,9	65,0
1975	8 544	1022,4	10,9	5,1	69,0
1980	11 251	494,4	13,0	6,3	59,1
1981	12 190	416,8	16,9	8,9	55,9
1982	14 141	239,9	19,7	10,8	56,7
1983	14 436	131,8	24,6	7,1	51,0
1984	14 736	75,4	21,0	5,5	50,3
1985	15 422	87,4	17,9	9,2	58,1
1986	14 679	119,6	9,3	9,2	62,5
1987	14 087	106,2	8,7	22,2	51,4
1988**	13 837	67,8	7,4	23,0	53,1

Fonte: Banco Central.
* Privados e oficiais.
** Posição em junho (exceto número de agências).

O crescimento do número de agências nos anos 70, em continuação ao observado na segunda metade dos anos 60, ganhou uma interpretação estilizada: a imposição de tetos para as taxas de juros desvirtuou as formas de competição no mercado bancário. A ocupação dos quarteirões mais nobres das grandes cidades ou a penetração nas localidades mais remotas foram expedientes encontrados pelo setor para conquistar recursos.

Na primeira metade dos anos 80, a inflação em alta, esticando os *spreads*, substituiu os controles dos juros como estímulo à acumulação imobiliária por parte dos bancos. De 1986 em diante, com a sucessão de tentativas estabilizadoras, o setor bancário privado viu-se compelido a rever sua estratégia empresarial. Indícios dessa revisão puderam ser percebidos em declarações de seus dirigentes, que citavam, com freqüência, palavras de ordem como "enxugamento" e eficiência.

Como parte integrante do ajuste, o setor financeiro desacelerou a expansão do nível de emprego. Pelos dados da RAIS, entre 1979 e 1985 as entidades financeiras elevaram a ocupação de mão-de-obra de 740 mil para 986 mil. O Plano Cruzado, de 1986, precipitou um volume considerável de demissões. Ao fim dos seis primeiros meses de vigência do programa, o nível de pessoal ocupado reduziu-se em 11,2%. Esse ajuste contracionista logo mostrou-se exagerado, e nos anos seguintes os estabelecimentos de crédito recomeçaram cautelosamente a contratar. Ao final de 1989, o índice do nível de emprego encontrava-se ainda 7,5% abaixo do pico de 1985, mas 4,5% acima do mínimo atingido em outubro de 1986.

3. Arquitetura do sistema financeiro

A arquitetura do sistema financeiro, esboçada na Lei nº 4.728, de 14.7.1965, buscava racionalizar e nem tanto inovar. Ao fazer corresponder atribuições a entidades, a lei apenas reconhecia a operacionalidade de uma estrutura financeira internacionalmente estabelecida.

Mesmo que do ponto de vista teórico a classificação das instituições financeiras segundo seus passivos — monetários ou não monetários — não desfrute da concordância geral, estatisticamente ela firmou uma tradição. No primeiro grupo, além dos bancos centrais, estão os bancos comerciais, historicamente os fundadores dos sistemas financeiros modernos. Dentre as não monetárias, há pelo menos três classes de instituições presentes em toda parte: bancos ou sociedades de poupança, financeiras e bancos de investimento. Os bancos de desenvolvimento, instituições financeiras não monetárias, são mais facilmente encontráveis nos países de renda média, em fase de industrialização. Como o espaço financeiro se reparte entre elas? À medida que se sucedem as fases do desenvolvimento, bancos centrais e bancos comerciais cedem terreno às instituições não monetárias. Segundo o Banco Mundial, em 1985, para um conjunto de oito países desenvolvidos, os bancos centrais detinham, em média, 3% dos ativos financeiros, os bancos comerciais possuíam 37%, cabendo 60% às demais instituições. Naquele mesmo ano, para treze países em desenvolvimento, essas frações eram 20%, 48% e 34%, respectivamente. O Brasil não foge à regra. Ao início dos anos 70, os bancos comerciais eram a fonte de 55% dos empréstimos ao setor privado, parcela que se reduziu a 35%, ao final da década seguinte.

Essa redefinição de contornos, no Brasil, se fez por meio da unificação, sob a mesma propriedade, de firmas de setores diferentes, movimento que se convencionou chamar de conglomeração. Motivações como aplainar as sinuosidades nos lucros e nas taxas de crescimento, reduzir riscos, aumentar o poder de mercado e burlar regulamentações de política monetária, combinando diferentes formas de captação, permitiram aos conglomerados roubarem a cena financeira. O processo encontrou respaldo junto ao governo, cujo discurso apregoava as virtudes da conglomeração. No entendimento oficial, a crescente complexidade da economia brasileira exigia instituições financeiras capazes de suprir amplo espectro de serviços.

Na prática, conglomeração nem sempre foi sinônimo de eficiência. A comprovada elevação dos *spreads*, além de eventuais condicionalidades impostas pelos grupos financeiros, são sintomas de poder de mercado, que não revertem em benefício social.

Simultaneamente à diversificação intersetorial de atividades, as grandes empresas financeiras ampliaram suas posições em cada mercado. Os dez maiores bancos comerciais privados, por exemplo, detinham, ao início da década de 70, 45% da soma de todos os depósitos à vista e a prazo, emitidos por esse estrato do sistema bancário. Na década de 80, a parcela dilatou-se para aproximadamente dois terços, com pequenas flutuações. Esses números indicam que o movimento concentrador foi particularmente virulento até a segunda metade da década de 70. Entre 1965 e 1980 foram varridas da praça 210 firmas bancárias, através de fusões e incorporações formalmente incentivadas pelo governo.

A ebulição dos quinze anos anteriores deu lugar à calmaria dos anos 80. O número de empresas bancárias estacionou em torno de 110, tendo sido, vez por outra, perturbado por alguma intervenção. A última safra de quebras — três ao todo — ocorreu em 1986, já sob a égide de uma nova regulamentação, que não mais permitia o congelamento dos débitos nominais das instituições liquidadas.

Outras peculiaridades dos países em desenvolvimento, das quais o Brasil também não se desvia, são a maciça presença estatal e a diminuta participação de instituições estrangeiras. Os bancos comerciais oficiais possuíam, em 1972, 2 222 agências, o equivalente a 28,3% do total. Em 1988 esse número havia praticamente triplicado. As 6 422 agências já então perfaziam 46,4% do total.

Número de agências não é o único nem o principal indicador de estatização. Ao longo da década de 80 o governo foi responsável por 70% dos créditos concedidos ao setor não financeiro. Desde muito antes, porém, o governo, através de fundos e programas, perfilhara atividades, como agricultura e exportação, regiões, como o Nordeste, e objetivos estratégicos, como a redução da dependência externa de energéticos. O sucesso dessas iniciativas não cabe aqui avaliar.

Quanto ao capital estrangeiro, as barreiras à entrada, no setor financeiro, podem não ter sido intransponíveis mas foram, seguramente, bastante restritivas. Do estoque de capital estrangeiro registrado no Banco Central, entre 1975 e 1985, apenas 3,5% destinavam-se a esse setor. A visível desproporção entre tal percentagem e a parcela do PIB sob responsabilidade das instituições financeiras dificilmente se deve a diferentes relações capital/produto. O mais provável é que o percentual indique, de fato, um reduzido grau de abertura.

Em 1975 eram nove os bancos comerciais estrangeiros em operação no Brasil. O filão representado, nos anos seguintes, pelos repasses de financiamentos externos, como se depreende da coluna 3 da Tabela 2, levou muitos bancos brasileiros a buscar os mercados internacionais. A reciprocidade que preside os negócios do setor abriu as portas para a instalação de outros nove bancos estrangeiros. Nos anos finais da década, o percentual de abertura subiu 2,5 pontos mas as proporções correspondentes aos bancos comerciais e de investimentos não se modificaram.

Ao longo das décadas de 70 e 80, o sistema financeiro deu mostras de grande elasticidade empresarial, atraindo para si massa respeitável de lucros. Isso não teria sido possível sem uma poderosa retaguarda informatizada, da qual o setor não se descuidou. Durante a década de 80, as empresas nacionais de informática multiplicaram por dez o seu faturamento bruto em termos reais. Na primeira metade do período, o sistema financeiro, então seu maior cliente, absorvia em torno de 30% daquelas vendas, parcela que, mais à frente, declinou para 20%. O potencial de negócios que se abriu à automação bancária alcançou tal ordem que moveu os grandes grupos financeiros no sentido de adquirirem ou controlarem empresas importantes no setor de informática.

4. Aprofundamento financeiro

Tratemos agora de avaliar o cumprimento, pelo sistema financeiro, de suas finalidades habituais. Quando bem ajustado às necessidades da economia, um sistema financeiro maximiza a arregimentação de poupanças e sua redistribuição, através do crédito. Tudo isso, preferivelmente, ao menor custo possível.

Os intermediários financeiros emitem obrigações de alta liquidez e previsibilidade e as transformam em aplicações com datas de vencimento mais afastadas e sujeitas a inadimplência. Isso só é factível pela agregação de riscos individuais independentes, tanto nas contas do passivo como nas do ativo. Além disto, as instituições financeiras, se apanhadas no contrapé, são prontamente socorridas pela autoridade monetária.

A envergadura de um sistema financeiro, como indutor da formação de capital, é freqüentemente avaliada por meio do estoque de obrigações monetárias e quase-monetárias assumidas pelas instituições financeiras, como proporção do PIB, parâmetro por vezes denominado "aprofundamento financeiro". Ao lado de outros indicadores, a Tabela 3 traz, para um conjunto de seis países, a evolução desse parâmetro na forma divulgada pelo Banco Mundial, isto é, meios de pagamento mais depósitos a prazo e de poupança e contas bancárias similares.

TABELA 3
SEIS PAÍSES SELECIONADOS — INDICADORES MACROECONÔMICOS

Países	1	2	3	4	5	6	7
	PNB *per capita*		Aprofundamento financeiro (%)		Taxa de juros real (% a.a.)	Taxa de poupança (% PIB)	
	Valor (dólares de 1987)	Taxa de crescimento (%) (1965-1987)	(1965)	(1987)	(Média 1980-1987)	(1965)	(1987)
Japão	15.760	4,2	106,9	170,3	2,2	28	34
Coréia do Sul	2.690	6,4	11,1	44,1	9,5	8	38
México	1.830	2,5	25,1	21,0	-5,9	19	17
Índia	300	1,8	25,7	45,4	ND	16	22
França	12.790	2,7	53,5	72,1	-1,8	27	20
Turquia	1.210	2,6	23,0	24,5	-10,4	13	23

Fonte: Banco Mundial.
ND: Não disponível.

A quadruplicação do aprofundamento financeiro na Coréia do Sul, de 11,1% para 44,1% entre 1965 e 1987 foi, sem dúvida, o resultado mais espetacular. Com 6,4% ao ano, também a Coréia ostentou a taxa mais elevada de crescimento do PIB *per capita* no decorrer desse período. O Japão veio logo atrás. Seu aprofundamento financeiro elevou-se em quase 70%, enquanto sua renda *per capita* cresceu 4,2% ao ano. A seguir, México, França e Turquia apresentaram, respectivamente, redução moderada, expansão vigorosa e virtual estabilidade em suas trajetórias de aprofundamento financeiro. Suas taxas de crescimento, todavia, bastante semelhantes, aproximaram-se de 2,5% ao ano. Por fim, a Índia praticamente duplicou seu aprofundamento financeiro, enquanto sua renda *per capita* cresceu ínfimos 1,8% ao ano. Da análise desse exemplo, não há como extrair correlação entre crescimento econômico e aprofundamento financeiro. Resta a apreciação de casos individuais.

Especificidades à parte, o caso da Coréia foi alçado à condição de modelo da política de liberalização financeira. A partir de 1965, o governo daquele país pôs em prática uma estratégia de juros reais elevados, em alguns anos ultrapassando os 30%, como em 1970. Pelos números da Tabela 3, embora Japão e México tivessem reforçado a possibilidade de correlação entre elevação de juros reais e aprofundamento financeiro, França e Turquia encarregaram-se de contra-exemplificá-la.

De fato, a própria teoria econômica não escapa da ambigüidade nessa matéria. Uma alta dos juros encarece o consumo presente em relação ao futuro e, pelo efeito substituição, produz um aumento da poupança presente. Uma composição dos efeitos renda e riqueza, porém, aponta no sentido oposto. Se os fluxos de poupança significarem o percurso rumo a um estoque de riqueza desejado, então, com taxas de juros mais altas, esse estoque poderia ser alcançado com fluxos menores. Quando a resultante teórica é indefinida, a questão se transfere para o plano empírico, onde, neste caso específico, as divergências são magnificadas. De todo jeito, estudos realizados sobre amostras abrangentes suportam a hipótese de que taxas de juros reais pronunciadamente negativas e crescimento econômico arrastado caminham lado a lado.

Prosseguindo na trilha dos casos individuais, o aprofundamento financeiro na Coréia traduziu uma elevação mais do que proporcional na taxa de poupança bruta interna. Movimentos mais comedidos, porém indicativos de correlação, foram outra vez observados para o Japão, México e Índia, cabendo novamente à França e Turquia rejeitarem a hipótese. A rigor, diversas nações, industrializadas e em desenvolvimento, sofreram redução em suas taxas de poupança, dos anos 70 para os 80. O motivo mais comum foi a elevação do déficit público. A conta do *welfare state*, dentre as primeiras, ou o fim dos financiamentos externos, nas segundas, implicaram novos degraus de taxação, o que, numa reação em cadeia, veio a sugerir que nem todo *penny taxed is a penny saved*.

Não é difícil encaixarmos o Brasil nessa discussão. Se tomarmos por caracterização do aprofundamento financeiro a relação entre o já popularizado M4 (meios de pagamento + títulos da dívida mobiliária federal em poder do público + depósitos em poupança e a prazo) e o PIB, as décadas de 70 e 80 terão sido marcadamente diferentes, como de resto confirmam os demais indicadores macroeconômicos apresentados na Tabela 4.

TABELA 4
INDICADORES MACROECONÔMICOS — BRASIL

Anos	1 Índice de produto real taxa de variação (%)	2 Índice geral de preços taxa de variação (%)	3 M4/PIB (%) (i)	4 (M4 - Títulos públicos) /PIB (%) (i)	5 (M4-M2) /PIB (%) (i), (ii)	6 Déficit público /PIB (%) (vi)
1970	10,4	19,3	22,5	18,1	2,4	ND
1975	5,2	29,4	28,0	21,8	8,3	ND
1980	9,2	110,3	23,3	19,0	10,3	ND
1981	-4,4	95,2	23,5	18,1	10,8	5,2
1982	0,7	99,7	25,9	19,1	12,6	6,2
1983	-3,4	211,0	25,3	19,3	14,1	1,9
1984	5,0	223,8	25,5	18,9	15,2	3,1
1985	8,3	235,1	29,5	19,1	15,4	4,3
1986	7,5	65,0	31,7	22,3	14,1	3,6
1987	3,6	415,8	29,2	19,2	14,6	5,5
1988	0,0	1087,6	29,9	17,6	14,9	4,3
1989	3,6	1782,9	26,9	13,0	10,9	6,9

220

Anos	7 Taxa de poupança (iii) preços correntes (% PIB)	8 Taxa de investimento (iv) preços de 1980 (% PIB)	9 FBKF real per capita (v) (1980 = 100)	10 FBKF/PIB (%) (v) empresas estatais	11 Juros reais (vii) overnight (% aa)	12 Dólar paralelo (vii) variações reais (% aa)
1970	20,5	20,6	49,5	2,8	-6,2	19,6
1975	25,7	25,8	89,3	3,9	-30,5	-33,0
1980	23,3	22,9	100,0	4,3	-2,9	20,2
1981	23,0	21,0	85,5	4,6	8,4	28,8
1982	21,0	19,5	78,6	4,4	-4,0	-1,6
1983	16,5	16,9	64,1	3,8	8,4	-9,5
1984	15,3	16,1	62,8	2,7	9,9	14,6
1985	17,0	16,7	69,2	2,5	3,3	16,6
1986	19,2	19,0	82,9	2,2	-14,8	-39,2
1987	22,1	18,1	80,0	2,8	-4,9	14,5
1988	21,8	17,3	74,8	ND	18,7	-2,1
1989	ND	17,6*	ND	ND		

Fonte: Banco de Dados - IBRE/FGV
ND: Não disponível.
* Estimativa.
(i) - M4 = meios de pagamento, títulos da dívida mobiliária federal em poder do público, depósitos em poupança e a prazo.
(ii) - M2 = meios de pagamento, títulos da dívida mobiliária federal em poder do público.
(iii) - Financiamento da FBKF.
(iv) - FBKF + variação de estoques.
(v) - FBKF = Formação Bruta de Capital Fixo.
(vi) - Necessidades de financiamento do setor público - conceito operacional.
(vii) - Deflator: IGP-DI.

Durante os anos 70, M4/PIB passou de 22,50% para 28,43%, enquanto na década seguinte o percentual ora declinou para a faixa dos 25%, ora superou ligeiramente a marca de 30%. Se de M4 descontássemos os títulos públicos federais, atendendo aos que os rejeitam como componentes da riqueza nacional, os movimentos do novo agregado, até 1985, seriam análogos aos de M4/PIB, mas amortecidos em amplitude. A partir de 1987, refletindo a desmonetização acelerada, e, mais à frente, o abandono das modalidades mais convencionais da poupança, a contração do agregado o traria a 12,95% do PIB. Se agora focalizarmos apenas os depósitos em poupança e a prazo fixo, este subtotal, que em 1985 alcançara 15,37% do PIB, encerrou a década com 10,91%. Em resumo, parece não haver indicação segura de aprofundamento financeiro no decurso dos anos 80. Paralelamente, embora não se mostre na Tabela 4, o prazo de maturação das aplicações declinou vertiginosamente. Diante desse padrão, que influência se poderia atribuir às taxas de juros?

No longo prazo, o juro real médio situou-se num patamar moderadamente negativo, com forte variabilidade a curto prazo, como se observa na coluna 11 da Tabela 4. Parece existir, portanto, alguma conexão entre o papel dos juros e a modesta acumulação de poupança financeira. É comum o argumento de que juros elevados contribuem para instabilizar economias marcadas por desequilíbrios fiscais irremovíveis. A parcela financeira do déficit público tenderia a crescer, projetando o país na rota hiperinflacionária. Por algum tempo, contudo, valeria um arremedo da lei de Say, pois os juros canalizariam o financiamento do déficit que teriam criado. Uma e outra teorias encontraram confirmação no Brasil dos anos 80. Nos anos 70, as investidas ocasionais contra os juros reais positivos foram justificadas à luz das pressões de custos.

Se, em adição aos juros reais negativos, o país recorre à sobrevalorização do câmbio, o aprofundamento financeiro cede lugar à fuga de capitais. Esse cenário, tido anteriormente por mexicano ou argentino, por pouco não se incorporou aos costumes macroeconômicos nacionais.

Da mesma forma que no caso dos seis países da Tabela 3, cabe investigar a relação entre aprofundamento financeiro e taxa de poupança. Numa analogia apressada, no que concerne ao entrosamento entre essas duas variáveis, o Brasil teria se comportado como um misto de Índia e de Turquia. Nos anos 70, como na Índia, aprofundamento financeiro e taxa de poupança elevaram-se. Na década seguinte, como na Turquia, o estancamento da acumulação financeira pouco influiu sobre o vigoroso crescimento da taxa de poupança. Um exame mais detido da metodologia de cálculo desse último parâmetro no Brasil, porém, evidenciará perigosas superestimativas. Senão vejamos.

A taxa de poupança resulta da adição das contribuições provenientes do setor privado, do governo e do resto do mundo. Esta última parcela, que se iguala ao déficit em conta corrente do balanço de pagamentos, chegou a representar, em média, 4,5% do PIB, entre 1974 e 1983. A partir de 1984, seu papel no financiamento da formação de capital tornou-se irrisório. A poupança do setor privado, depois de cair a 15,6% do PIB nos anos de 1983 e 1984, reagiu alcançando os 28,3% em 1987. Já o governo, da metade dos anos 80 em diante, passou a amargar saldos negativos em sua conta corrente da ordem de 7% do PIB.

Agregando esses dois últimos segmentos, o crédito de um cancela o débito do outro e a taxa de poupança em 1987 seria corrigida para 21,8% do PIB. Este percentual contrasta com os 18,1% relativos à taxa de investimento a preços constantes observada naquele ano. Não havendo indicador preciso do nível real de poupança, costuma-se estimá-lo através da contrapartida à acumulação bruta interna, a valores correntes. Com esse procedimento, a estimativa incorpora oscilações no preço relativo dos bens de capital. Em 1988, os preços desse segmento assinalaram um descolamento ascendente de 32,4% em relação à paridade de 1980. Assim, a recuperação da taxa de poupança nos anos finais da década de 80 parece questionável.

Mesmo que a taxa de poupança não se tivesse contraído, houve motivos de sobra a inibir os investimentos. O primeiro deles foi, sem dúvida, a inflação, que costuma trazer consigo a instabilidade dos preços relativos. Ainda que este efeito pudesse ser mitigado pelo aperfeiçoamento dos mecanismos de indexação, muitas empresas optaram por converter-se, em última instância, em financiadores dos crescentes déficits do setor público. Conferir maior grau de liquidez a seus ativos pareceu-lhes seguro e aconselhável, pelo menos a curto prazo.

Acima de tudo, a notória complementaridade entre investimentos públicos e privados no Brasil reserva pequena importância à taxa de juros como variável explicativa da formação de capital. Cotejando as colunas 8 e 10 da Tabela 4, não seria descabido falarmos de uma função de produção a proporções razoavelmente fixas para o investimento global.

Com o "ecossistema" hostil à acumulação de capital fixo e, em conseqüência, ao crescimento auto-sustentado, o setor financeiro, compreensivelmente, distanciou-se desta que é sua atribuição por excelência. Mantendo o enfoque predominantemente quantitativo, procuraremos, a seguir, caracterizar a estrutura das aplicações e da captação de recursos pelo sistema financeiro, de modo a rastrear suas transformações e os impactos distributivos que delas possam ter resultado.

5. Empréstimos

A trajetória dos empréstimos do sistema financeiro, na década de 80, mostrou-se bastante errática, ora correlacionando-se com o nível de atividade, como na primeira metade do período, ora respondendo aos estímulos da taxa de juros, como nos anos seguintes. De todo modo, há que se registrar uma redução de 10% nos valores médios dos empréstimos efetuados no segundo qüinqüênio, comparativamente ao primeiro. Esse não deixa de ser mais um sintoma do círculo vicioso de estagnação em que se encontrava a economia brasileira nos anos 80.

Premido pelo endividamento mobiliário e pelo acúmulo de atrasados comerciais junto a fornecedores, o setor público tornou-se um cliente crescentemente assíduo do sistema financeiro. Pela Tabela 5 percebem-se incrementos de participação e de valor absoluto dos créditos ao setor público, mesmo que a expansão desses empréstimos tenha sido, mais de uma vez, barrada por limitações quantitativas.

Ao longo da década de 80, a complementaridade entre as destinações dos empréstimos aos setores público e privado foi sendo gradativamente substituída por algum nível de competição. Assim, às atividades industriais conduzidas pelo setor público cabiam, em 1981, 25% dos empréstimos a este segmento produtivo. Em 1989 a proporção elevara-se a 40%. Já os empréstimos direcionados ao setor de serviços, que no começo dos anos 80 eram, em sua totalidade, reservados às empresas públicas, deslocaram-se quase 30% em favor da iniciativa privada. Por acaso ou determinação, a recente incursão do setor público pelo sistema financeiro concentrou-se em território igualmente público. O Banco do Brasil, emprestador antes incipiente, decolou para a condição de ofertante de 30% dos créditos ao setor público, quase empatando com os bancos comerciais.

TABELA 5
EMPRÉSTIMOS DO SISTEMA FINANCEIRO
ÍNDICES DE VALOR REAL — SALDOS ANUAIS

Anos	1	2	3	4	5
	Total	Setor público		Setor privado	
	Índice	Índice	Participação no total (%)	Índice	Participação em relação ao PIB (%)
1974					40,15
1980					38,05
1981	100,00	100,00	21,7	100,00	35,66
1982	111,69	116,83	23,3	90,82	35,57
1983	95,36	112,70	28,2	71,78	31,03
1984	89,88	117,67	28,4	67,25	26,33
1985	92,90	119,19	29,5	69,76	24,75
1986	113,02	115,38	23,4	92,54	24,68
1987	93,62	116,08	28,6	69,29	23,77
1988	88,30	118,69	31,0	67,83	22,47
1989	53,72	58,93	25,3	54,97	18,03

Fonte: Banco de Dados — IBRE/FGV; dados primários: BACEN, FIBGE e FGV.
Deflator: IGP-DI

Os empréstimos ao setor privado seguiram percurso oposto. A fase expansiva do ciclo de investimentos, que teve lugar na segunda metade dos anos 70, período em que os empréstimos cresciam 12% ao ano em termos reais, foi sucedida por uma década de continuado declínio, que se encerrou com o saldo dos créditos ao setor privado correspondendo, outra vez em moeda constante, a apenas 47,5% deste mesmo saldo dez anos antes.

Simultaneamente a essa contração podemos identificar algumas realocações do crédito, segundo o destino. Novamente a divisão da década em duas partes iguais mostra-se adequada. Na primeira metade o conjunto das empresas industriais, comerciais e de serviços reduziu sua absorção creditícia de 37,4% para 30,6% do total fornecido. As atividades rurais, por razões de oferta, também diminuíram de 14,5% para 9,5% sua presença nas disponibilidades de crédito. As pessoas

225

físicas, em contraste, alargaram sua fatia de 8,0% para 12,8%, o mesmo se passando com os financiamentos habitacionais, cuja parcela evoluiu dos 27,1%, em 1981, para 34,7% do volume de empréstimos, em 1985. Na metade final, à exceção dos recursos para a casa própria, inverteram-se todas as tendências, moderadamente para as empresas e para o crédito rural e acentuadamente para as pessoas físicas. Em média essas três categorias contrataram, respectivamente, 35%, 12% e 4,5% dos empréstimos concedidos. Aos financiamentos habitacionais endereçaram-se 35% das operações. Várias foram as conseqüências dessa reordenação. A seguir, passaremos em revista algumas das mais destacadas.

5.1. Empresas

Desde o início da década de 80 as empresas privadas buscaram reduzir seus níveis de dependência frente ao sistema financeiro. Desse objetivo desviaram-se apenas em 1986, durante o Plano Cruzado, quando o congelamento da antiga ORTN magnetizou pequenas e médias indústrias e comércio de modo geral, trazendo-os de volta à órbita dos bancos. Cessada a febre de negócios, que se estendeu até meados do ano seguinte, as empresas retomaram seu caminho de afastamento do setor financeiro.

Há uma correspondência direta entre essa tendência e a evolução do coeficiente de endividamento das empresas, medido pela relação entre exigível total e patrimônio líquido. No Gráfico 2 estão traçadas duas curvas de endividamento. A primeira congrega mil dentre as maiores empresas nacionais — privadas e estatais — e multinacionais, cujos balanços são analisados pela Fundação Getúlio Vargas. A segunda curva compreende apenas as empresas privadas nacionais contidas naquele conjunto. O levantamento não inclui instituições financeiras.

No universo das mil, a presença maciça de estatais, que cultivaram passivos junto aos bancos, justifica o endividamento mais elevado. Há também a contribuição das multis, que captam recursos no exterior, por intermédio de suas matrizes.

No que concerne às empresas privadas nacionais, o endividamento caiu intensamente na primeira metade da década de 80, em consonância com a retração dos empréstimos, como se observa na coluna 4 da Tabela 5. A partir de então, o endividamento acomodou-se, embora os empréstimos tenham apresentado sinais, ainda que irre-

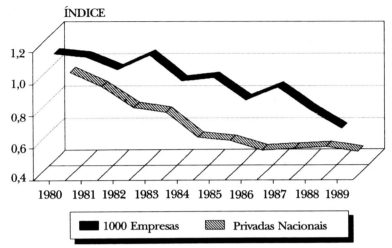

1988 e 1989: amostra = 500 maiores.
Fonte: Fundação Getúlio Vargas.

gulares, de elevação. É possível que o descompasso se deva, entre outras coisas, a diferenças de comportamento entre empresas. Nos anos de 1986 e 1987 a expansão febril dos empréstimos dirigiu-se, em maior escala, às pequenas e médias, que não figuram na análise do endividamento.

A redução do coeficiente de endividamento conferiu às empresas privadas uma blindagem contra altas repentinas e inesperadas das taxas reais de juros, como a de 1989. Caso contrário, teria sido bem superior o índice de falências e concordatas. Fato semelhante ocorreu na Alemanha, entre 1923 e 1924. As empresas remanescentes do flagelo hiperinflacionário enfrentaram, sem transtornos adicionais, a temporada de juros elevados que se seguiu à estabilização. O segredo foi precisamente a pulverização do endividamento, facilitada por contratações a valores nominais.

A diminuição do exigível, num contexto de instabilidade como o dos anos 80, pode ser entendida como uma estratégia defensiva, compatível com a redução das taxas de investimento. Como se sabe, o autofinanciamento por parte das empresas não maximiza nem a taxa nem, a uma dada taxa, a eficiência do investimento. A razão, simples, é que numerosas boas oportunidades de negócios extrapolam os recursos próprios das empresas. Não foi coincidência, por conseguinte, que o BNDES, principal provedor de recursos a longo prazo, tivesse sua participação no volume de créditos concedidos ao setor privado comprimida de 6%, na segunda metade da década de 70, para pouco mais de 2% nos anos 80.

5.2. Crédito rural

O sistema nacional de crédito rural originou-se na segunda metade da década de 60. Entre 1969 e 1979, o volume de crédito ofertado chegou a quintuplicar em termos reais para, na década subseqüente, recuar 60%. No decorrer desses vinte anos acentuou-se a concentração dos recursos dirigidos à agricultura, em detrimento da pecuária, e, no âmbito daquela atividade, privilegiou-se o custeio em prejuízo do investimento e da comercialização. Essas informações estão sintetizadas no Gráfico 3.

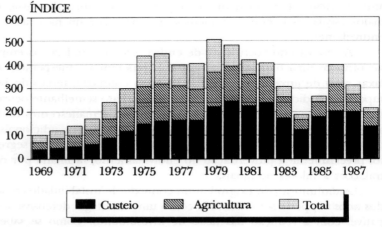

GRÁFICO 3
CRÉDITO RURAL

Fonte: Banco Central.
Deflator: IGP-DI.

Em outros tempos, sobretudo entre 1975 e 1980, o investimento agrícola desfrutou de maior prestígio, recebendo aportes de recursos seis a sete vezes superiores aos do início daquela década. Modernização indiscutível mas concentração fundiária indisfarçável foram resultados geminados dessa injeção de dinheiro. O subsídio embutido nas taxas de juros cobradas logo estimulou o excesso de demanda por crédito, racionado segundo combinações de critérios nem sempre muito ortodoxas.

Deixando de lado o clientelismo e outras deformações, a ótica privada dos bancos, mesmo oficiais, levou-os a discriminar em favor de produtores mais capitalizados ou melhor providos patrimonialmente. Estabelecia-se, então, a seguinte cadeia de anomalias: o produtor que tomasse o empréstimo não obrigatoriamente dele necessitava; caso decidisse não aplicar na própria agricultura, o sistema financeiro lhe oferecia variado leque de alternativas; em sendo mais conservador, preferiria a aquisição de terras; numa situação ou noutra, o produtor voltaria ao banco com seus atributos fortalecidos e pronto para nova rodada.

Esse roteiro, não apenas plausível como observado, tornou-se uma explicação estilizada para o salto no preço da terra, na segunda metade da década de 70. Tornou-se também argumento convincente para a erradicação do subsídio que, a título de baratear e capilarizar o acesso ao crédito, mais o afastava do produtor carente. Segundo especialistas, o contato com a realidade, à proporção que os encargos financeiros incidentes sobre as operações de crédito lentamente se despiam do artificialismo que os caracterizava, como se percebe por inspeção do Quadro 1, não suscitou traumas nem tampouco retrocessos no meio rural.

A visível e ininterrupta retração dos montantes ofertados às atividades rurais teve mais de uma raiz. De um lado, os bancos comerciais, que carreiam 35% de seus depósitos à vista para o crédito rural, com a aceleração inflacionária dos anos 80 assistiram à diminuição dessa modalidade de captação, coisa que automaticamente se refletiu nas aplicações. Em paralelo, os déficits públicos em permanente elevação forçaram o governo a suprimir consideráveis dotações orçamentárias à agricultura.

Nessa queda houve pelo menos um elemento de neutralidade distributiva a destacar: o corte atingiu por igual os segmentos de exportação e de abastecimento interno. Se alinharmos café, cana e soja como uma amostra representativa do primeiro grupo e arroz, feijão, mandio-

QUADRO 1
CONDIÇÕES CONTRATUAIS DOS FINANCIAMENTOS AGRÍCOLAS

Safras	Condições
Até 1979-1980	Taxa fixa de 15% a.a.
1980-1981	Taxas: 60% da inflação - grandes proprietários 40% da inflação - pequenos e médios
1981-1982 1982-1983	Taxa fixa de 45% a.a.
1984-1985 1985-1986	Correção monetária plena
1986-1987	Taxa fixa de 10% a.a.
1987-1988 1988-1989	Correção monetária mais: 9% - grandes proprietários 7% - pequenos e médios
1989-1990	Correção monetária mais 12% a.a. (concessão de crédito a apenas parte da produção)

Fonte: CFP.

ca e milho como representantes legítimos do segundo, concluiremos que a parcela do custeio agrícola que se destinou aos exportáveis variou ligeiramente entre 36% e 37% entre 1975 e 1987. No mesmo período, os produtos de abastecimento interno absorveram, com um pouco mais de flutuação, algo em torno de 32%.

O vazio deixado pelos bancos comerciais foi, ao menos em parte, preenchido pelo Banco do Brasil. A caderneta rural, ou poupança verde, instrumento de mobilização de fundos para o campo, foi criada em fevereiro de 1987 na esteira de uma das principais transformações ocorridas no cenário financeiro: a desativação da conta de movimento do Banco Central no Banco do Brasil ou, em outras palavras, a individualização das duas entidades, a primeira como autoridade monetária e a segunda como banco comercial. É ocioso sublinhar as vantagens dessa reformulação para fins de controle monetário. Durante anos, múltiplas janelas creditícias, encabeçando a lista de fatores de expansão da moeda, puderam ser abertas graças à ambivalência daquela instituição.

Para o Banco do Brasil, que na apreciação irônica de seu presidente à época, Camilo Calazans, deveria passar de animal herbívoro a carnívoro, não foi difícil sobreviver na selva. Os depósitos em poupança tiveram crescimento meteórico, chegando a dezembro de 1989 como responsáveis por 40% de todos os seus depósitos. Curiosamente, o novo animal carnívoro quase monopolizou o crédito rural, ampliando sua participação nesse mercado de 65% para 80% em 1988. Ainda em 1988, o Banco do Brasil debutou no mercado aberto, onde, no intervalo de um ano, aumentou sua captação líquida em 1 800% acima da inflação. Nessa faixa de atuação o banco garantiu para si recursos equivalentes a 70% do total de seus depósitos.

Embora inequivocamente desacoplado do Banco Central, o Banco do Brasil não sofreu abalos sensíveis em seus lucros. Mais ainda, a separação não o livrou de uma estranha singularidade. Ao contrário dos demais membros do clube dos cem maiores bancos do mundo, cujos empréstimos raramente excedem os depósitos, o Banco do Brasil continuou a alavancá-los em duas ou até três vezes.

5.3. Pessoas físicas

As operações de crédito junto às pessoas físicas consistem predominantemente de desconto de notas promissórias e direito de uso de cheques especiais, proporcionados pelos bancos comerciais, e empréstimos para aquisição de bens de consumo duráveis, concedidos pelas financeiras. Acompanhando as sucessivas retrações nesse segmento do mercado creditício, as financeiras também perderam posição entre os emprestadores, ocupando, no fim da década de 80, apenas 20% do espaço que lhes correspondia ao início do decênio. É verdade que muitas delas moveram-se para a categoria de bancos múltiplos, entidades regulamentadas em 1988, no contexto de uma reforma que também eliminou o valor de mercado das carta-patentes. O estabelecimento de novas regras para a constituição de sociedades participantes do mercado financeiro foi, sem dúvida, um passo acertado na "descartorialização" do sistema. Quanto às financeiras, seu esvaziamento não decorreu exclusivamente do aparecimento dos bancos múltiplos. Em 1987, antes da regulamentação dessas novas instituições, a participação das financeiras já havia despencado para apenas 4% da oferta global de crédito.

Vale a pena investigar os efeitos desse encolhimento das financeiras sobre o faturamento do comércio varejista, pois nem só de crédito vivem as vendas. A exigüidade do crédito às pessoas físicas, entre 1985 e 1989, repercutiu com maior rigor sobre as vendas a prazo. Nesse período, enquanto o saldo dos empréstimos das financeiras diminuiu 92,6% em termos reais, o número de consultas ao serviço de proteção ao crédito, uma indicação das vendas a prazo, caiu 25,1% e o termômetro de vendas acusou queda de 12,0%.

Por outro lado, os salários reais em ascensão, como em 1986 e 1988, não apenas sustentaram compras à vista como, possivelmente, encorajaram consumidores a contraírem empréstimos. Nessas ocasiões, configurada a demanda por bens de consumo além do desejado, o governo acionou a política creditícia no sentido contracionista, afetando, com maior intensidade, as vendas a prazo. No vácuo dessa retração, multiplicaram-se substitutos para os financiamentos, como consórcios e cartões de crédito.

5.4. Crédito habitacional

De acordo com seus analistas mais reputados, o Sistema Financeira da Habitação (SFH), idealizado em 1964, veio ao mundo com algumas falhas de constituição. A duplicidade de indexadores — salário mínimo e ORTN — para atualização das prestações e do saldo devedor bem como as diferentes periodicidades de correção — anual e trimestral — já seriam capazes de desgovernar o sistema. O conturbado ambiente macroeconômico dos anos 80 apenas amplificou as inviabilidades latentes.

Um rápido ensaio da vulnerabilidade do SFH ocorreu logo nos primeiros anos de vida do sistema, com a política salárial do PAEG, e impôs correções. O plano de equivalência salarial, que tornava fixo o número de prestações, ou o fundo de compensação de variações salariais, que tinha por finalidade cobrir débitos remanescentes e para o qual todos os mutuários contribuíam, significaram alterações de curso e, amparadas pela relativa calmaria inflacionária dos anos 70, somente adiaram a derrocada.

Na primeira metade dos anos 80, a forte compressão dos salários mais altos asfixiou os participantes do sistema. A avalanche de inadimplências afetou seriamente o balanço de várias associações de poupança e empréstimo (APE) e sociedades de crédito imobiliário (SCI), principalmente as não ligadas a conglomerados. O descasamento entre ativos e passivos prosseguiu com a elevação do patamar inflacionário, avolumou-se com a seqüência de medidas, destituídas de qualquer sentido estratégico, voltadas a minorar as agruras dos mutuários e culminou com a extinção do Banco Nacional da Habitação (BNH), o centro nervoso de todo o sistema. As tarefas executivas, antes desempenhadas pelo BNH, foram transferidas para a Caixa Econômica Federal e as normativas para o Banco Central. Não obstante tantos percalços, os empréstimos habitacionais acusaram reduzida variância em suas taxas de crescimento, em oposição às modalidades anteriormente avaliadas.

Mesmo que o SFH recomeçasse da estaca zero, deixando para trás um passivo de pelo menos 20 bilhões de dólares por conta do fundo de compensação de variações salariais, haveria obstáculos intrínsecos ao seu sucesso. As cadernetas de poupança, fonte principal de recursos, foram obrigadas a competir, ao longo dos anos, com outros instrumentos de captação, inclusive cadernetas rurais, crescentemente dotados de liquidez e segurança e que, em diversos momentos, superaram em rentabilidade. Os saldos em cadernetas de poupança passaram de 1% para 7% do PIB nos anos 70. Nos anos 80 tiveram sua expansão freada, chegando, em duas oportunidades, à faixa dos 10%, sem conseguir sustentação. Na próxima seção procuraremos sistematizar as mudanças nos regimes de captação de recursos.

6. Captação de recursos

Na seção 4, a relativa estabilidade de M4/PIB na década de 80 era identificada à paralisação do processo de aprofundamento financeiro. Num outro contexto, esse resultado pode ser interpretado como estabilidade da velocidade de circulação de M4, o agregado monetário mais amplo construído no Brasil. O histórico desse agregado é de crescente elevação da liquidez de suas parcelas, aumento que provém do encurtamento do prazo das aplicações, da verdadeira onipresença do Banco Central no mercado monetário e da facilidade com que vários desses títulos são negociados antes do vencimento. Ainda assim, o uso referencial de M4 não é isento de contra-indicações.

Uma delas reside na percepção de que a simples soma de elementos heterogêneos fere a essência da teoria da agregação. Moeda diferida não é igual a moeda à vista. Por essa razão, os componentes do agregado deveriam sofrer descontos inversamente proporcionais a seus índices de liquidez. Reconstruído segundo esse conceito, o agregado deixaria de ocultar modificações ponderáveis de estrutura, a mais importante tendo sido a substituição de moeda convencional, que nada rende, por moeda indexada. Em 1970, o saldo dos meios de pagamento (M1) correspondia a 15,71% do PIB. No decorrer das duas décadas, a aceleração inflacionária, cada vez menos previsível, reeducou os agentes econômicos a demandarem quantidades decrescentes de meios de pagamento. Ao final da década de 80, esse estoque não passava dos 2,05% do PIB. O destino mais frequente da fuga de M1 foi a aplicação em títulos públicos, livres de todo risco e com rentabilidade real pouco oscilante, por força da indexação.

Em cenários de colapso fiscal, como o deflagrado no Brasil com a crise da dívida externa, desmonetização e aceleração inflacionária, tornam-se fenômenos mutuamente dependentes. Nessas circunstâncias, o governo recorre ao imposto inflacionário, o mais regressivo dos tributos, que reage negativamente ao primeiro e positivamente ao segundo daqueles fenômenos. Sistemas financeiros sofisticados pavimentam o caminho de êxodo da moeda convencional, reduzem a base de arrecadação do imposto inflacionário e só não detonam a hiperinflação porque, pelo menos transitoriamente, oferecem uma alternativa ao setor público: a moeda indexada.

Assim, a multiplicação e o alargamento dos canais de captação de recursos representaram o gradiente de expansão do sistema financeiro brasileiro na década de 80. Contas remuneradas e fundos nominativos e ao portador, lastreados majoritariamente em títulos públicos, foram os principais condutos através dos quais fluíram recursos de curtíssimo prazo. No apagar das luzes da década, as chamadas "inovações financeiras", reunidas, chegaram a significar 30% de M4.

A credibilidade na moeda indexada, corporificada na estabilidade de seu coeficiente de velocidade, conteve a dolarização dos ativos líquidos. O Gráfico 4 compara as médias mensais dos retornos reais da moeda indexada e do dólar, entre 1975 e 1989. Enquanto o coeficiente de autocorrelação defasada de um mês, medido para o dólar, registrou o valor 0,072, o mesmo parâmetro para a taxa real *overnight* foi de 0,549. Paralelamente, pelo que se observa nas colunas 11 e 12 da Tabela 4, a rentabilidade média do dólar superou a do *over*. Se entre os agentes econômicos prepondera algum grau de aversão ao risco e se um eventual *default* é descartado, então a preferência pela moeda in-

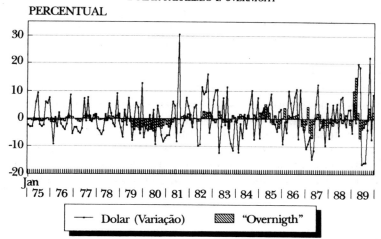

Fonte: Banco de Dados - IBRE/FGV.
Deflator: IGP-DI.

dexada, em detrimento do dólar, é compatível com retornos menores porém menos flutuantes, próprios do primeiro.

Mesmo sem significar captação líquida para o sistema financeiro consolidado, é importante destacar a criação do mercado interfinanceiro, em 1986. A possibilidade de transferências de fundos entre instituições, mais um aprimoramento que propriamente inovação, certamente trouxe maior flexibilidade e eficiência operacional.

A profusão de inovações, contudo, não é um movimento desarticulado da conjuntura internacional. Nessa escala, os sistemas financeiros alternam ciclos intervencionistas e liberalizantes. Nas décadas de 50 e 60 proliferaram controles quantitativos e de preços. As reações tornaram-se visíveis nos anos 70, com a onda de inovações, criações engenhosas capazes de burlar o cerco regulamentador. No Brasil, nos anos 60, quando vigoravam "tetos" para as taxas de juros, o mercado encontrou formas próprias de compensar a restrição. A cobrança informal de juros, não contabilizada nos balanços dos bancos, foi o mais primitivo dos expedientes, aos poucos abandonado. Em seu lugar surgiram esquemas mais elegantes e imaginosos, alguns dos quais se perpetuaram, como a imposição de "sobre-empréstimos", que ficariam em custódia nos bancos, sem remuneração. Nos anos 80, a desregulamentação foi mais um *round* dessa disputa entre mercado e autoridade monetária, em que o objetivo é determinar quem dá as cartas.

235

A desregulamentação, liberalização, "desrepressão" ou que nome se deseje atribuir à menor presença da autoridade monetária na cola das instituições financeiras foi tentada em países vizinhos, como a Argentina, com resultados desastrosos. A experiência argentina dos anos 70 foi o exato contraponto da bem-sucedida reforma coreana, comentada na seção 4. Enquanto aquele país asiático vivia condições fiscais e cambiais favoráveis, na Argentina as distorções amontoavam-se. Em conseqüência, a liberalização nesse país se viu frustrada, tendo promovido antes a fuga que a acumulação de capitais.

Nem todas as tendências mundiais foram internalizadas pelo sistema financeiro brasileiro. O seguro para depósitos em instituições insolventes ou a figura do Banco Central independente, já enraizados em diversas economias, não chegaram sequer a ser alvo de cogitações mais sérias.

7. Considerações finais

Por força de seus instintos empresariais, o sistema financeiro adaptou-se às crônicas incertezas do ambiente macroeconômico brasileiro e, sempre que possível, capitalizou-as. Na década de 70, quando as condições eram propícias ao crescimento econômico, o setor encontrou seu caminho de expansão no aprofundamento financeiro ou, em outras palavras, na reciclagem de poupança para a acumulação de capital. No desempenho dessa função "circulatória", o sistema financeiro elevou a fração que lhe coube da renda nacional de 6,0% para 7,8%.

A mudança do quadro macroeconômico nos anos 80, década em que o crescimento transmutou-se em estagflação, trouxe novos desafios ao sistema financeiro. Em resposta, o setor sofisticou seus procedimentos garantindo a continuidade da política financeira do setor público e, de passagem, o aumento de sua lucratividade. Com efeito, nesses dez anos, seu tamanho mais do que duplicou, beirando os 20% do PIB, em 1989.

Embora muito distante do paroxismo representado pelos paraísos fiscais, onde as finanças dominam mais de dois terços da renda, o gigantismo desse segmento no Brasil tornou-se emblemático de uma década pontuada pela apatia, pela perplexidade e pelo ceticismo dos agentes econômicos.

Bibliografia

Dornbusch, R. e Reynoso, A. (1989). "Fatores financeiros no desenvolvimento econômico", *RBE*, vol. 43, nº 4, out./dez.
Faro, C. (1990). "Sistema Financeiro de Habitação: a questão do desequilíbrio do FCVS", EPGE, *Ensaios Econômicos*, nº 156.
Goldsmith, R. W. (1969). *Financial structure and development.*
McKinnon, R. I. (1973). *Money and capital in economic development.*
Perdigão, L. A. (1983). *Conglomerados financeiros: análise de seu desempenho no Brasil,* IBMEC.
Rezende, G. C. (1988). "Ajuste externo e agricultura no Brasil, 1981-86" *RBE*, vol. 42, nº 2, abr./jun.
Simonsen, M. H. (1969). "Inflation and the money and capital markets of Brazil, *in* Howard S. Ellis (org.), *The Economy of Brazil.*
Simonsen, M. H, (1985). "Os dilemas do Sistema Financeiro de Habitação", *Habitação e Poupança*, ano 3, jul.
Smith, R. S. (1990). "Factors affecting saving, policy tools and tax reform: a review", IMF, *Staff Papers*, vol. 37, nº 1. mar.
Tobin, J. (1963). "Commercial Banks as Creators of Money", *in* Deane Carson (org.), *Banking and monetary studies*, Homewood, Ill., Richard D. Irwin.

Referências estatísticas

Banco Central do Brasil, boletins mensais e relatórios anuais.
Banco Mundial, relatórios anuais.
IBRE/FGV, Banco de Dados.
Ministério do Trabalho, Relação Anual de Informações Sociais (RAIS).

Impressão e Acabamento
Bartira
Gráfica
(011) 458-0255